Die Gotthardbahn
immer wegweisend und zukunftsorientiert

«... ein königliches Gebirge»
J. W. von Goethe auf dem Gotthardpass 1778

Druck FontanaPrint SA | Pregassona-Lugano
Papier Claro Bulk matt 150 g/m²

Italienische Augabe ISBN 978-88-8191-488-3
Deutsche Ausgabe ISBN 978-3-906055-90-9
Vertrieb für die deutsche Ausgabe | AS Verlag & Buchkonzept AG | Zürich

Verleger • Adriano Cavadini | Sergio Michels | Fabrizio Viscontini
6901 Lugano | CP 5436

© Copyright 2018 Adriano Cavadini | Sergio Michels | Fabrizio Viscontini
Ohne Bewilligung der Herausgeber darf dieses Buch in keiner Art und Weise reproduziert werden, weder elektronisch und mechanisch noch in irgend einer anderen Form.

Titelseite

- *Die Gotthard-Postkutsche unterwegs auf der Tremola im Sommer, Ölgemälde von Joseph Clemens Kaufmann von 1892*
  Dieses Bild und dasjenige von Hans Bachmann aus dem selben Jahr 1892 (auf Seite 19) wurden für den Konferenzsaal der Gotthardbahn-Gesellschaft in Luzern in Auftrag gegeben. Vermutlich wollte man diese beiden Bilder gegenüber dem bekannteren Bild von Rudolf Koller von 1873 (auf Seite 45) aufhängen, welches ein Abschiedsgeschenk der Direktion der «Schweizerischen Nordostbahn» an den Schweizer Eisenbahnpionier Alfred Escher war.

- *Einer der ersten fahrplanmässigen Züge kommt aus dem Tunnel bei Göschenen 1882*
- *Der Hochgeschwindigkeitszug Giruno von Stadler beim Südportal des Gotthardbasistunnels 2018*

Vorsatzblätter

- *Gotthardbahnprospekt, Sommerdienst, Edition 1904*

Die Gotthardbahn
immer wegweisend und zukunftsorientiert

Nach einer Idee von Adriano Cavadini, Iniziator und Koordinator

Texte von Adriano Cavadini und Fabrizio Viscontini
mit Beiträgen von Luca Bassani, Renzo Ghiggia, Marcel Jufer,
Sergio Michels und Remigio Ratti
Übersetzung aus dem Italienischen
Birgit Eger Bertulessi

Grundkonzept, Gestaltung, Layout, Recherche Bildmaterial und Chronik
Sergio Michels
Textanpassung, Recherche und Layout-Assistentin
Beatrice Colombo-Genoni
Tabellen, Grafiken, Kontrolle und Vorbereitung Prepress
Fabrizio Michels

Verleger • Adriano Cavadini | Sergio Michels | Fabrizio Viscontini

Dank an die privaten und öffentlichen Sponsoren

Ohne die wertvolle finanzielle Unterstützung der zahlreichen Personen, die an unser Projekt geglaubt haben, hätte dieses Buch weder geschrieben noch gedruckt werden können.
Sehr dankbar sind wir deshalb den öffentlichen Behörden, den Berufsverbänden, den Stiftungen, den Unternehmen und Privatpersonen, die uns mit ihrem Beitrag ermöglicht haben, dieses Projekt zu konkretisieren und einem breiten Publikum ein Buch auf Italienisch und Deutsch zu einem angemessenen Preis zu bieten.

Schweizerischer Baumeisterverband | Zürich
BancaStato
Hupac Intermodal AG | Chiasso

Aiuto federale per la lingua e la cultura italiana
Alpiq InTec Svizzera AG | Rivera
Associazione Svizzera Alta Capacità Ferroviaria
   Lugano-Milano | Lugano
R. Audemars AG | Cadempino
   per i 120 anni di fondazione
Caffè Chicco d'Oro AG | Balerna
Camera di Commercio, dell'industria, dell'artigianato
   e dei servizi del Cantone Ticino | Lugano
Cerbios Pharma AG | Barbengo-Lugano
Cornèr Banca AG | Lugano
Dätwyler Stiftung | Altdorf
EFG Bank AG | Lugano
Ferriere Cattaneo AG | Giubiasco
Ferrovie Federali Svizzere FFS
   Divisione Viaggiatori Regione Sud | Bellinzona
Gehri Rivestimenti AG | Porza
Helvetia Assicurazioni
   Generalagentur Michele Morisoli | Bellinzona

Immobiliare Pharmapark AG | Barbengo-Lugano
La Mobiliare
   Generalagentur Marco Ferrari | Lugano
Lombardi Filippo, Ständerat | Massagno
Lucchini & Canepa Ingegneria AG | Lugano-Viganello
PINI SWISS ENGINEERS | Lugano
Pro Helvetia, Fondazione svizzera per la cultura
Quadri Giovanni AG | Cadempino
Rex Articoli Tecnici AG | Mendrisio
Schindler Aufzüge AG | Ebikon
Società Svizzera degli Impresari-Costruttori
   Sezione Ticino | Bellinzona
STISA Sviluppo Traffici Internazionali AG
Cadenazzo
Tenconi AG | Airolo und Cadenazzo
Ulrico Hoepli-Stiftung | Zürich
WMM-Wullschleger-Martinenghi-Manzini | Lugano

Unser Dank geht auch an all diejenigen, die uns mit ihren Buchbestellungen lange vor dem Druck unterstützt haben.

Inhaltsverzeichnis

Einführung Adriano Cavadini, alt Nationalrat	06
Wie die Eisenbahn das Tessin veränderte Ignazio Cassis, Bundesrat, Vorsteher des EDA	08
Gotthard stärkt Position der Schweiz und Europas Doris Leuthard, Bundesrätin, Vorsteherin des UVEK	09
Wenn Exzellenz zur Normalität wird Andreas Meyer, Chief Executive Officer SBB	10
Die Verkehrswege über den Gotthard	12
Lukmanier gegen Gotthard	32
Der Gotthardtunnel und seine Erbauer	38
Die Gotthardbahn	Bauwerk des Jahrhunderts 1872-1882	50
Gotthardbahn	Technische und territoriale Herausforderungen	66
Die Inbetriebnahme der neuen Eisenbahnlinie	96
Die wirtschaftlichen Veränderungen 1895-1914	122
Von der Kohle zur «weissen Kohle»	138
Die Regionalbahnen südlich und nördlich des Gotthards	148
Schweizerische Bundesbahnen	Neue Zeiten	170
Der Bau der AlpTransit	Das Werk des 21. Jahrhunderts	180
Ein Blick in die Zukunft mit AlpTransit	210
Der Gotthard	Neue Herausforderungen	246
Anhang	254

Einführung

Vor einiger Zeit suchte ich in diversen Buchhandlungen ein Buch über die Gotthardbahn, das zugleich leicht verständlich und reich bebildert sein sollte. Aber ich konnte kein geeignetes Buch finden, denn entweder waren es Publikationen, die schon länger zurücklagen oder Bücher mit vielen historischen und technischen Details. So entstand die Idee, ein allgemein und leicht verständliches Buch mit zahlreichen Bildern und Fotos über die Geschichte der Bahnlinie von 1882 bis heute zu verfassen.
Es sollte auch zeigen, welche Auswirkungen der damalige Alpentunnel und die heutigen Basistunnel am Gotthard und am Ceneri auf die Bahninfrastruktur und auf die wirtschaftliche Entwicklung der entsprechenden Regionen hatten.
Mein Freund Fabrizio Viscontini aus Faido, den ich anfragte, erklärte sich begeistert bereit, den historischen Teil zu verfassen. Ich wollte mich auf die anderen Kapitel konzentrieren, vor allem auf diejenigen über die AlpTransit. Sergio und Fabrizio Michels schlug ich vor, das Bildmaterial zusammenzustellen, ein grafisches Konzept zu entwickeln, das Layout und den Druck des Bandes zu verantworten. Ihre Kompetenz und Qualität hatten die beiden bereits mehrmals in anderen Publikationen gezeigt.

Zahlreiche Personen haben ihren Beitrag zu diesem Projekt geleistet. Eine wichtige Rolle spielten dabei Birgit Eger Bertulessi für die ausgezeichnete Übersetzung ins Deutsche, Ingenieur Luca Bassani für seinen Beitrag über die Verbindung mit Italien, Renzo Ghiggia für seine präzisen technischen Texte, Professor Joseph Jung für seine wertvollen Informationen zu Alfred Escher und Louis Favre sowie Remigio Ratti für seinen Blick in die Zukunft der Gotthardbahn. Erwähnen möchte ich auch den Beitrag von Architekt Toni Häfliger, ehemaliger Denkmalpfleger SBB, und Erich Schmied, Gesamtprojektleiter SBB, und auch Marcel Jufer, Honorarprofessor für Elektromechanik für futuristische Projekte an der ETH Lausanne.
An anderer Stelle werde ich all die weiteren Personen erwähnen, die mitgeholfen haben, sowie die Vereinigungen und Unternehmen aufzählen, die unser herausforderndes Projekt finanziell unterstützt haben.
Der erste Tunnel durch das Gotthardmassiv war tatsächlich ein europäisches Projekt, das von der Schweiz, Deutschland und Italien geplant und finanziert wurde. In Europa gab es damals nur bilaterale Verträge zwischen einzelnen Staaten, wobei das preussische Deutschland und Italien alliiert waren, um den Einfluss Frankreichs einzuschränken. Genau aus diesem Grund wollte Otto von Bismarck, Ministerpräsident des Königreichs Preussen und später

Reichskanzler von Deutschland, die direkte Verkehrsverbindung nach Italien ausbauen. Deshalb gab er den Ausschlag zugunsten der Gotthardroute anstelle des Lukmaniers.

Es war ihm wichtig, dass diese bedeutende Infrastruktur auf neutralem Schweizer Boden gebaut wurde, denn so konnte die Eidgenossenschaft garantieren, dass diese neue Transitroute für alle offen gehalten würde. Schon seit der Vergangenheit gab es ja bereits einen direkten Handelsweg über das Gotthardmassiv, den auch die Händler und Bauern aus der Zentralschweiz für den Warenaustausch mit der Lombardei und dem Piemont nutzten. Der Kanton Tessin hat von dieser Bahninfrastruktur stark profitiert, denn als einziger Kanton, der durch die Alpen von der restlichen Schweiz abgeschnitten ist, konnte er sich dank dieser Bahnverbindung zu anderen Schweizer Städten aus der Isolation befreien.

Die Bahn ermöglichte der Tessiner Bevölkerung neue und interessante Arbeitsmöglichkeiten und fungierte somit als Antriebsmotor für zahlreiche Investitionen im touristischen sowie im Industrie- und Handelssektor. Zum Zeitpunkt der Eröffnung des ersten Gotthardbahntunnels zählte man im Kanton Tessin zirka 130'000 Einwohner während der Kanton Uri damals nur 24'000 Einwohner hatte.

Auch aus diesem Grund handelt dieses Buch überwiegend von den Auswirkungen auf die südalpine Region, obschon auch die Konsequenzen für die nordalpine Seite nicht vernachlässigt werden dürfen.

Der erste Tunnel zeigt klar, dass unser Land gegenüber den benachbarten Ländern offen ist. Europa wird dank den vollständig durch den Bund finanzierten Gotthard- und Ceneri-Basistunneln eine Nord-Süd-Hauptverkehrsachse auf Schweizer Boden und mit durchgehender Flachbahn geboten. Der Tunnel durch den Gotthard mit seinen 57 Kilometern Länge ist nicht nur der längste Eisenbahntunnel der Welt, sondern auch ein Meisterwerk der Planung und Ingenieurskunst. Deutlich sichtbar wird auch, wie langfristig die Schweizer Bürger dachten, als sie in zwei Volksabstimmungen (1992 und 1998) das Konzept guthiessen sowie die nötigen Milliardenkredite bereitstellten. Dies zeigt ausserdem, wie eine kleine Nation mit einer gut funktionierenden direkten Demokratie in der Lage ist, komplexe Entscheide zu fällen und finanziell anspruchsvolle Projekte durchzuführen.

Adriano Cavadini
Dr. oec., alt Nationalrat

Wie die Eisenbahn das Tessin veränderte

1882: Ein Jahrhundert des rasanten Fortschritts endet.
2016: Ein Jahrtausend der unaufhaltsamen Beschleunigung beginnt. Zwei historische Daten für die Schweiz und das Tessin, aber auch für Europa. 1882 wurde die erste Bahnverbindung durch das Herz der Schweiz eröffnet, das Gotthardmassiv, um das herum unser Land entstanden ist: von der beschwerlichen Überquerung des Gotthards mit Maultieren – auch über die gefährliche Teufelsbrücke – zu neuen Verkehrswegen mit der Dampflokomotive. Fast 150 Jahre später haben wir die Hochgeschwindigkeitslinie in Betrieb genommen, die den Süden und Norden des Landes noch enger zusammenbringt.

Diese Bauwerke haben die Geschichte der italienischen Schweiz verändert und werden sie auch in Zukunft spürbar verändern.
Der Tunnel trägt als Korridor dazu bei, die Bevölkerung zu vereinen, die unterschiedlichen Kulturen der Schweiz zu verbinden und neue Kräfte zu mobilisieren. Im 19. Jahrhundert hatten tausende ausländische Arbeiter den Bau der Eisenbahn erst möglich gemacht; auf das Tessin hatte die Grossbaustelle enorme soziologische Auswirkungen.
Die Bauvorhaben von damals und von heute symbolisieren für mich die «Schweiz der (un)möglichen Missionen». Die Gotthardbahn stand mehrmals kurz vor dem Scheitern, aber die Entschlossenheit oder Hartnäckigkeit einiger machte möglich, was eigentlich unmöglich schien. Ein Lehrstück für die heutigen Generationen: Der Bau der neuen Eisenbahn-Alpentransversale dauerte über dreissig Jahre. Überzeugungen, aber auch viele Zweifel begleiteten das Vorhaben. Mit dem gleichen Geist und Elan müssen wir es nun vollenden.

Die Durchbrüche von 1882 und 2016 veränderten den Zugang zum Tessin grundlegend und hatten tiefgreifende wirtschaftliche und soziale Auswirkungen, die in diesem Buch ausführlich thematisiert werden. Über den Gotthard-Basistunnel wird auch in Zukunft noch viel geschrieben werden.
Aber die ersten Zeichen dieser neuen Ära sind bereits sichtbar. Volle Züge durchqueren den neuen Tunnel: Wer in Luzern wohnt, fährt für einen Kaffee nach Ascona – wer in Lugano wohnt, besucht in Zürich einen Kunden. Die Distanzen werden kürzer und die Möglichkeiten, die unsere kulturelle Vielfalt mit sich bringt, werden fassbarer.
Die neuen Bahnverbindungen führen wie Arterien durch das pulsierende Herz der Schweiz.

Ignazio Cassis
Vorsteher des Eidgenössischen Departementes für auswärtige Angelegenheiten

Gotthard stärkt Position der Schweiz und Europas

Vom Norden in den Süden zu gelangen, war lange sehr beschwerlich. Als der Brite Charles Greville 1775 als Erster in einer Kutsche über den Gotthardpass reiste, war er auf viele Helfer angewiesen. Diese mussten die Kutsche mehrmals zerlegen und über Hindernisse tragen. Das Trennende war am Gotthard über Jahrhunderte stärker als das Verbindende. Mit dem Ausbau der Verkehrsachse hat sich dies radikal geändert – und so können wir den Gotthard heute im Eilzugstempo durchqueren.

Dank der NEAT rücken Nord und Süd, die Deutschschweiz und das Tessin, Sopra- und Sottoceneri zusammen. Das eröffnet neue Perspektiven. Wie unsere Vorfahren im Zuge des Eisenbahnbooms zielstrebig Hochschulen und Unternehmen gründeten, sollten auch wir die sich bietenden Chancen nutzen. Sobald neben dem Gotthard- auch der Ceneri-Basistunnel in Betrieb sein wird, verkürzt sich die Fahrt zwischen Zürich und Lugano um 45 Minuten und zwischen Lugano und Locarno um fast 30 Minuten. Damit verschmelzen die Wirtschaftsräume im Süden mit jenen nördlich der Alpen. Wohnen in Lugano oder Bellinzona und Arbeiten in Luzern oder Zürich ist keine Vision mehr, sondern gelebte Realität!

Das Tessin gewinnt damit viel an Attraktivität. Bellinzona, Lugano und Locarno sind künftig so gut erreichbar wie Genf, Lausanne und Montreux im prosperierenden Arc Lémanique. Wie in der Romandie kann ein kluges Zusammenspiel von Wissenschaft und Forschung, von Wirtschaft und Politik, von Kultur und Tourismus einen Boom auslösen, von dem sowohl die Städte als auch die Täler profitieren. Das Filmfestival Locarno, das Kulturzentrum LAC in Lugano oder die «Università della Svizzera italiana» strahlen bereits heute weit über die Region hinaus!
Mit der neuen Flachbahn durch die Alpen stärken wir zudem den europäischen Schienenkorridor Rotterdam-Genua und die beiden grossen Häfen. Das dient der Schweiz, weil wir so mehr Güter auf die Bahn verlagern können, und es dient Europa. Die geopolitischen Gewichte verschieben sich. China forciert das Projekt einer neuen Seidenstrasse, baut vielerorts Infrastrukturen, um den Handel anzukurbeln und sich mehr Einfluss zu verschaffen. Entsprechend wichtig ist, dass sich die Schweiz und Europa in diesem veränderten Umfeld gut positionieren.

Ich bin überzeugt: Der Gotthard wird allen Veränderungen zum Trotz seine besondere Bedeutung behalten. Die Teufelsbrücke, die Gotthard-Post und die Gotthard-Bahn werden nicht nur als Mythen weiterleben, sondern auch in Zukunft die Identität unseres Landes prägen.

Doris Leuthard
Bundesrätin, Vorsteherin des Eidgenössischen Departements für Umwelt, Verkehr, Energie und Kommunikation

Wenn Exzellenz zur Normalität wird

Wissen Sie noch, was Sie am Sonntag, den 11. Dezember 2016 getan haben? Wie viele andere Bähnlerinnen und Bähnler, kann ich diese ungewöhnliche Frage problemlos beantworten: Ich habe die Inbetriebnahme des Gotthard-Basistunnels gefeiert. Ich erinnere mich noch lebhaft an die fast greifbare Bewegtheit meiner Mitreisenden in diesem Eurocity, der im Morgengrauen in Zürich abgefahren war und zum ersten Mal fahrplanmässig eine halbe Stunde früher in Lugano einfuhr: lächelnde Gesichter, Händeschütteln, und kaum ein Auge, das trocken blieb.

«Durch und durch die Schweiz» war das Motto dieses historischen Tages und die Vollendung eines immensen Vorhabens nach jahrzehntelanger Arbeit.

Doch hier, bei der SBB, geht es Schlag auf Schlag; die Zeit für Feierlichkeiten weicht schnell neuen Projekten und Visionen. Das wissen wir nur zu gut. Die Exzellenz skizziert bei uns zunächst die Umrisse eines ehrgeizigen Ziels, nimmt dann Gestalt an, konkretisiert sich und wird schliesslich für Tausende Menschen, die tagtäglich das Schweizer Bahnnetz benutzen, zur Normalität.

Bis 2016 reisten täglich rund 9000 Personen mit dem Zug durch den Gotthardtunnel. Mit dem Basistunnel schnellte diese Zahl auf 11'000 empor, dazu kommen 1000 weitere Reisende, die über die Panorama-Berglinie fahren. Die Inbetriebnahme des längsten Eisenbahntunnels der Welt trägt also bereits erste Früchte. Doch erst beim Blick auf die nahe Zukunft erkennen wir die ganze Tragweite dessen, was vor uns liegt.

SBB-Experten rechnen damit, dass - bei kürzeren Fahrtzeiten und einem umfassenderen Bahnangebot - die Zahl der Reisenden nach Inbetriebnahme des Ceneri-Basistunnels im Jahr 2021 auf täglich 15'000 Reisende und bereits 2025 gar auf 22'000 Reisende ansteigen wird.

Doch auch für den Güterverkehr wurde insbesondere durch die Inbetriebnahme des Gotthard-Basistunnels wort-wörtlich eine wichtige Weiche gestellt. Die Züge müssen nicht mehr von mehreren Lokomotiven gezogen werden, um die Steigungen der Berglinie zu überwinden. Sie können heute schneller durch den Basistunnel fahren. Waren es 2015 täglich noch 84 Güterzüge am Tag, stieg die Zahl im Februar 2017 bereits auf 116 an. Mit der Eröffnung des Ceneri-Basistunnels, der mit seiner grösseren Höhe für längere Züge mit höheren Lasten ausgelegt sein wird, wird das Aufkommen, weiter steigen.

Die wahre Zukunft kommt aber erst, Sie können sie vielleicht auch schon erahnen, und wir bei der SBB arbeiten schon daran. Die Vision Gotthard 2030-2050 setzt auf Wachstum und häufigere Nord-Süd-Verbindungen.

Sie setzt auf einen besser integrierten, moderneren Güterverkehr. In der Zukunft, die wir für unsere Bahnkunden gestalten, wird es stündlich 2 Verbindungen zwischen der Deutschschweiz und Lugano geben, von denen eine bis Mailand fahren wird.
Einige dieser Züge werden dann auch wichtige italienische Städte wie Venedig, Bologna, Florenz, Genua, Rom und Turin anfahren.

Stellt die Politik die notwendigen Mittel bereit, wird die Exzellenz auch unser Leitfaden bleiben und Ihren Alltag Tag für Tag verändern und verbessern.

Andreas Meyer
Chief Executive Officer SBB

Die Verkehrswege über den Gotthard

Texte von Fabrizio Viscontini

Die Zeit der Saumpfade 14
von den Römern bis Anfang 19. Jahrhundert

Bau der Fahrstrassen 20
ab 1803

Zwischen Handwerk und Tourismus 28
Eine erste Modernisierungsphase

*Zwei Säumerkolonnen unterwegs über die zweite Teufelsbrücke
in Richtung Tessin bzw. zum Hafen von Flüelen,
in einem Gemälde von C. Wolf, C.M. Descourtis, A. Carré um 1787-1788*

«Der Anblick der Umgebung rund um die Teufelsbrücke
ist von erschreckender Erhabenheit;
die aufeinander geschichteten Felsblöcke erfüllen die Seele mit Bangen;
man könnte meinen, man habe die Trümmer einer ganzen Welt vor Augen
und die Sage von den Riesen sei hier wahr geworden»,
Beschreibung eines Reisenden Ende des 18. Jahrhunderts.

Die Zeit der Saumpfade
von den Römern bis Anfang 19. Jahrhunder

Zur Zeit der Römer konnte man den Gotthard nur zu Fuss oder mit Maultieren überqueren. Obwohl der Pass die kürzeste Nord-Süd-Verbindung über die Alpen war, zogen die Reisenden angesichts der besonders unwegsamen, anstrengenden Strecke andere Wege vor.
Die erste Beschreibung einer Überquerung des Gotthardpasses wurde 1234 von Albert von Stade verfasst, Abt und Kanoniker des Domkapitels von Bremen.

Vermutlich waren es die Walser aus dem Urserental, die um 1230 in der Schöllenenschlucht zwischen dem südlichen Andermatt und dem nördlichen Teil von Göschenen die Twärrenbrücke, die so genannte «stiebende Brücke», und später die Teufelsbrücke über die Reuss bauten. Die Walser, eine alemannische Volksgruppe im Alpenraum, bewirtschafteten im Mittelalter auch hoch gelegene Bergregionen und waren bekannt für ihre technischen Fähigkeiten. Ein Beispiel war eben die erwähnte Twärrenbrücke, eine Art 60 Meter langer Steg, der direkt den Felsen entlang führte und mit Ketten an der senkrechten Felswand befestigt war. Bis zu Beginn des 19. Jahrhunderts blieben also einfache Saumpfade die Hauptverbindungen zwischen dem Kanton Uri und dem Tessin. Bei den Saumpfaden handelte es sich allgemein um Wege, die oft mit Steinen gepflastert waren, um das Abrutschen des Erdbodens zu verhindern, teilweise jedoch von Trockensteinmauern begrenzt, sodass die Saumtiere (Pferde oder Maultiere) nicht stehen blieben, um am Wegrand Gras zu fressen.

Die Waren gelangten über flache Schiffe unterschiedlicher Größe («Nauen») über den Vierwaldstättersee nach Flüelen, dann weiter auf dem Saumpfad über den Gotthardpass – dank Schlitten, die bis Giornico hinunterfuhren, auch im Winter. Nach 1770 wurde im Kanton Uri von Flüelen bis Amsteg eine bequeme Fahrstrasse gebaut, um den Transport zu erleichtern, während im Tessin die Strasse von Giornico zum

Hafen von Magadino wirklich alles andere als komfortabel blieb.

Hier wurden die Waren auf Schiffen nach Norditalien geführt, zuerst über den ganzen Lago Maggiore, dann weiter auf dem Fluss Tessin und auf dem Kanal Naviglio Grande bis Mailand und schliesslich bis nach Venedig.

Oben: *der Hafen von Flüelen am Vierwaldstättersee in kolorierter Aquatinta von Johann Hürlimann, nach einer Ansicht von Gabriel Lory (Sohn) von 1817, veröffentlicht in der Sammlung «Souvenirs de la Suisse», gedruckt in Neuchâtel 1829*

Links: *«Grosses Hotel mit Dampfschiff» Lithografie von 1826 der Brüder C. Martin und A. Eglin aus Luzern*

Die Darstellung des Schiffes «Verbano», des ersten Dampfschiffes auf dem Lago Maggiore, und zweier Kutschen unterstreicht die Wichtigkeit Magadinos als Umsteigestation.

Vorherige Seite links: *Illustration der «stiebenden Brücke»*

Mitte: *mittelalterliche Luzerner Söldner in der Schöllenenschlucht, in eine Illustration von Diedold Schilling*

Rechts: *der Saumpfad mit in den Fels gehauenen Stufen beim Abstieg nach Airolo, in einem Stich von Le Grand*

Der Warenverkehr wurde im Allgemeinen von den am Weg liegenden Hauptorten sichergestellt, wobei kleinere Dörfer oft in einer grösseren Gerichtsgemeinde zusammengeschlossen waren, die eine Art Transportgenossenschaft bildeten und das jeweilige Wegstück überwachten. Das System war ziemlich kompliziert. Im Leventinatal zum Beispiel gab der Säumer bei jedem Halt. seine Ware ab. Der «Kollektor» genannte Kassierer nahm vom Händler Zollgebühren und Frachttarif ein. Schließlich übergab der Vertreter der folgenden Genossenschaft die Ware dem nächsten Säumer, der sie weitertransportierte.
Durch das ständige Umladen wurde die Reise entsprechend verzögert und der gesamte Handelsverkehr verlangsamt, daher suchten die Händler in den Städten nach einem neuen System, um den Transport zu beschleunigen und das Monopol der Transportgenossenschaften zu brechen.

Ab 1315 ging man für einige Produkte zu einem unmittelbaren Transport durch Säumer über, die nicht zu den Genossenschaften gehörten, nicht anhielten und von den lokalen Organisationen unabhängig waren. Im Gegenzug mussten diese Säumer ein Weggeld für den Unterhalt der Wege und Brücken bezahlen.

Die Genossenschaften sorgten für den Unterhalt, daher mussten die Mitglieder dieser Vereinigungen jeweils im Frühling und im Herbst Frondienst leisten, um die Wege instand zu halten.

Auf den damals noch italienischen Gebieten gehörten nur vier Wegstücke nicht zum durchgehenden Transportsystem, während die Strecken in den Schluchten des Leventinatals (Biaschina, Piottino und Stalvedro) unter der Hoheit der Urner Behörden blieben, die diese Strecken gebaut hatten. Zwischen dem 16. und 18. Jahrhundert mussten die Gerichtsvollzieher im Tessin diverse Male eingreifen, um den Unterhalt der Saumpfade zu gewährleisten, während die 12 souveränen Kantone, welche die Vogteien auf Tessiner Gebiet regierten, nie einen allgemein gültigen Plan für die Verbesserung der Verkehrsverbindungen aufstellten.

Nur die Behörden des Kantons Uri kümmerten sich bereits im 16. Jahrhundert darum, die Strecke des Saumpfades im Leventinatal zu verbessern. Dank dieser langfristigen Politik konnte der Kanton schon um 1790 mit dem Frachtzoll bei der Zollstelle «Dazio Grande» ein Drittel der Kantonseinnahmen erlangen. Um 1550 legten die Urner Behörden einen alternativen Weg in der Piottino-Schlucht an, der einen Tag Reisezeit einsparte. Ausserdem bauten sie vermutlich im Jahr 1572 zwei Steinbrücken in der Biaschina-Schlucht, um das Hochwasser des Wildbaches zu umgehen, welches den Saumpfad bedrohte.

Zwei Säumerkolonnen kreuzen sich beim so genannten «Urnerloch», in einer kolorierten Lithografie nach einer Zeichnung von Johann Gottfried Jentzsch

Vorherige Seite oben: *der Gotthard-Saumpfad vor der Schlucht Stalvedro bei Airolo, in einer Gouache von J. H. Bleuler vor 1839*

Unten: *eine Gruppe von Händlern mit ihrer Säumerkolonne am Fuss der Alpen, 17. Jh.*

Gotthardpass und das erste, 1799 zerstörte Hospiz; die Kapuziner-Kapelle aus dem 12. Jh. mit Stall sowie im Vordergrund einige Reisende. Druck von Friedrich Rosenberg und Charles Melchior Descourtis, 1788

Rechts: Säumer und Reisende werden von einer Lawine überrascht; zeitgenössischer Druck

Nächste Seite oben: Gotthardhospiz; kolorierter Stich von J.U. Fitzi, 1826

Unten: Postschlitten mit zwei Passagieren (deutscher Professor auf Hochzeitsreise mit seiner Braut, auf der Rückfahrt von Italien), in einem Ölgemälde von Hans Bachmann 1892

Die damals transportierbare Lastmenge war beschränkt: Ein Maultier konnte 150 Kilogramm tragen, auf einen Bauernwagen lud man maximal eine halbe Tonne Waren und auf einem Schlitten konnte man zirka 300 Kilogramm ziehen.

Aus Schriften von 1500 weiss man, dass jedes Jahr zirka 170 Tonnen Waren über den Gotthard transportiert wurden und dass man 1830 eine Warenmenge von 4'000 Tonnen erreicht hatte. Um diese enormen Mengen zu transportieren, brauchte es täglich bis zu 800 Lasttiere.

Bis ins 17. Jahrhundert waren die Postkutschen nur zu bestimmten Zeiten unterwegs. Ab 1653 organisierte Diego Maderni aus Lugano einen wöchentlichen Postdienst mit dem Pferd zwischen Luzern und Mailand von 4 Tagen Dauer.

1696 richteten Caspar Muralt aus Zürich und Beat Fischer aus Bern sogar eine zweimal wöchentliche Fahrt zwischen Zürich und Mailand ein. Dieser Postdienst wurde nicht immer gleich intensiv und regelmässig angeboten, denn er wurde damals natürlich auch oft durch die Konkurrenz, durch konfessionelle Kämpfe und ausländische Einflüsse beeinträchtigt.

Der englische Geologe Greville fuhr 1775 als Erster mit der Kutsche über den Pass, aber nicht ohne Probleme: An den schwierigen Passagen des Saumpfades musste seine Kutsche zerlegt und auf Saumtieren weiter transportiert werden.

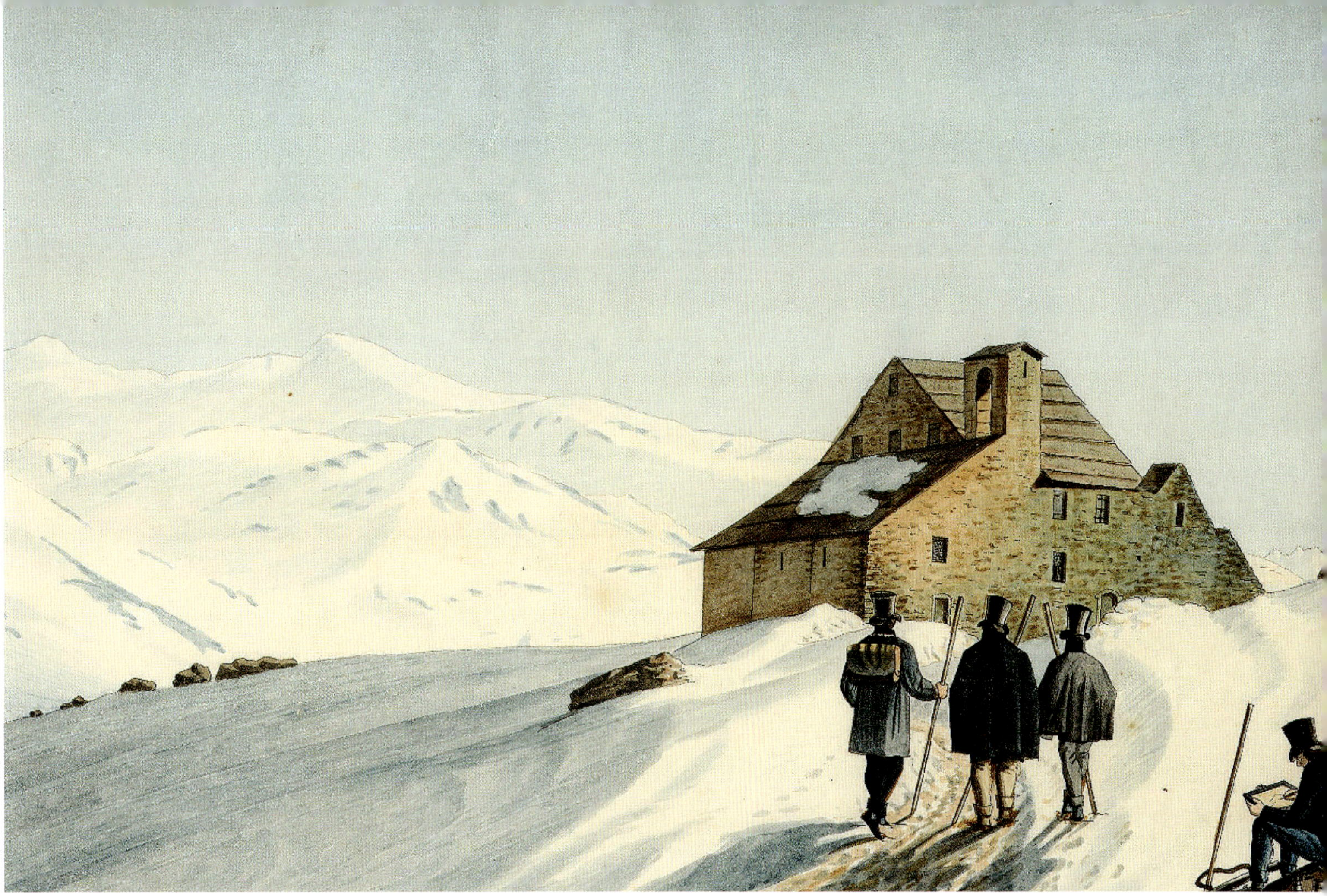

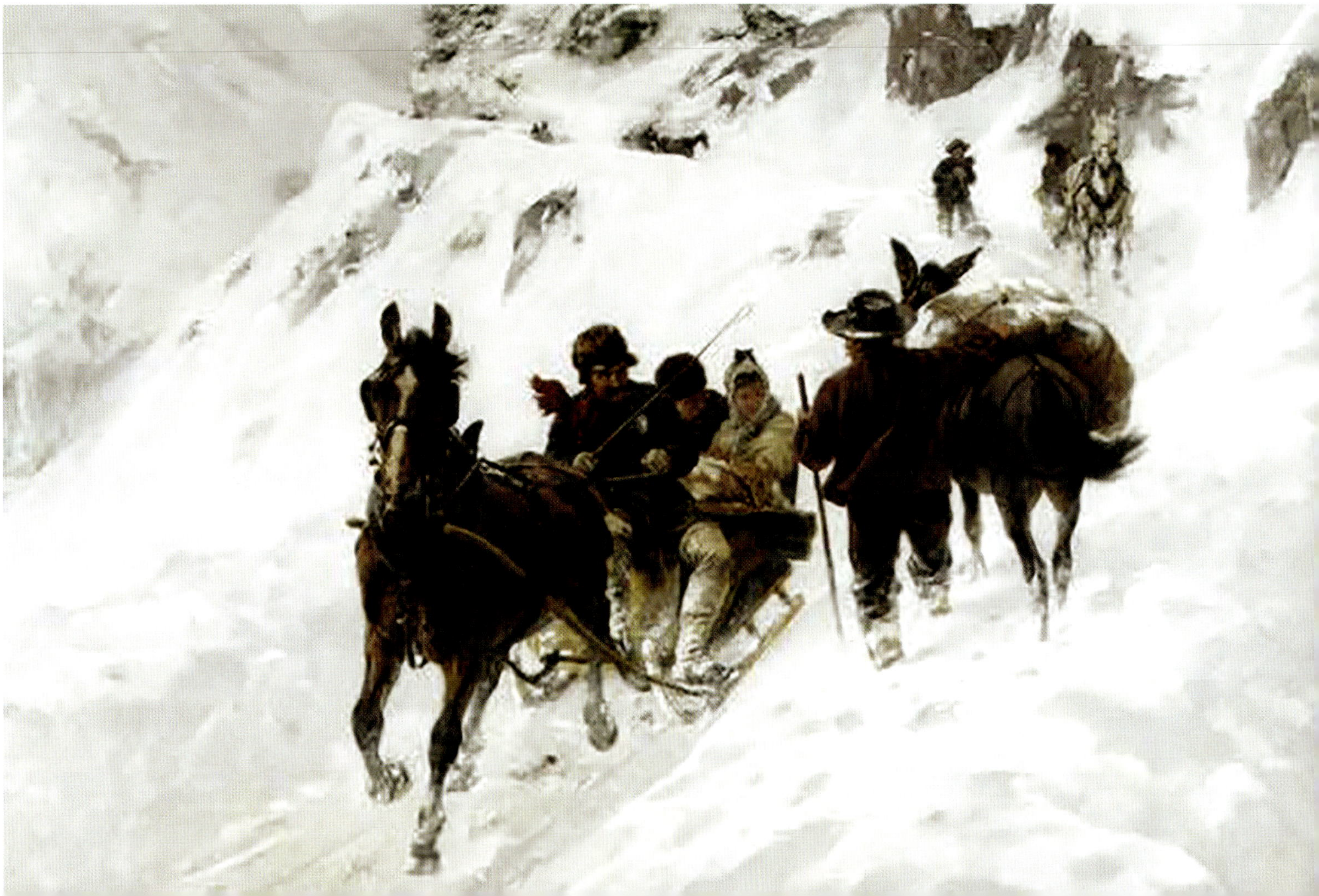

Bau der Fahrstrassen ab 1803

«Jetzt verlaufen im ganzen Kanton gute Haupt- und Nebenstrassen, auf einer Gesamtlänge von zirka 140 italienischen Meilen. Alle leisten wunderbare Dienste für die Landwirtschaft und die Industrie. Sie bieten einfache Verbindungen zwischen den Distrikten, mit den anderen Eidgenossen und mit dem Ausland.»
Stefano Franscini, Statistica della Svizzera italiana (1837)

Oben links: *Pasquale Lucchini, Ingenieur, Grossrat und Mitgründer der Banca della Svizzera Italiana*
Rechts: *Stefano Franscini, Lehrer, Grossrat, Staatssekretär und Bundesrat*
Unten: *Airolo mit der Tremola-Passstrasse (ca. 1830-1840), kolorierte Aquatinta, von J. J. Sperli, nach einer Zeichnung von S. Corrodi*

Stefano Franscini konnte 1837 wirklich zufrieden sein über die Fertigstellung der befahrbaren Hauptstrasse von Chiasso bis zum Gotthardpass sowie der Nebenstrassen, denn zu jener Zeit war im Kanton Tessin wirklich eine beträchtliche Arbeit geleistet worden.

In einem Brief vom August 1801 hatte nämlich der Brücken- und Strasseninspektor Francesco Meschini dem Kriegsminister Scheuchzer mitgeteilt, dass die Hauptverbindungswege der Kantone Lugano und Bellinzona sich in einem erbärmlichen Zustand befanden. Bei den meisten handelte es sich bloss um Saumpfade.

Der Kanton Tessin entstand 1803. Damals waren die aus dem Verkehr auf der Gotthardachse stammenden Einnahmen äusserst wichtig, denn das war der Hauptwirtschaftszweig der Region und die grösste Einnahmequelle für die Kantonskasse, dank der Erhebung von Zollgebühren und Weggeldern.
Die kantonalen Behörden bemühten sich daher,

Oben: *die neue Brücke «della Torretta» in Bellinzona in einem Aquarell von J. M. William Turner 1841*

Unten: *eine Säumerkolonne auf der Strasse zum Zollhaus Dazio Grande, Druck von Peter Birmann 1780*

vorwiegend auf Kosten anderer Bereiche in den Strassenbau zu investieren.
Paradoxerweise wurden gleich zu Beginn der Bauarbeiten vor allem die Fahrstrassen in den Gebieten von Lugano und Mendrisio erstellt, während die Hauptachse vom Gotthardpass nach Magadino vernachlässigt blieb. Ende 1806 waren 65% der Kantonsgelder im Sottoceneri investiert worden, aber nur 30% im Sopraceneri zwischen Magadino und Airolo.

Die Gründe dafür sind vor allem die hohen Kosten für die alpine Strecke und die Notwendigkeit, zuerst die Strasse des Monte Ceneri zu bauen. Dies diente dem politischen Ziel, die beiden natürlichen Regionen des Kantons miteinander zu verbinden.
Diese Entscheidung für das Sottoceneri, zu Ungunsten der Fahrstrasse auf der Gotthardachse, rief einen starken Protest seitens des Bundes und seines Landammanns hervor, da die wirtschaftlichen Interessen des ganzen Landes auf dem Spiel standen.

In Bellinzona baute man 1814 die Brücke «Ponte della Torretta» wieder auf, welche im Mai 1515 durch die Fluten des Flusses Tessin weggerissen worden war. Die Flut wurde durch den Bruch einer fast 60 Meter hohen Talsperre verursacht, die sich am 30. September 1513 oberhalb von Biasca durch den Bergsturz vom Monte Crenone gebildet hatte. Mit dem Wiederaufbau dieser Brücke wurde endlich die befahrbare Verbindung zwischen Bellinzona und Locarno wieder hergestellt. Der Ausbau des Strassennetzes erfolgte unter der so genannten «Regierung der Landammänner» (1815-1830), während welcher öffentliche und private Interessen oft miteinander vermischt wurden.

Oben: die Brücke Calanchetti und die engen Kehren der Tremola-Passstrasse mit eckigen Stützmauern; Lithographie von Jean Du Bois, ca. 1840

Unten: «Ich bin vom Gotthard der letzte Postillon», im Hintergrund die neuen, runden Stützmauern an den Kehren der Tremola-Passstrasse; zeitgenössische Postkarte von Fotograf C. Zweyer, Lugano

Folglich konnte sich auch ein Regierungsrat um einen Auftrag in einer öffentlichen Ausschreibung bewerben, sofern er dies öffentlich tat, ohne sich hinter dem Namen einer Gesellschaft zu verstecken.

Während dieser 16 Jahre investierte der Kanton Tessin mehr als 6 Millionen Lire in den Strassenbau. Das waren durchschnittlich 375'000 Lire im Jahr. Zwischen 1817 und 1823 war der Unternehmer Giulio Pocobelli aus Melide für Planung und Bau der Fahrstrasse über den San Bernardino zwischen Castione und Chur verantwortlich.

Es war hingegen der Architekt und Ingenieur Francesco Meschini, der die Strasse von Biasca nach Airolo plante und erbauen liess (1813-1821) sowie auch die Fahrstrasse auf der Südseite des Gotthardpasses (1827-1830).

Der Kanton Uri hatte bisher nicht dafür gesorgt, dass auf seinem Gebiet eine bequeme Fahrstrasse bis zum Gotthardpass führte. Am 28. September 1826 versammelten sich die Vertreter der «Gotthard-Kantone» in Altdorf und legten in einer Vereinbarung fest, dass der Kanton Uri sich darum bemühe, die Strecke zwischen Flüelen und Amsteg zu verbessern und zu verbreitern sowie eine Fahrstrasse zwischen Göschenen und der Tessiner Kantonsgrenze zu bauen. Mit der Planung und Ausführung dieser Bauten wurde der Ingenieur Meschini beauftragt.

Bereits 1707 plante und baute der Ingenieur Pietro Morettini aus Cerentino den ersten Alpentunnel, das berühmte «Urnerloch» mit einer Länge von 64 Metern. Damit wurde endlich der Weg durch die Schöllenenschlucht begehbar, denn der Tunnel ersetzte den hängenden Holzsteg an der Felswand.

Zur Vervollständigung des Strassennetzes des Kantons Tessin musste noch eine Brücke zwischen Melide und Bissone gebaut werden, um die beiden Seeufer des Luganersees zu verbinden.

Der bereits erwähnte Giulio Pocobelli stellte ein Projekt vor, welches eine Brücke mit dreissig Bögen vorsah. Für die damalige Zeit war das sicherlich ein anspruchsvolles, aber nicht unmögliches Projekt, denn die Distanz zwischen Melide und Bissone beträgt in der vorgesehenen Zone 800 Meter und das Wasser ist nur 8 Meter tief. Nachdem diverse andere Projekte geprüft worden waren, entschied sich der Regierungsrat 1844 für das Projekt des Ingenieurs und Abgeordneten Pasquale Lucchini aus Montagnola, der auf einer natürlichen Moräne einen langen Damm mit einigen Brückenbögen vorsah, damit die Schiffe weiterhin passieren konnten. Das Werk wurde in nur zwei Jahren 1845-1847 gebaut, zuerst nur mit dem Ziel, die beiden Seeufer mit einer Fahrstrasse zu verbinden. Die Inbetriebnahme für den Bahnverkehr erfolgte 1874, also vor der Eröffnung des Gotthardtunnels.

Oben: Gotthard-Postkutsche beim «Urnerloch»; zeitgenössische Postkarte in Farbe

Unten: einer der ersten Güterzüge fährt über den Seedamm von Melide; Postkarte um 1875

Ab 1831 wurde der Transport von Personen und Postsendungen über den Gotthardpass mit Wagen durchgeführt. Bereits 1835 wurden aber diese durch Postkutschen ersetzt, die wenige Jahre später täglich in beide Richtungen zwischen Chiasso und Flüelen verkehrten.
Diese legendären Postkutschen waren bis zum 31. Dezember 1881 auf dem Gotthardpass in Betrieb.

Danach folgte eine seltsame Phase:
Ab 1. Januar 1882 bis 31. Mai 1882 wurde der neue Tunnel für die ersten Postzüge verwendet, aber inoffiziell und nur auf einem Gleis.

Zur Zeit, als Postkutschen auf der Tremola-Passstrasse verkehrten, wurden Schutzhütten mit einem geheizten Raum gebaut, in denen zu jeder Zeit mindestens drei Personen lebten, die den Reisenden im Winter Schutz und Hilfe anbieten konnten.

Diese Schutzhütten dienten ausserdem als Basis für die Arbeiter, die im Winter in Gruppen von 15-20 Mann einen Weg im Schnee frei hielten, damit wenigstens die Schlitten durchfahren konnten, die unterwegs oft grossen Gefahren ausgesetzt waren.
Bei starkem Schneefall waren bis zu 100 Personen im Einsatz. 1873 lag so viel Schnee, dass Gerardo Motta, der Verantwortliche der Post, selbst entschied, im Tremola-Tal lange Tunnel graben zu lassen, um die Postfahrten weiter gewährleisten zu können.

In der ersten Hälfte des 19. Jahrhunderts bereicherte sich zwar der Kanton Tessin an dem modernen Strassennetz, aber auch die öffentlichen Schulden nahmen stark zu, wie Stefano Franscini 1854 in seiner Schrift «Semplici verità ai Ticinesi sulle finanze e su altri oggetti di bene pubblico» (Einfache Wahrheiten für die Tessiner in Bezug auf Finanzen und andere Bereiche der öffentlichen Hand) erwähnte.
Um 1875 wurden jährlich 70'000 Personen und rund 10-20'000 Tonnen Güter über den Gotthardpass transportiert.

Hospental mit Gotthard-Postkutsche auf der neuen Fahrstrasse, 1830; links ist die alte gepflasterte Strasse von Andermatt sichtbar, rechts im Bild Säumer auf dem alten Saumpfad, die den Berghang hinaufsteigen; kolorierte Lithographie von George Barnard, 1843

Oben: die Gotthard-Postkutsche im Ortszentrum von Hospental auf einem Foto von 1910

Oben: Im Winter 1873 wurden lange Tunnel im Schnee gegraben, um den Pass offen zu halten; zeitgenössische Illustration

Unten: Postkutsche auf der neuen Gotthard-Fahrstrasse bei Wassen; Aquatinta von Weber, nach Zeichnung von Straub 1845

Unten: Wärterhaus-Schutzhütte St. Josef mit einem Postschlitten, der zum Pass hinauffährt; zeitgenössische Illustration

Im Kanton Uri wurde in der Schöllenenschlucht die erste Teufelsbrücke von 1230 aus Holz im Jahre 1595 durch eine massive Steinbrücke mit gemauertem Bogen ersetzt, aber der Weg blieb im Wesentlichen ein Saumpfad.

Während der Kämpfe am 25. September 1799 zwischen russischen Truppen des Generals Suvorov und den französischen Truppen unter General Claude Jacques Lecourbe erlitt die Brücke grossen Schaden und konnte lange Zeit nicht mehr benutzt werden. Die Kriege und Turbulenzen der napoleonischen Zeit versetzten den Kanton Uri in grosse Schwierigkeiten. Denn die Strasse durch die Schöllenenschlucht war nur teilweise begehbar,

Oben: *die dritte Teufelsbrücke im Bau; kolorierte Aquatinta von Carl Blechen, 1833*

Unten links: *die vierte Teufelsbrücke über der dritten Brücke*
Rechts: *Mythos in schwarz und rot; der Teufel und der Ziegenbock auf der Felswan; Gemälde von Heinrich Danioth*

sodass sich der damalige internationale Verkehr über die Alpen auf den Splügenpass verlagerte. Erst 1820 wurden die finanziellen Mittel aufgetrieben, um die dritte Teufelsbrücke zu bauen. Diese Brücke wurde nach zehn Jahren fertig gestellt und ist heute noch begehbar.

Oben links: *Ein Auto fährt zwischen Schneemauern über den Pass, 1940er Jahre*

Rechts: *Die Tremola-Passstrasse ist die längste historische Strassenstrecke der Schweiz*

Unten: *Ein Auto fährt vom Gotthardpass in Richtung Kanton Uri, 1950er Jahre*

Dank einer finanziellen Unterstützung des Bundes konnte zwischen 1936 und 1941 die Strasse für die Autos im Privat- und Handelsverkehr umgerüstet werden. Da der Autoverkehr laufend zunahm, wurde 1958 die vierte Teufelsbrücke gebaut.

Der Urner Künstler Heinrich Danioth malte auf der Felswand, wo die Brücke direkt in einen Tunnel führt, die eindrücklichen Figuren eines Ziegenbocks und des Teufels, der gemäss der Legende den Bau einer so schwierigen Brücke ermöglichte und ihr seinen Namen gab.

Die Tremola-Passstrasse im Tessin behielt nach der Wiederherstellung 1951 praktisch vollständig ihr ursprüngliches Aussehen. Die Fahrbahn ist 6-7 Meter breit und seitlich mit bis 8 Meter hohen Stützmauern gesichert.
Erhalten sind die Trockenmauern, ein Grossteil des Belags aus Granitpflastersteinen sowie die Kilometersteine und die Leitplanken aus Granit.

Zwischen Handwerk und Tourismus
Eine erste Modernisierungsphase

Oben: *Die 1834 gegründete Seidenspinnerei Paganini und Molo in Bellinzona beschäftigte bis zu 150 Arbeiter, die 13,5 Stunden pro Tag arbeiten mussten. Sie bot den Arbeitern eine Mensa, Unterkünfte, eine Schule, eine Kapelle und eine Krankenstation. Detail eines Ölgemäldes von G. Varrone, 1866*

Unten: *Frauen im Onsernonetal bei der Strohverarbeitung*

Dank dem Bau der Fahrstrasse von Chiasso zum Gotthardpass mit einer Abzweigung nach Locarno und zum Misoxtal konnten die Waren endlich mit Wagen schneller transportiert werden als bisher und Reisende endlich in einer relativ bequemen Kutsche fahren.

In den Kantonen Tessin und Uri läuteten somit bequemere und schnellere Transportmöglichkeiten eine erste Modernisierungsphase ein, infolge derer diverse Handwerksbereiche und lokale Industrien sich stärker entwickeln und auch der zukünftige Tourismussektor entstehen konnte.

Die Hauptwirtschaftszweige im Tessin waren die Verarbeitung von Tabak, Seide und Stroh, aber ihr Markt blieb, trotz den neu geschaffenen Verkehrsverbindungen, nach Norden durch natürliche Schranken begrenzt und nach Süden seit der Gründung des italienischen Reiches 1861 durch Einfuhrzölle beschränkt.
1867 gab es 27 Tabakfabriken im Kanton Tessin, die insgesamt 500 Arbeiter beschäftigten.

Der Absatzmarkt für deren Produktion war Italien, welches jedoch nach der Einigung die Einfuhrzölle erhöhte und den Import von Tabakprodukten aus dem Ausland verbot.
Da der Handel mit Italien nicht fortgesetzt werden konnte, wurde ein Grossteil der Tessiner Tabakproduktion exportiert und nach Südamerika verkauft. Leider geriet dieser Bereich in eine Krise, weil der neue Markt sehr weit entfernt lag und der Kurs des Schweizer Frankens zu hoch war.

Die Produktion der Seidenindustrie hatte sich in der ersten Hälfte des 19. Jahrhunderts stark entwickelt, vor allem gab es eine Konzentration im Gebiet um Lugano und Mendrisio.

Junge Arbeiterinnen in einer Seidenspinnerei Ende 19. Jh., in einem Aquarell von Luigi Rossi

Bis Ende des 19. Jahrhunderts kam ein Grossteil der angestellten Arbeiterinnen aus den italienischen Provinzen Como und Varese; sie erhielten einen sehr bescheidenen Lohn.

Mit der fortschreitenden Mechanisierung mussten die kleinen Fabriken schliessen oder wurden von grösseren Unternehmen aufgekauft.

Ab 1870 blieben praktisch nur die grossen Betriebe aktiv. Leider führte eine Epidemie, welche die Seidenkokons zerstörte, sowie die Konkurrenz durch japanische Produkte auf dem europäischen Markt die Seidenproduktion ab 1865 in eine schwere Krise.

Die Strohverarbeitung dagegen wurde im Winter in Heimarbeit von den Bauern des Onsernonetals durchgeführt, während die Feldarbeit ruhte.

In der zweiten Hälfte des 19. Jahrhunderts geriet aber auch dieser Bereich in eine Krise, einerseits weil chinesische und japanische Produkte auftauchten, andererseits wegen der steigenden Einfuhrzölle des italienischen Reiches.

Die kontinuierliche Entwicklung im Tourismusbereich im Kanton Tessin wurde, wie erwähnt, durch den Bau der Fahrstrasse sowie durch die 1826 auf dem Lago Maggiore und 1848 auf dem Luganer See neu eröffnete Dampfschifffahrt ermöglicht.

Als Unterkunft für die immer zahlreicher nach Lugano kommenden Touristen kaufte Giacomo Ciani 1851 die ehemalige Klosteranlage *Santa Maria degli Angioli* und wandelte sie um in das *Hotel du Parc*, das 1904 in *Grand Hotel Palace* umbenannt wurde. Erster Direktor war der Ungare Alessandro Béha, der 1871 auch das *Albergo Belsoggiorno* bauen liess, welches ab 1903 *Hotel du Parc* genannt wurde. Auch das *Continental Parkhotel* ist ein historisches Hotel und wurde 1870 von der Familie Hirth erbaut.

Oben: *Arbeiterinnen in der Linoleum-Fabrik von Giubiasco*

Unten: *Arbeiterinnen in der Zigarrenfabrik von Brissago*

In Muralto entstand 1876 das *Grand Hotel Locarno*, nachdem im Dezember 1874 die Strecke Biasca–Bellinzona–Locarno der Gotthardbahn eingeweiht worden war, die zahlreiche Touristen nach Locarno führte.

Links: das Hotel du Parc in Lugano in einer Farblithographie von Vassalli, 1855-60

Unten links: das Hotel Continental Beauregard von Lugano mit dem San Salvatore im Hintergrund

Rechts: das Grand Hotel Locarno auf einer farbigen Postkarte 1902, im Vordergrund der Bahnhof Locarno-Muralto

In Faido wurde 1824 im Zusammenhang mit der neuen Fahrstrasse das *Albergo dell'Angelo* eröffnet, das bis 1917 in Betrieb war. In der Nähe des Bahnhofs entstanden später das *Albergo Suisse* und das *Albergo Milano*.

Auch in den Tälern entstanden in dieser ersten Phase einige Hotels, nicht zuletzt wegen der beliebten «Grand Tour», der Bildungsreise durch Europa der reichen Söhne der Aristokratie vor allem aus England.

Lukmanier gegen Gotthard

Text von Fabrizio Viscontini **Vom Lukmanier zum Gotthard** 34
1845-1866

*«Schwingen» – Schweizer Nationalsport und Variante des Freistilringens – zwischen
Befürwortern des Gotthards und denjenigen des Lukmaniers,
Satirezeichnung in der Zeitschrift Postheim Nr. 16 von 1853*

Der Hosenlupf des Gotthards und Lukmaniers.

Vom Lukmanier zum Gotthard
1845-1866

In seinem Buch La Svizzera Italiana (1837) hielt der Staatsmann Stefano Franscini es aufgrund der unwegsamen Geomorphologie und des damals niedrigen technischen Wissensstandes für unmöglich, eine Eisenbahnlinie im Kanton Tessin zu bauen.

1845 wurde der Kantonsingenieur Pasquale Lucchini vom Kantonsrat beauftragt, mit einem Gutachten darüber zu befinden, ob man die Alpen mit der Eisenbahn durchstossen könne. Im gleichen Jahr gab man dem Adligen Carlo Rota Vezoli aus Mailand die Erlaubnis, als Vertreter einer am Bau der Tessiner Bahnlinie interessierten Gesellschaft Vorstudien zur geplanten Strecke durchzuführen. In diesen Studien führte Rota Vezoli einen detaillierten Vergleich zwischen den Strecken über den Gotthard und über den Lukmanier durch.

Aufgrund der damaligen technischen Kenntnisse hielt man es für unmöglich, die starken Höhenunterschiede im Leventinatal und im Reusstal mit einer Bahnlinie zu überwinden.

Der Bau einer neuen Transitlinie über den Lukmanier wurde hingegen als einfacher eingeschätzt, auch weil die Bahn einfach dem Streckenverlauf der bestehenden Fahrstrasse folgen sollte.

Von 1853 bis 1866 erteilte der Tessiner Grosse Rat drei Konzessionen für den Bau einer Bahnstrecke über den Lukmanier, nämlich an Guelfo Killians & Riccardo (eine englische Finanzgesellschaft), an das Credito Mobiliare von Turin und an die Kreditbank von St. Gallen. Keine dieser Konzessionen führte zum Baubeginn, sodass sie ihre Gültigkeit verloren.

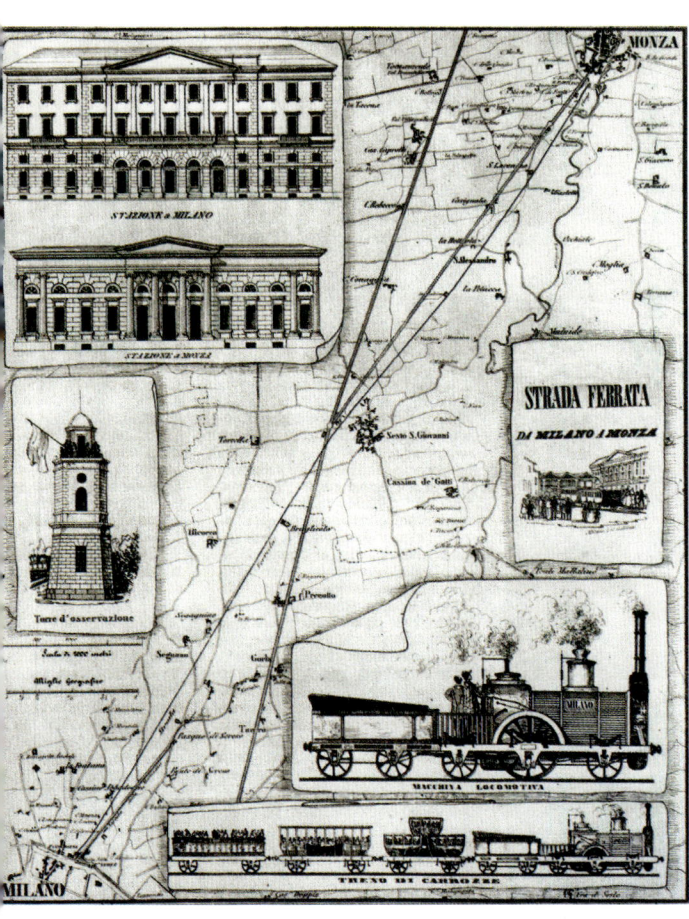

Der Kantonsingenieur Lucchini beschrieb 1851-1853 ausführlich die Gründe, warum die Eisenbahnlinie über den Gotthard seiner Meinung nach viel kostengünstiger wäre als die über den Lukmanier.
Bei der Planung der Gotthardlinie überlegte sich Lucchini auch bereits, geneigte Zufahrtsrampen zu schaffen, um die grossen

Carlo Cattaneo, im politischen Exil in Castagnola, Patriot, Philosoph, Politiker, Politologe, Linguist und italienischer Schriftsteller, war einer der Gründer und erster Rektor des Gymnasiums von Lugano

Vorherige Seite oben: *die erste Dampflokomotive der Eisenbahnlinie Mailand-Monza*

Unten: *Streckenverlauf der 1840 eingeweihten Eisenbahnlinie von Mailand nach Monza, nach der Linie Neapel-Portici die zweite in Italien*

Höhenunterschiede der Biaschina- und Piottino-Schlucht im Leventinatal sowie bei Wassen im Kanton Uri zu überwinden. Der Ingenieur war ausserdem überzeugt, dass die Bahnlinie über den Gotthard weder grössere Probleme noch höhere Kosten als die Strecke im Bleniotal über den Lukmanier verursachen würde. Aus wirtschaftlicher Sicht legte er auch die realen Vorteile dar, wenn das Tessin mit der Zentral- und Westschweiz, mit Basel und weiter bis Hamburg verbunden würde.

Lucchini schlug folgende Streckenführung am Gotthard vor: Die Bahn sollte hinauf bis Ossasco im Bedrettotal führen und dort durch einen Tunnel ins Urserental und schliesslich nach Flüelen gelangen. Mit dieser Route wäre der Tunnel nur 5 Kilometer lang gewesen, mit einem reduzierten Höhenunterschied zwischen den beiden Portalen und niedrigeren Baukosten.
Auch Carlo Cattaneo, der sich seit Jahren mit der Bahn beschäftigt hatte, stellte die angeblichen Vorteile der Lukmanierroute mit einem Tunnel von 23-26 Kilometern in Frage.

Die österreichische Lombardei plädierte für die Gotthardlinie, denn das war die ideale Verlängerung der 1840 fertiggestellten zweiten italienischen Bahnstrecke von Mailand nach Monza.

Das Königreich Sardinien unterstützte hingegen weiterhin das Bahnprojekt über den Lukmanier.

1852 erarbeitete der Leiter des eidgenössischen Eisenbahnbüros Gottlieb Koller ein erstes Projekt zum Bau einer Eisenbahnlinie von 123 Kilometern durch das Gotthardmassiv, um Flüelen mit dem Lago Maggiore zu verbinden.
Das war die Grundlage für das erste 1853 gebildete Gotthardkomitee, bestehend aus neun Kantonen.

1863 machte der Vermessungsingenieur Kaspar Wetli in nur fünf Monaten alle Geländeaufnahmen auf der Strecke Erstfeld-Lugano.
Das gilt noch heute als Meisterleistung der Vermessungstechnik.

Im August 1863 fanden sich die Schweizerische Centralbahn, die Nordostbahn und die 14 «Gotthard-Kantone» Aargau, Basel, Bern, Fribourg, Luzern, Neuchâtel, Schaffhausen, Solothurn, Schwyz, Thurgau, Unterwalden, Uri, Zug und Zürich zu einer Vereinigung zusammen.
Dieser Zusammenschluss ging später als «Gotthard-Union» in die Geschichte ein.
An der Luzerner Konferenz im Dezember 1863 bestätigte Luigi Pioda als Tessiner Gesandter die Beteiligung des Kantons Tessin am Konkordat.
Der Auftrag der Konferenzteilnehmer an den Bundesrat war, die Gotthardlinie zu unterstützen, alle anderen Transitlinien auszuschliessen und internationale Verhandlungen aufzunehmen, um die entsprechenden Verträge für die Realisierung des Gotthardprojekts abzuschliessen.

Dann erarbeiteten die Ingenieure Anton Beckh und Robert Gerwig auf der Grundlage des ersten Projekts von Koller und den Messungen von Wetli eine detaillierte Streckenführung der Gotthardlinie, wobei auch Kehrtunnel bei Wassen vorgesehen waren. Dieses Projekt bildete 1871 die Basis für die Gründung der Gotthardbahngesellschaft. Robert Gerwig wurde von 1872-1875 dann auch Oberingenieur der Nordrampe zum Gotthardtunnel.

Die entscheidende Wende kam im Februar 1866, als die Regierung des neuen italienischen Reiches dem Gotthard den Vorzug gab.

Die Ratifizierung der «Gotthard-Konvention» wurde am 22. Oktober 1869 vom italienischen König Vittorio Emanuele II. bestätigt.
Für Deutschland wurde das Dokument erst am 28. Oktober 1871 von Kaiser Wilhelm I. und von Reichskanzler Otto von Bismarck unterzeichnet.

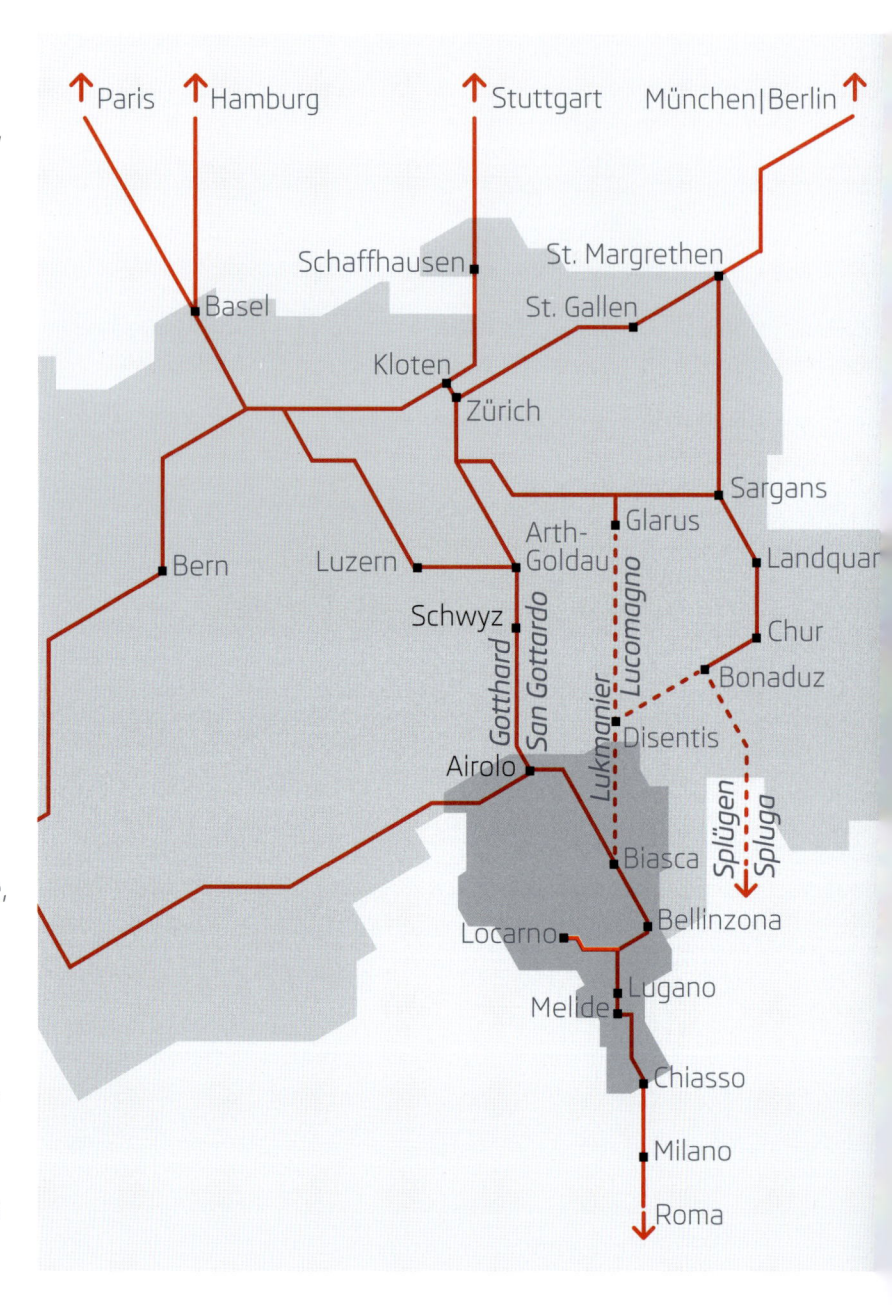

Oben: *die drei Varianten der neuen alpenquerenden Bahnlinie*

Nächste Seite oben: *der erste König von Italien Vittorio Emanuele II, und eine von ihm unterzeichnete Doppelseite des Vertrags*
Unten: *der deutsche Kaiser Wilhelm I und Reichskanzler Otto von Bismarck sowie eine von ihnen unterzeichnete Doppelseite des Vertrags*

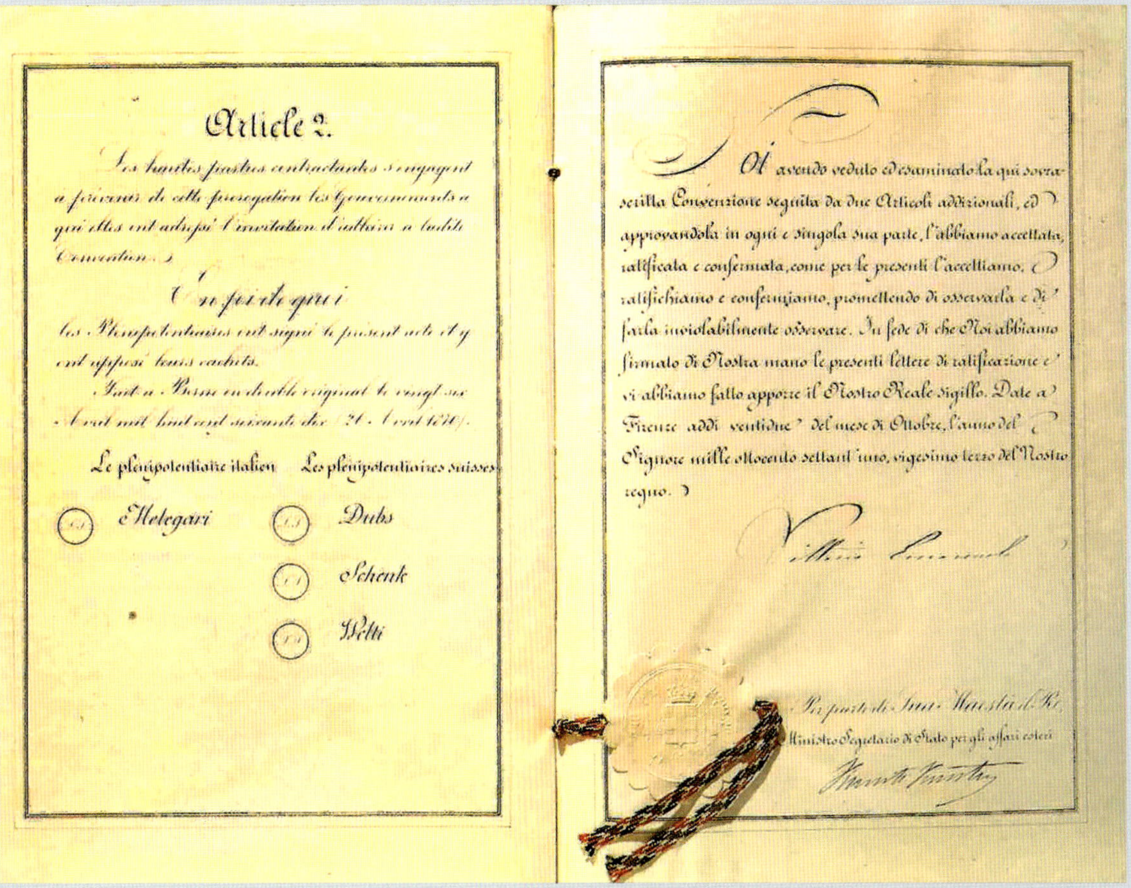

Article 2.

Les hautes parties contractantes s'engagent à prévenir de cette stipulation les Gouvernements à qui elles ont adressé l'invitation d'adhérer à ladite Convention.

En foi de quoi

les Plénipotentiaires ont signé le présent acte et y ont apposé leurs cachets.

Fait à Berne en double original le vingt six Avril mil huit cent soixante dix (26 Avril 1870).

Le plénipotentiaire italien   Les plénipotentiaires suisses

    Melegari   Dubs

                             Schenk

                             Welti

Noi avendo veduto ed esaminato la qui sovra scritta Convenzione seguita da due Articoli addizionali, ed approvandola in ogni e singola sua parte, l'abbiamo accettata, ratificata e confermata, come per le presenti l'accettiamo, ratifichiamo e confermiamo, promettendo di osservarla e di farla inviolabilmente osservare. In fede di che Noi abbiamo firmato di Nostra mano le presenti lettere di ratificazione e vi abbiamo fatto apporre il Nostro Reale sigillo. Date a Firenze addì ventidue del mese di Ottobre, l'anno del Signore mille ottocento settant'uno, vigesimo terzo del Nostro regno.

Vittorio Emanuele

Per parte di Sua Maestà il Re
Ministro Segretario di Stato per gli affari esteri

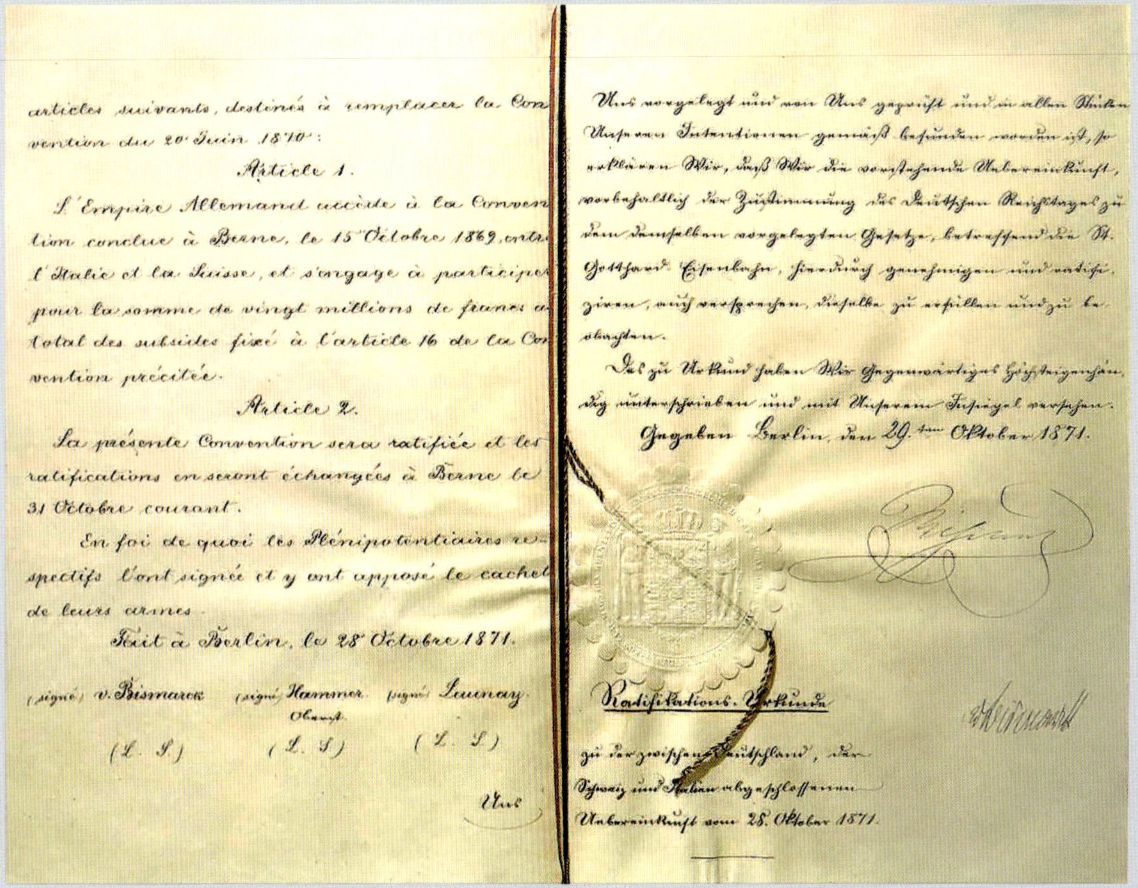

---

articles suivants, destinés à remplacer la Convention du 20 Juin 1870:

Article 1.

L'Empire Allemand accède à la Convention conclue à Berne, le 15 Octobre 1869, entre l'Italie et la Suisse, et s'engage à participer pour la somme de vingt millions de francs au total des subsides fixé à l'article 16 de la Convention précitée.

Article 2.

La présente Convention sera ratifiée et les ratifications en seront échangées à Berne le 31 Octobre courant.

En foi de quoi les Plénipotentiaires respectifs l'ont signée et y ont apposé le cachet de leurs armes.

Fait à Berlin, le 28 Octobre 1871.

(signé) v. Bismarck   (signé) Hammer   (signé) Launay

(L. S.)   (L. S.)   (L. S.)

Uns vorgelegt und von Uns geprüft und in allen Stücken Unseren Intentionen gemäß befunden worden ist, so erklären Wir, daß Wir die vorstehende Übereinkunft, vorbehaltlich der Zustimmung des Deutschen Reichstags zu dem demselben vorgelegten Gesetze, betreffend die St. Gotthard-Eisenbahn, hierdurch genehmigen und ratifizieren, auch versprechen, dieselbe zu erfüllen und zu beobachten.

Deß zu Urkund haben Wir gegenwärtige Genehmigungs-Urkunde unterzeichnen und mit Unserem Insiegel versehen.

Gegeben Berlin, den 29ten Oktober 1871.

Wilhelm

Ratifikations-Urkunde
zu der zwischen Deutschland, der Schweiz und Italien abgeschlossenen Übereinkunft vom 28. Oktober 1871.

Der Gotthardtunnel und seine Erbauer

Text von Fabrizio Viscontini

Giovanni Battista Pioda 40
Die Eisenbahn-Frage

Alfred Escher 42
Seine entscheidende Rolle

Louis Favre 46
erhält den Auftrag für den Tunnelbau

Alfred Escher, Präsident der Direktion der Gotthardbahn-Gesellschaft, und Louis Favre,
der den Zuschlag für den Tunnelbau am Gotthard erhielt;
hier in einer zeitgenössischen Fotomontage mit den Verantwortlichen für die Bauarbeiten:

Ernst von Stockalper, Oberingenieur und Bauleiter für die Nordseite in Göschenen
Eduard Bossi, Oberingenieur für die Südseite in Airolo
Robert Gerwig, Oberingenieur 1872-1875, Verantwortlicher für die nördliche Zufahrtsrampe zum Tunnel
Konrad Wilhelm Hellwag, Oberingenieur 1875-1878, verbesserte die Streckenführung der Zufahrtsrampen
und löste das Problem der steilen Talstufen, indem er Kehrtunnel einfügte
Gustave Albert Bridel, Oberingenieur 1879-1882, löste unter anderem zwei grosse geologische Probleme,
welche eine Deformation im Tunnelinnern verursacht hatten
Josef Zingg, Luzerner Nationalrat, folgte auf Alfred Escher als Präsident der Gotthardbahn 1879-80

Personal der Hochbau-Unternehmung

1880. 1882.

Immensee-Goeschenen Gotthardbahn.

Giovanni Battista Pioda
Die Eisenbahn-Frage

«Die Eisenbahn über die Alpen war wirklich eine der grössten Sorgen meines Lebens. Daran habe ich 40 Jahre lang gearbeitet.»
Giovanni Battista Pioda in einem Brief

Giovanni Battista Pioda, Bundesrat ab 1857

Nächste Seite: die Schiffanlegestelle von Flüelen mit dem Dampfschiff «Victoria», eines der ersten des Vierwaldstättersees

Eine wichtige Rolle bei den Entscheidungen für die Transalpinlinie spielte der aus Locarno stammende Giovanni Battista Pioda, ein führender Liberaler im Kanton Tessin. Als politische Persönlichkeit formte er die Geschichte der Schweiz im 19. Jahrhundert entscheidend mit und gilt als eine der wenigen Personen im Tessin und in der gesamten Schweiz, die bereits damals in einer europäischen Dimension dachten und handelten.
Von Anfang an arbeitete er daran, den Kanton Tessin aus der politischen Isolation heraus zu führen und bewirkte, dass die Region Teil der grossen internationalen Transitlinien wurde.
Er wusste, dass Dampfschiffe, Eisenbahnen, Post und Telegrafenstationen nicht nur zur besseren Integration des Tessins in die Schweiz dienten, sondern auch als Verbindung mit Italien und ganz Nordeuropa.
Als Kommissionspräsident der Post war er in den 1840er Jahren für Warentransport, Zoll und Handel zuständig. Er verhandelte deshalb als Hauptunterhändler im Auftrag des Regierungsrates über die offenen Fragen zur Post und zu den Bahnen.
So diskutierte Pioda 1842 mit den Kantonen Basel, Luzern und Uri auch darüber, wie man den Warenaustausch über den Gotthard verbessern könnte.
Er erreichte, dass eine regelmässige tägliche Postkutschenverbindung über den Gotthard zu Gunsten des Tessins zugesagt wurde. Dank einer direkten Verbindung via Dampfschiff auf dem Vierwaldstättersee von Luzern nach Flüelen konnte Pioda auch eine neue Reiseroute Basel-Mailand schaffen, wobei die Reisedauer auf «nur» 33.5 Stunden reduziert wurde.

Seit Beginn seiner politischen Karriere widmete sich Pioda auch der Frage einer Bahnlinie über die Alpen, die nicht nur für das Tessin, sondern für die gesamte Schweiz von zentraler Bedeutung war.
Als Bundesrat war er ab 1860 mit dem Departement der öffentlichen Bauten beauftragt, später war er für die Bundesbauten und Bundesbahnen verantwortlich. Von diesem Moment an konnte er ohne Zweifel als «treibende Kraft der Tessiner Bahnpolitik» gelten.
Er war der festen Überzeugung, dass eine Bahnlinie durch das Tessin führen sollte, um den Kanton mit dem Rest der Schweiz zu verbinden.
Allerdings war es ihm zu Beginn der Diskussionen nicht so wichtig, ob diese Linie am Gotthard oder am Lukmanier gebaut wurde. Im Laufe der Zeit zeigte Pioda jedoch seine Vorliebe für das Gotthardprojekt und unterstützte es mit aller Kraft, bis sich auch der Bundesrat für diese Variante entschied.

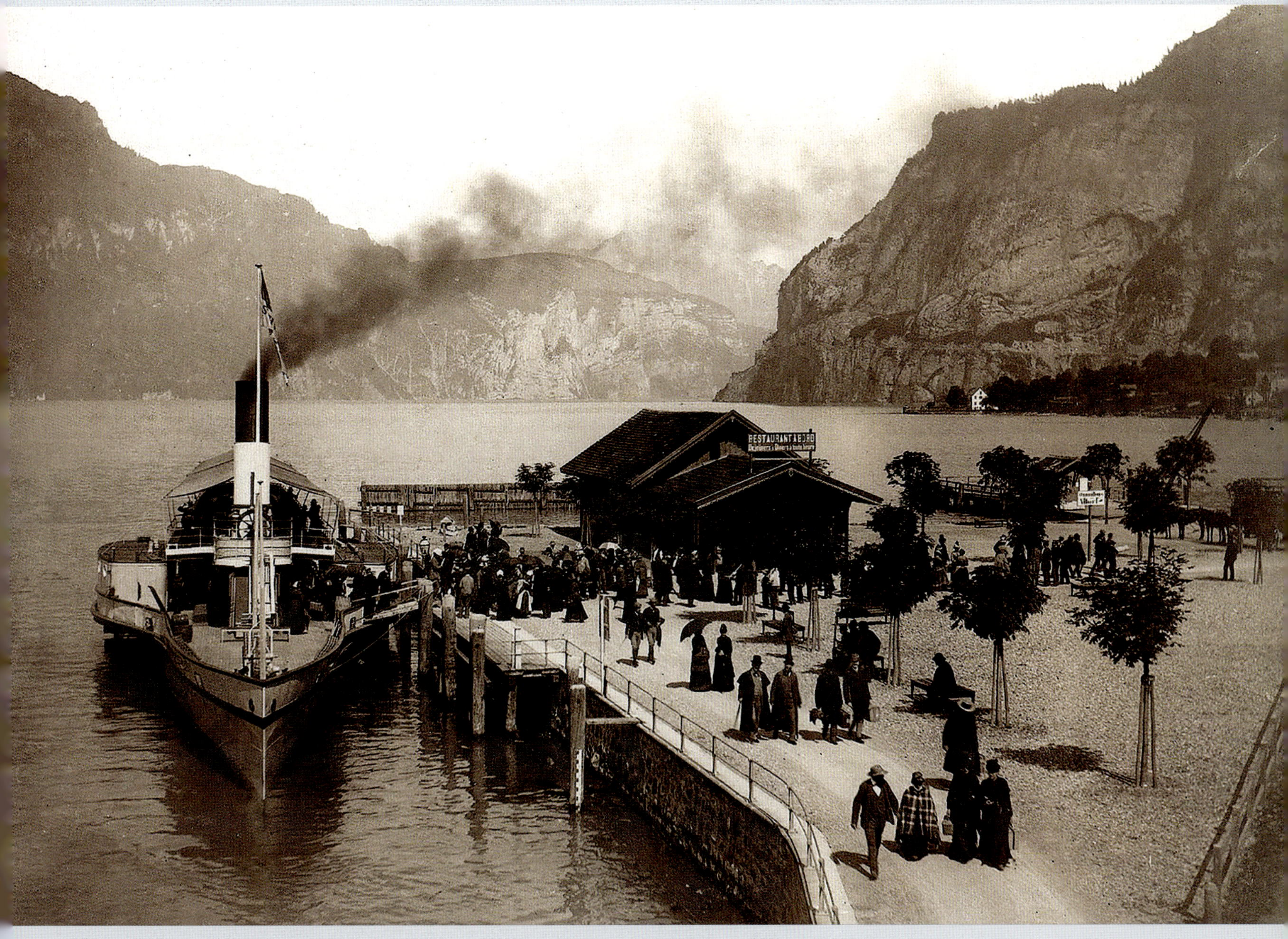
RESTAURANT A BORD

Alfred Escher
Seine entscheidende Rolle

*Alfred Escher,
Gemälde aus dem Jahre 1848*

Alfred Escher bemerkte, dass das Land den Zug der Modernisierung verpassen könnte:
«Von allen Seiten nähert sich die Eisenbahn immer mehr der Schweiz. Projekte entstehen, wonach die Bahnlinien einen Umweg um die Schweiz herum machen, so dass für unser Land Gefahr besteht, dass es total umgangen wird und in Zukunft den traurigen Anblick einer europäischen Einsiedelei bieten muss».

Nächste Seite: *die erste Schweizer Eisenbahnlinie, die «Spanisch-Brötli-Bahn» führte von Zürich[1] nach Baden[2]*
[1] *Aquatinta von H. Füssli von 1847*
[2] *Aquatinta von L. Weber von 1850*

Alfred Escher wurde 1819 in Zürich geboren und war Zeit seines Lebens dort wohnhaft. Er stammte aus einer alten einflussreichen Zürcher Familie – die Escher vom Glas –, aus der zahlreiche berühmte Politiker, Staatsherren und bedeutende Geschäftsleute hervorgegangen waren. Nachdem Escher von 1837 bis 1842 sein Rechtsstudium an den Universitäten Zürich, Bonn und Berlin absolviert hatte, lehrte er als Privatdozent an der Universität Zürich Zivilprozess- und Schweizer Bundesstaatsrecht. Als Liberaler wurde Escher 1844 in den Grossen Rat gewählt, von 1848 bis 1855 war er Regierungsrat. Als Erziehungsdirektor und Mitglied des Erziehungsrates führte er in den Mittelschulen moderne Sprachen und naturwissenschaftliche Fächer ein. Der Kanton Zürich ernannte ihn zum Tagsatzungsgesandten und von 1848 bis zu seinem Tod war er Mitglied des Nationalrats, wobei er viermal zum Nationalratspräsidenten gewählt wurde. Escher ist übrigens bis heute der einzige Nationalrat, der dieses Amt vier Mal innehatte. Dank der zahlreichen öffentlichen Ämter und der von ihm gegründeten Unternehmen hatte Escher eine grosse Macht, die ihm die Beinamen «König Alfred» oder «Princeps» eintrugen. Seine politische und wirtschaftliche Vormachtstellung hatte er vor allem der Unterstützung durch die "System Escher" genannte Gruppe treuer Parteigänger gewonnen. Diese Vormachtstellung führte jedoch zu einer zunehmenden Opposition insbesondere von Seiten der Demokratischen Bewegung, die eine grössere Beteiligung der Bevölkerung bei politischen Entscheiden verlangte. Escher war als Unternehmer besonders aktiv im Eisenbahnbau und sass 1853 als Gründungsmitglied im Vorstand der Schweizerischen Nordostbahn NOB, die zur wichtigsten Eisenbahngesellschaft der Ostschweiz wurde. Zuerst war er als Direktionspräsident und dann als Verwaltungsratspräsident tätig.
1856 war er die treibende Kraft bei der Gründung der Schweizerischen Kreditanstalt (SKA, heute Credit Suisse) und übernahm sofort die Rolle des VR-Präsidenten. Diese erste grosse Aktienbank für die Finanzierung der Privatbahnen und auch der Landwirtschaft, der Industrie und des Handels erdacht, trug zusammen mit Eschers Charisma wesentlich dazu bei, dass Zürich zum wichtigsten Industrie- und Finanzplatz der Schweiz wurde.
In seiner Rolle als Präsident der Gotthardvereinigung setzte er sich besonders für den Bau der Gotthardbahn ein. Als Italien und das Deutsche Reich anlässlich der Gotthardkonferenz 1869 ihre finanzielle Beteiligung an dem Bau zugesagt hatten, entstand 1871 (nach Ratifikation) die Gotthardbahn-Gesellschaft, mit Escher als Direktionspräsident und Leiter des Baudepartements.

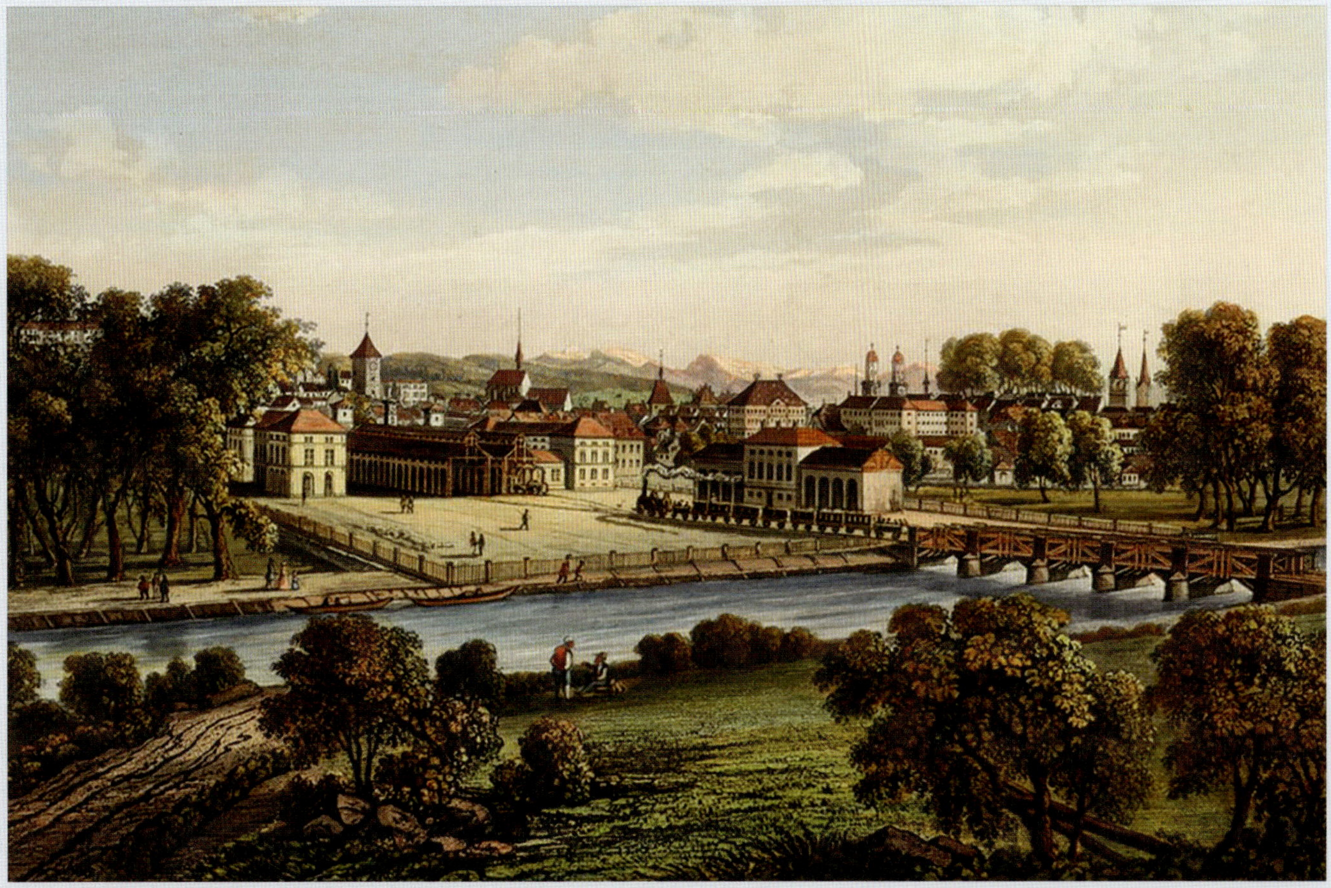

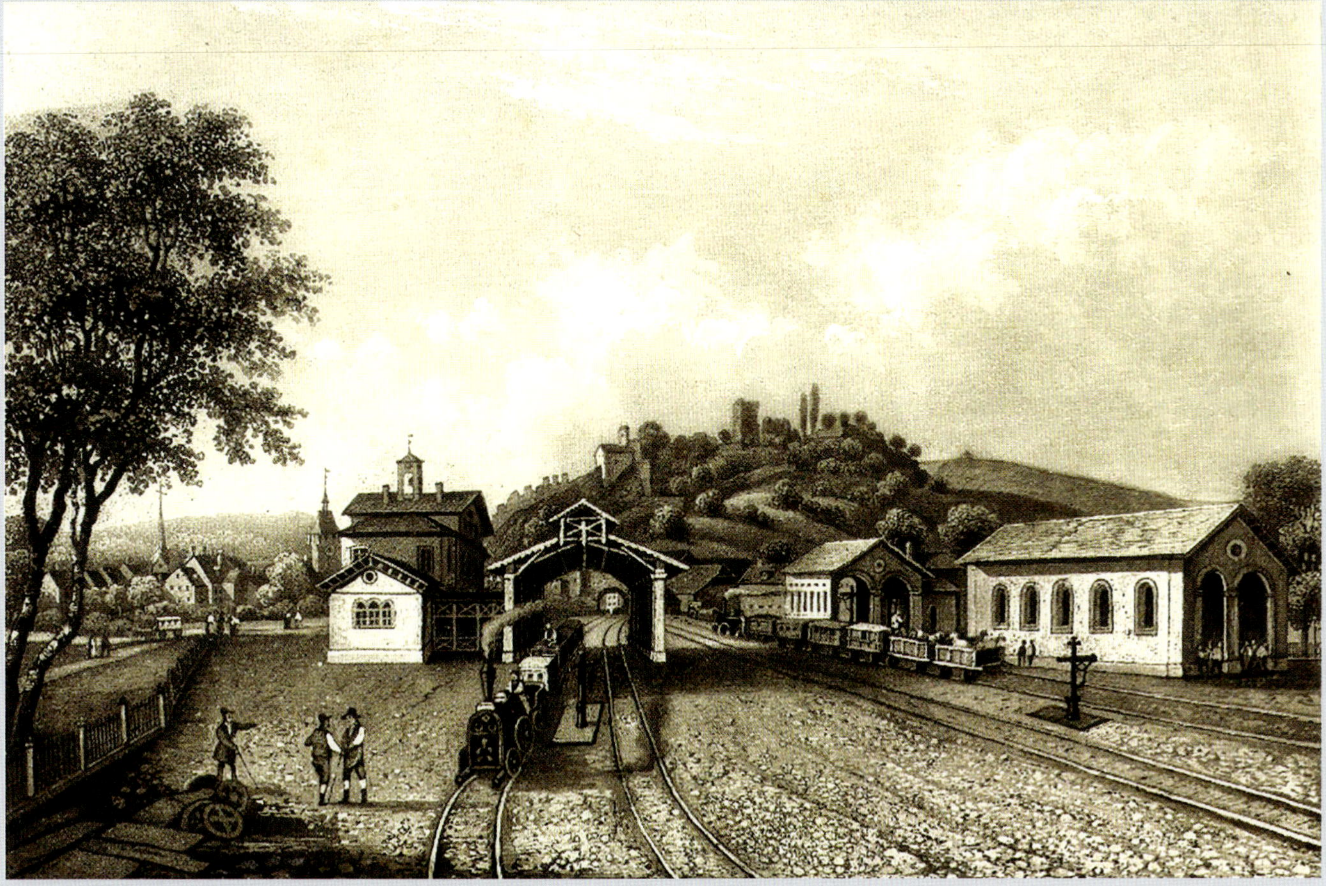

Die Gründung der Eidgenössischen Technischen Hochschule ist massgeblich das Verdienst von Alfred Escher

Links: Hauptsitz der Credit Suisse am Paradeplatz in Zürich, mit einem von Pferden gezogenen Tram im Vordergrund

Als Zeichen der Anerkennung seiner Verdienste für die Nord-Süd-Transversale und namentlich für die Konzeption der Gotthardbahn verlieh die Stadt Lugano 1871 Alfred Escher die Ehrenbürgerschaft.

Eschers letzte Lebensjahre waren auch aus gesundheitlichen Gründen nicht einfach. Wegen der allgemeinen schlechten Wirtschaftslage und der verschärften Konkurrenz hatten alle Privatbahnen erhebliche Schwierigkeiten, darunter auch die Schweizerische Nordostbahn. Auf Druck des Bundesrates trat Escher als VR-Präsident der Schweizer Kreditanstalt zurück, um sich auf die Führung der Gotthardbahn zu konzentrieren, die er aber ein Jahr später auch abtreten musste. Darauf übernahm er wieder die Präsidentschaft der von ihm gegründeten Kreditanstalt.

Zur Durchstichfeier des Tunnels 1880 wurde Escher nicht eingeladen und wegen schwerer gesundheitlicher Probleme, die 1882 zum Tod führten, nahm er auch nicht an der Eröffnungsfeier der Gotthardbahn teil.

Zu seiner Abdankungsfeier im Zürcher Fraumünster kamen alle wichtigsten politischen Vertreter der Schweiz, Bundesräte, National- und Ständeräte sowie zahlreiche Vertreter der Kantone.

Um ihm ein Denkmal zu setzen, wurde 1883 ein privates Komitee gegründet. Die von Richard Kissling geschaffene Statue wurde vor dem Eingang des Zürcher Hauptbahnhofs aufgestellt und am 22. Juni 1889 eingeweiht. Ausser diesem wichtigen Denkmal ist auch Rudolf Kollers Ölgemälde aus dem Jahre 1873 hervorzuheben, das von der Direktion der Nordostbahn für Alfred Escher in Auftrag gegeben wurde. Es war ein Abschiedsgeschenk, da Escher die operative Führung der Bahn abgab und neu Verwaltungsratspräsident wurde.

Alfred Escher war ein einzigartiger Pionier unter den Schweizer Unternehmern. Ein Mann der grossen Visionen, denn er setzte sich nicht nur für die Gotthardbahn ein, sondern war auch Gründer der Schweizerischen Nordostbahn, der ETH, der Schweizerischen Kreditanstalt, heutige Credit Suisse, der Schweizerischen Lebensversicherungs- und Rentenanstalt, heute SwissLife und Rückversicherer Swiss Re. Ausserdem war er ein geschätzter Politiker, der immer mit sehr gutem Resultat im Zürcher Regierungsrat, Kantonsrat und im Nationalrat wiedergewählt wurde; Letzterem gehörte er bis zu seinem Tod an. Er war ein Unternehmer mit klaren Zukunftsvisionen, der im Stande war, seine zahlreichen Ideen erfolgreich in konkrete Projekte umzusetzen. Eine Sicht der modernen Schweiz ist undenkbar ohne Eschers wesentlichen Beitrag als Unternehmer und Politiker, der mit seinen pragmatischen aussenpolitischen Positionen mehrmals eine militärische Konfrontation verhindern konnte. Er war unermüdlich, vielseitig begabt und schaffte es, viele seiner klaren Ideen in zahlreiche erfolgreiche Projekte umzusetzen; er lebte für seine Stadt Zürich, den Kanton Zürich und die Schweiz.

Oben: *Alfred Escher-Denkmal auf dem Bahnhofplatz Zürich*

Unten: *die Gotthardpost im berühmten Gemälde von Rudolf Koller von 1873, heute im Zürcher Kunsthaus*

Louis Favre erhält den Auftrag für den Tunnelbau

Louis Favre wurde 1826 in Chêne-Thônex im Kanton Genf geboren. Nachdem er die Zimmermeister-Werkstatt seines Vaters verlassen hatte, ging er auf Wanderschaft und wurde Zimmermannsgeselle in Neuilly-sur-Marne, in der Nähe von Paris. Als Autodidakt besuchte er Architekturkurse und bildete sich als Ingenieur weiter.

Zusammen mit dem Eisenbahningenieur Jean-Daniel Colladon führte er von 1846 bis 1851 verschiedene Arbeiten für die Gesellschaft Paris-Lyon in Charenton aus; er beteiligte sich 1852-1853 an den Projekten an der Linie Montbart-Dijon und 1854 am Bau des Bahnhofs Vaise in Lyon.

Darüber hinaus nahm er an den Durchbohrungsarbeiten des Tunnels an der Augné-Linie (Jura) teil sowie von 1856 bis 1858 an der Verlängerung des Crédo-Tunnels (Ain) an der Linie Lyon-Genf. Er war 1856-1860 auch an den Tunnelbauten von Grandvaux und La Cornallaz (Chexbres) an der Linie Lausanne-Freiburg beteiligt. In Frankreich arbeitete er nochmals für die Bahnlinie Chagny-Nevers, am Creuzot-Tunnel und an dem Aquädukt, dank dem Wasser aus dem Fluss Vanne nach Paris geleitet wurde. 1863 kaufte Favre in Saint-Paul-Trois-Châteaux in der Drôme dem Baron Henri du Bord die Steinbrüche mit weissem Stein ab und entwickelte zusammen mit ihm den mechanischen Abbau des Gesteins, aber 1878 verkaufte er diese Steinbrüche wieder an die Société des carrières du Midi in Lyon.

Für Henri du Bord liess Favre 1863 das Hôtel de la Paix in Genf erstellen.

1871 gewann er, dank seinen Erfahrungen im Tunnelbau, die Ausschreibung für den Gotthardtunnel, den er in nur acht Jahren zum Preis von 47.8 Mio. Franken fertigstellen wollte, das heisst mit um ein Jahr kürzerer Bauzeit und 12.5 Mio. Franken günstiger gegenüber seinem letztverbliebenen Konkurrenten. Die Gesamtkosten für das ganze Bauwerk wurden anfangs auf 187 Mio. Franken geschätzt, das Angebot von Favre nur für den Tunnelbau betrug 47.8 Mio. Franken. Die Differenz von 139.2 Mio. Franken waren für die Finanzierung der ganzen Gotthardlinie von Immensee bis Chiasso vorgesehen.

Der am 7. August 1872 von Favre unterzeichnete Vertrag hatte auch eine Klausel zur Bauzeit mit einer Prämie von 5'000 Franken pro Tag für Favre, falls die Bauzeit kürzer sein sollte, aber eine ebenso hohe Strafe für jeden Tag Verspätung. Bei mehr als sechs Monaten Verzug sollte die Strafe auf 10'000 Franken pro Tag erhöht werden. Die Beschaffenheit des Gesteins, fehlende Erfahrungswerte bei Bohrungen im Gotthardgranit und im Vergleich zu heute höchst bescheidene Druckluft- und Bohrsysteme führten zu gewaltigen Herausforderungen.

Oben: *Louis Favre in einem zeitgenössischen Stich*

Unten: *Louis Favre in seinem Büro in Göschenen; zeitgenössische Zeichnung*

Vertrag

betreffend
die Ausführung des grossen Gotthardtunnels.

———

Zwischen

der Direction der Gotthardbahn,
unter Vorbehalt der Ratifikation durch den Verwaltungsrath der Gotthardbahngesellschaft und der Genehmigung des Schweizerischen Bundesrathes,
einerseits

und

Herrn Louis Favre von Genf, Bauunternehmer,
andererseits

ist folgender Vertrag betreffend Ausführung des grossen Gotthardtunnels vereinbart worden:

Art. 1.

Gegenstand dieses Vertrages ist die Herstellung des 14,900 Meter langen zweispurigen Tunnels durch den St. Gotthard zwischen dem Portal bei Göschenen und demjenigen bei Airolo. Von dem obern Ende der Horizontalen des Bahnhofs Göschenen, welcher auf 1109 Meter Meereshöhe liegt, ist das Göschener Portal 25 Meter entfernt und steigt die Bahn auf 7457 Meter Länge mit 5,82 per Mille; sie erreicht so die Höhe der 180 Meter langen Scheitelstrecke des Tunnels auf 1152,4 Meter Meereshöhe, worauf

Transport: 165 Stk. – Frkn. 42,384,500.—

Mauerwerk, das zum Widerlagermauerwerk gerechnet wird, in Ansatz . . 165 Stk.

Es wird nun beispielsweise die Annahme gemacht, dass an Quadermauerwerk für Gewölbe und Widerlager 40000 Kubikmeter mit 60000 Quadratmeter Sichtfläche und an Mörtelmauerwerk 30000 Kubikmeter nöthig seien, ferner dass 120 Köpfen zu mauern seien.

Die Forderung des Unternehmers berechnet sich alsdann wie folgt:

1, für 40000 Kubikmeter Quadermauerwerk zu 75 Frkn.   Frkn. 3,000,000.—
2, „ 60000 Quadratmeter Sichtfläche der Ebene zu 20 Frkn.   „ 1,200,000.—
3, „ 30000 Kubikmeter gewöhnliche Mörtelmauerwerk zu 40 Fr.   „ 1,200,000.—
4, „ die Ausskleidung und Überwölbung von 120 Köpfen zu 165 „   19,800.—

Hiernach würde, wenn die beispielsweise gemachte Annahme sich verwirklichen sollte, die Gesammtforderung des Unternehmers nach vertragsmässiger Herstellung des Gotthardtunnels betragen Frkn. 47,804,300.—

Obiger Kostenanschlag wird als integrirender Bestandtheil des Vertrages betreffend die Ausführung des grossen Gotthardtunnels von beiden Kontrahenten anerkannt.

Luzern, den 7. August 1872.

Namens der Direction der Gotthardbahn
Der Präsident:

Die Leiche von Louis Favre wird von den Arbeitern auf einer Bahre ins Freie getragen

Rechts: Postkarte mit einer Anerkennung für Louis Favre

Vorangehende Seiten 47 und 48: die erste und letzte Seite des Vertrags der öffentlichen Ausschreibung von Alfred Escher, dem ersten Sekretär G. Schweizer und von Louis Favre unterschrieben

Diese technischen und geologischen Probleme führten zu Konfrontationen und Streiks der Arbeiter, so dass es auch zu Auseinandersetzungen mit der Bauleitung kam. Die dem Streik zugrunde liegende Unzufriedenheit war im Wesentlichen auf die harten Arbeits- und Lebensbedingungen zurückzuführen, die auch für damaligen Standard schlecht waren sowie auf die drastischen Vertragsbedingungen.

Favre starb plötzlich im Juli 1879 wegen eines Infarktes während eines Baustellenbesuchs, sieben Monate vor dem Durchschlag am 29. Februar 1880.

Favres Tod und Eschers Ausscheiden schwächten die Bauleitung. Trotzdem wurden die Arbeiten noch 1881 zu Ende geführt, also mit nur wenig Verspätung auf die ursprüngliche Planung.
Die Gotthardbahngesellschaft verklagte Louis Favres Erben wegen des Verzugs und trieb sie in den finanziellen Ruin, auch wenn der Verzug und die Zusatzkosten im Vergleich zum Voranschlag relativ gering ausgefallen waren.
Doch am Ende beschloss die Direktion der Gotthardgesellschaft aus eigener Initiative, eine Lebensrente von jährlich 10'000 Franken an die in Paris lebende Tochter Henriette Hava-Favre zu zahlen.
Auch wenn der Tunnel bereits ab dem 1. Januar 1882 einspurig befahrbar war, wurde die Eröffnungsfeier auf den Frühling 1882 verschoben, damit sie nicht in den Wintermonaten stattfinden musste.

Die Gotthardbahn | Bauwerk des Jahrhunderts 1872-1882

Texte von Fabrizio Viscontini

Die internationalen Vereinbarungen und die Finanzierung	52
Die Finanzkrise und die Kostenzunahme	55
Das Wachstum von Airolo und Göschenen und die ausländischen Arbeitskräfte	56
Das Leben der Arbeiter und die Baustellen der Bahnlinie	58
Anämie und Arbeitsunfälle	60
Der Arbeiteraufstand und seine Ursachen	62
Der Durchschlag am 29. Februar 1880	64

Bauarbeiter an der Arbeit im Tunnelinneren um 1875

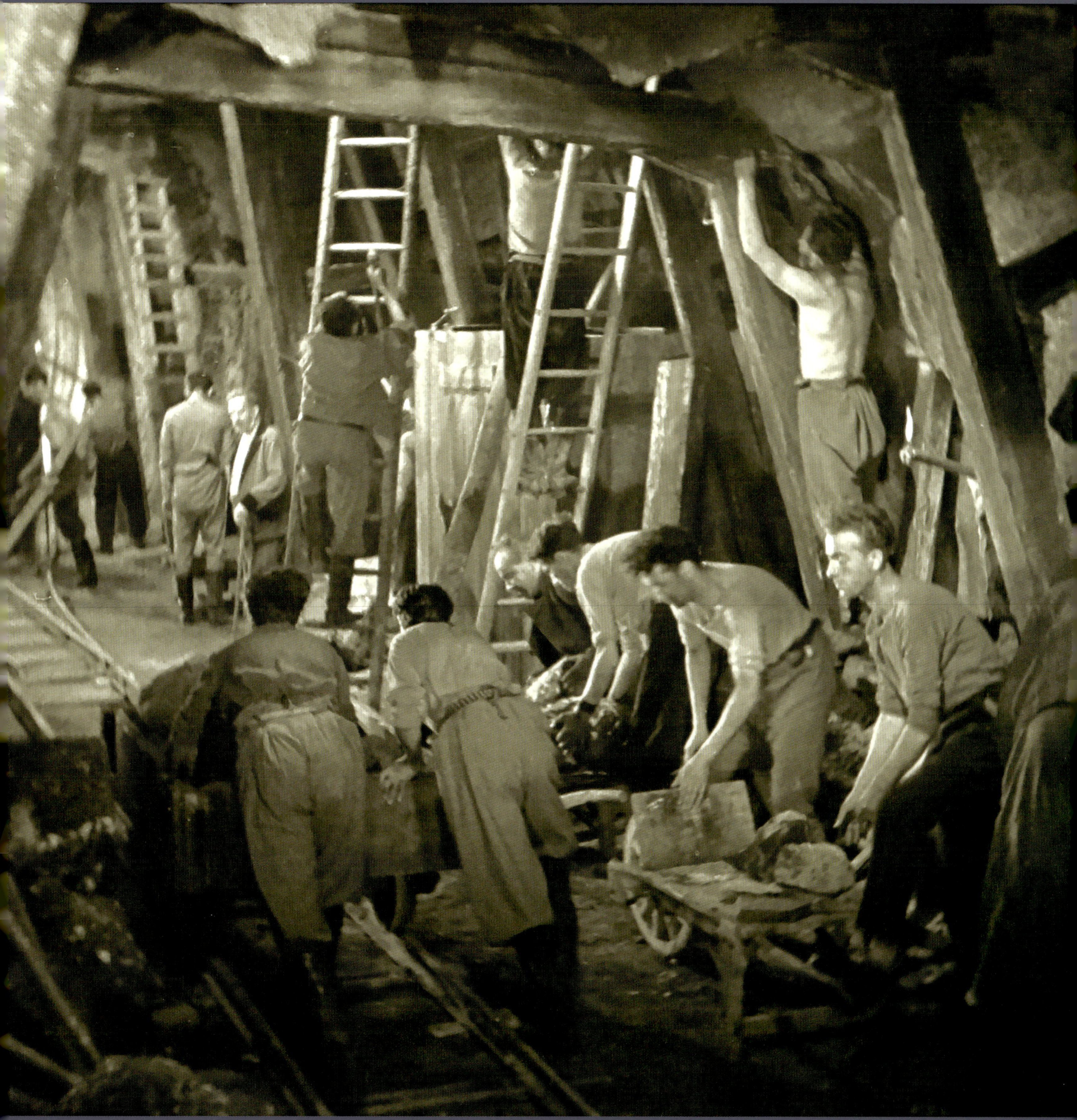

Die internationalen Vereinbarungen und die Finanzierung

Am 15. September 1869 fand in Bern die erste internationale Konferenz für die Realisierung der Gotthardbahn unter dem Vorsitz des Bundesrates Emil Welti statt. Teilnehmer waren die Vertreter der Schweiz, Italiens, des Norddeutschen Bundes, Badens und Württembergs.

Am 6. Dezember 1871 wurde die Gotthardbahn-Gesellschaft gegründet, mit Alfred Escher als Präsidenten.

Die Bahnstrecke mit einer geplanten Gesamtlänge von 263 Kilometern umfasste auch die Teilstücke von Bellinzona nach Chiasso via Monte Ceneri und von Bellinzona nach Luino, mit einer Nebenlinie nach Locarno. Dem Tessin wurden präzise Bauzeiten seiner Linien zugesichert, und zwar nicht länger als zweieinhalb bis drei Jahre nach der Gründung der Gesellschaft.
Für die Strecke Bellinzona-Ceneri-Lugano waren viereinhalb Jahre vorgesehen, für den Gotthardtunnel Airolo-Göschenen neun Jahre.

Emil Welti, Bundesrat, auf einem Ölgemälde, heute im Kunsthaus Aarau

Welti war zu Beginn und während des Baus der Gotthardbahn ein wichtiger Verbündeter Alfred Eschers. Leider fiel die Beziehung der Finanzierungskrise zum Opfer.

Die Mittel zur Finanzierung des Gesamtwerkes wurden 1869 von der Gotthardbahngesellschaft auf 187 Mio. Schweizer Franken geschätzt. Der grössere Teil der Summe wurde privat finanziert. 102 Mio. Franken wurden nämlich von einem von Alfred Escher gegründeten privaten internationalen Finanzkonsortium übernommen; weitere 45 Mio. von Italien, 20 Mio. von Deutschland und 20 Mio. von der Schweiz, mit folgender Aufteilung: 13 Mio. von diversen Kantonen und Städten, die restlichen 7 Mio. von den zwei grossen Privatbahnen: der Nordostbahn und der Centralbahn.

In dieser Anfangsphase gab es also keine Beteiligung von Seiten des Bundes.
Interessant ist, dass die oben genannte Summe von 102 Mio. Franken zu je einem Drittel auf eine schweizerische, deutsche und italienische Gruppe von privaten Investoren aufgeteilt wurde.
Zum Schweizer Konsortium gehörten die Nordostbahn mit 9 Mio. Franken, die Centralbahn mit 9 Mio, die Schweizerische Kreditanstalt mit 8.5 Mio. sowie diverse Privat- und Handelsbanken mit insgesamt 7.5 Mio. Franken.

Das Tessin, welches als von der Bahn am meisten begünstigt galt, sollte 3 Mio. Franken beitragen, während der Kanton Uri 1 Million Franken bezahlte.

Die Persönlichkeit und der Einfluss Alfred Eschers spielte eine entscheidende Rolle beim Auftreiben der nötigen Mittel, um den Bau dieses grossen Projekts in die Wege zu leiten.

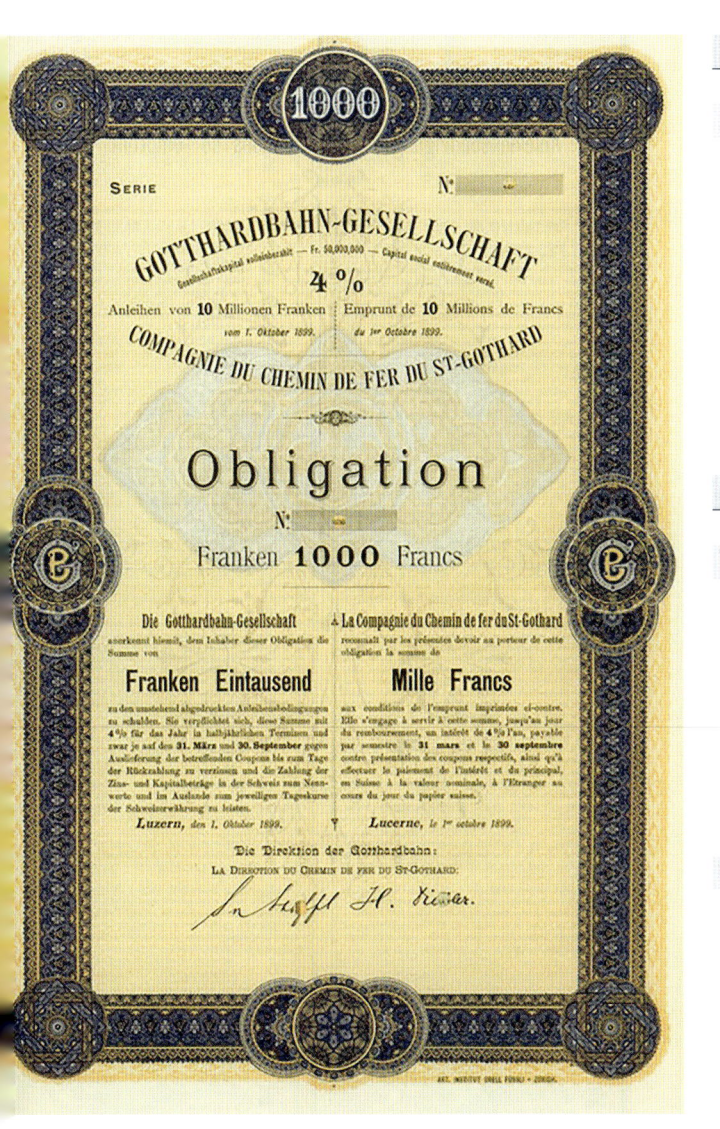

Obligation der Gotthardbahn-Gesellschaft von 1'000 Franken zu 4%

Rechts: *Tabelle über die Finanzierung und die Endkosten der Gotthardlinie*

Legende: *) Der Betrag von 102 Mio. Franken sollte durch das Ausgeben von Aktien und Obligationen auf den Finanzmärkten in Italien, Deutschland und der Schweiz gedeckt werden.

Endkosten der Bahnlinie von Erstfeld bis Biasca	in Mio. CHF
Anfangsfinanzierung am 13. Oktober 1869 beschlossen	
Kostenvoranschlag von 1871	187
Zusatzkosten	21
Total Endkosten der Linie	**208**
- davon Kosten für Tunnelaushebung (Vertrag mit Favre)	47.8
- davon für Tunnelzusatzkosten	7.2
- Endkosten für die Zufahrtsstrecken Biasca-Airolo, Erstfeld-Göschenen	153

	Finanzierung Tunnelbau und Zufahrtsstrecken	in Mio. CHF
1	**Anfangsfinanzierung am 13. Oktober 1869 beschlossen**	
	Italien	45
	Deutschland	20
	Schweiz, wie folgt unterteilt	20
	- *Kantone und Städte (Tessin 3 Mio., Uri 1 Mio.)*	13
	- *Schweizerische Nordostbahn*	3.5
	- *Schweizerische Centralbahn*	3.5
	Total	**85**
2	**Anfangsfinanzierung eines internat. Konsortiums 1871* beschlossen**	
	Italienische Investoren	34
	Deutsche Investoren	34
	Schweizer Investoren, wie folgt unterteilt	34
	- *Schweizerische Nordostbahn*	9
	- *Schweizerische Centralbahn*	9
	- *Credit Suisse*	8.5
	- *Andere Privat- und Handelsbanken*	7.5
	Total	**102**
3	**Zusatzfinanzierung 1878 beschlossen**	
	Italien	10
	Deutschland	10
	Private Schweizer Investoren	12
	Schweizerische Eidgenossenschaft	4.5
	Kantone	2
	Schweizerische Nordostbahn und *Schweizerische Centralbahn*	1.5
	Total	**40**
	Total zugesicherte Finanzierung	**227**

Dr A. Escher — L. Favre

J. Zingg Präsident
H. Dietler Direktor — S. Stoffel Direktor

Durchbruch des TUNNELS
29 Februar 1880.
Eröffnung der Gotthardbahn
1 Juni 1882.

VIRIBVS VNITIS

Die letzte Gotthardpost.

HEIL DIR GOTTHARDBAHN!

Lith. Genossenschaft. Zürich.

Die Finanzkrise und die Kostenzunahme

Die Gotthardbahnlinie wurde in nur zehn Jahren zwischen 1872 und 1882 gebaut. Ab 1873 befand sich die Schweiz in einer Wirtschaftskrise, aber die Fortführung der Gotthardbahn stand nie ernsthaft zur Diskussion. Trotz diverser Schwierigkeiten angesichts der geringen Kenntnisse über die geologische Beschaffenheit des Gotthardmassivs und dem Bergdruck im Inneren wurden die Grabungen fortgesetzt. Hinzu kamen technische Probleme sowie die mangelnde Erfahrung mit vergleichbaren Projekten. Zwischenfälle waren an der Tagesordnung.

Nach dem Rücktritt des Oberingenieurs Gerwig, dem man auch die finanziellen Probleme der Gotthard-Gesellschaft anlasten wollte, wurde 1875 Wilhelm Hellwag als bauleitender Ingenieur ernannt, um die Krise zu bewältigen. Doch Hellwag verursachte Spannungen und grosse Diskussionen, machte unwahre Aussagen und griff Escher an. Seine Berechnung einer exorbitanten Kostenüberschreitung belief sich auf 100 Millionen Franken, die jedoch auf nur 40 Mio. redimensioniert werden konnten.
Dieser Nachtragskredit wurde wie folgt finanziert: Deutschland sicherte 10 Mio. zu, Italien auch 10 Mio. und diverse Privatpersonen 12 Mio. Franken. Der Bund griff zum ersten Mal ein und garantierte 4.5 Mio. der 8 Mio., die von der Schweiz zugesichert worden waren. Von diesen gingen 2 Mio. zu Lasten der Kantone und die letzten 1.5 Mio. Franken kamen von Bahnen und Privatinvestoren. Der Bundesrat musste die Subvention von 4.5 Mio. Franken dem Parlament vorlegen.
Bundesrat Emil Welti kehrte seinem Freund Escher den Rücken, indem er ihn mit einem tückischen Schachzug davon überzeugte, dass das Parlament leichter seine Einwilligung für diese Subvention geben würde, wenn Escher als Präsident der Gotthardbahn-Gesellschaft zurücktreten würde. 1878 legte Escher dieses Amt nieder und opferte sich im Interesse der Gotthardbahn. Der Luzerner Nationalrat Joseph Zingg, Eschers Nachfolger, stellte fest, dass Hellwag als Bauleiter unfähig war, nachdem er seit zwei Jahren die Baustellen im Tunnel nicht mehr besucht hatte. Endlich wurde Hellwag wenige Monate später zum Rücktritt gezwungen. Mit diesem Entscheid konnte die festgefahrene Situation gelöst und der Bau fortgesetzt werden.

Am Ende kostete die Eisenbahnlinie am Gotthard nur 21 Mio. mehr als die geplanten 187 Mio. Franken, also im Grunde eine höchst bescheidene Überschreitung, wenn man bedenkt, mit welchen Komplexitäten und Herausforderungen sich die Projektführung konfrontiert sah.

Josef Zingg, Vizepräsident der Gotthardbahn ab 1871 und Präsident von 1879-1880

Vorherige Seite: Plakat zur Erinnerung an den Durchschlag im Tunnel am 29. Februar 1880 und die offizielle Eröffnung im Juni 1882. Alfred Escher und Louis Favre sind mit drei Direktionsmitgliedern der Gotthardbahn abgebildet: J. Zingg, H. Dietler, F. Stoffel

Das Wachstum von Airolo und Göschenen und die ausländischen Arbeitskräfte

Als 1872 die beiden Baustellen am Gotthard eingerichtet wurden, hatte dies weitreichende Folgen für Airolo und Göschenen.
Zwischen 1870 und 1880 ging die Bevölkerungszahl im Kanton Tessin von 110'936 auf 110'306 Einwohner leicht zurück.

Die vielen ausgewanderten Tessiner hinterliessen in den Dörfern eine Lücke, die zum Teil jedoch durch die Ankunft von Einwanderern kompensiert wurde. Tausende von Mineuren kamen aus Norditalien auf die Baustellen am Gotthard, da sie wegen der Armut in ihren ländlichen Regionen anderswo Arbeit suchen mussten.
Zwischen 1870 und 1880 hatte sich mit dieser Einwanderung die Bevölkerung in Airolo von 1'724 auf 3'674 Einwohner fast verdoppelt, wobei um 1875 die Grenze von 4'000 überschritten wurde.
In Göschenen hatte sich die Einwohnerzahl sogar um das Achtfache erhöht, von 348 Einwohnern 1850 auf ca. 3'000 im Jahr 1880.
In dieser Zeit wurde auch eine grosse Zahl von Ehen zwischen Arbeitern der Baustelle und einheimischen Frauen geschlossen. Schätzungsweise jede fünfte Heirat fand zwischen einem ausländischen Arbeiter und einer Einheimischen statt. Auf beiden Seiten des Tunnels führte die Ankunft der neuen Personen auch zu einer Preiserhöhung der Grundnahrungsmittel wie Milch, Butter, Käse und Fleisch.

Die Lebensbedingungen ausserhalb der Baustellen waren also auch sehr schwierig. Mit Beginn der Bauarbeiten wurden alle verfügbaren Zimmer von den Neuzuzügern besetzt. Die Arbeiter fanden Unterschlupf in den wenigen von der Firma Favre gebauten Baracken oder in ungeeigneten Verschlägen wie Dachböden oder Ställen, welche die Bewohner zur Verfügung stellten.
Die bereits schwierige Unterkunftsituation in Airolo wurde durch den Brand vom 18. September 1877, der einen Grossteil des Dorfes in Schutt und Asche legte, zusätzlich erschwert. 143 Wohnhäuser und 27 Ställe wurden von den Flammen zerstört, 2'000 Personen wurden obdachlos, darunter 1'000 Arbeiter.

Die prekären improvisierten Arbeiterunterkünfte bei Göschenen, in einer aquarellierten Zeichnung von Joseph Nieriker, um 1880

Vorherige Seite oben: Airolo um 1870

Unten: Göschenen um 1890, nach Eröffnung des Tunnels

Um acht Stunden im gleichen Bett zu schlafen, zahlte man jedes Mal 5 Rappen, während die Unterkunft in einem Raum mit zehn Betten 20 Franken im Monat kostete.

Die Einwanderungswelle hatte also auch das äussere Erscheinungsbild der Bergdörfer tiefgreifend verändert.

1880 zählte man in Göschenen 558 deutschsprachige Einwohner und 2'285 Bewohner italienischer Muttersprache, der Ausländeranteil betrug also fast 75% der Gesamtbevölkerung. Im Urnertal wurden durch die anwesenden Italiener sogar die Ortsnamen zweisprachig: Göschenen hiess Casinotta oder Cascinotta, Gurtnellen wurde Cortinella, Flüelen zu Fiora.

In den Gemeinden mit einer derart grossen Zahl an Fremden und auf den überfüllten Baustellen fehlte es nicht an Konflikten ethnischer Natur: Streit, Verletzte, zahlreiche kleine Diebstähle und sogar einige Morde, sodass sich in einigen Orten die Behörden gezwungen sahen, die Gendarmerie vor Ort zu verstärken, um die neue Situation in den Griff zu bekommen.

Einer der schwersten Vorfälle geschah am Weihnachtsabend von 1873, als einige Bewohner von Airolo und eine Gruppe von Tunnelarbeitern aus dem Piemont in Streit gerieten, leider endete er mit dem Tod eines Bürgers von Airolo.

Das Leben der Arbeiter und die Baustellen der Bahnlinie

Für die mechanischen Tunnelarbeiten wurden zuerst die Sprenglöcher mit Druckluftbohrern gebohrt und dann mit Dynamit gefüllt. Nachdem die Sprenglöcher gebohrt waren, mussten die Arbeiter die Bohrmaschinen aus dem Explosionsbereich entfernen.

Nach der Explosion musste das gesprengte Gestein auf kleinen Wagen nach draussen geschafft werden. Verschiedene Arbeitertrupps waren in 8-Stunden-Schichten mit Bohren, Sprengen und dem Abtragen des Gesteins beschäftigt.

Als zu Beginn der Arbeiten der Tunneleingang noch nah beim Bohrkopf war, konnte ein Bautrupp nach erfolgter Bohrung ins Freie gehen und für die zweite Arbeitsphase in den Tunnel zurückkehren.

Mit fortschreitender Bauzeit und zunehmender Länge konnten die Arbeiter erst nach Ablauf der effektiven Achtstundenschicht den Tunnel wieder verlassen, denn der Weg wäre jeweils zu lang gewesen und hätte zu viel Zeit gekostet.

Der Arbeitertrupp musste also nach der Bohrung im Tunnelinneren warten, bis das gesprengte Material weggeschafft war und man die nächste Bohrung in Angriff nehmen konnte.
Mit diesem Arbeitsrhythmus mussten die Arbeiter oft zwölf Stunden am Stück bei Hitze und Rauch im Tunnel bleiben.

1878 bestand jede Bohrungsgruppe aus einem Vorarbeiter, vier Mineuren, zwei Mechanikern, acht Arbeitern zum Manövrieren und einem Laufburschen.
Die Spreng- und Abtragungsteams bestanden meist aus jeweils 22 Personen.

Oben: Arbeiter schieben einen Bauwagen am Nordportal des Tunnels, während Favre mit seinen Ingenieuren diskutiert, in einem Holzstich von 1874

Unten: Favre überwacht mit seinem Ingenieur von Stockalper die Bohrarbeiten im Tunnel

Die durchschnittliche Jahrestemperatur im Tunnel stieg zunehmend von 18°C im Jahr 1874 auf mehr als 30°C. Im Februar 1880 wurden sogar 34°C erreicht.

Die stickige Hitze im Tunnelinneren machte eine gute Lüftung unerlässlich, aber nur die Abluft der pneumatischen Schlagbohrmaschinen diente der Belüftung, dank Hähnen, die direkt auf der Druckluftleitung in der Nähe der Baustellen montiert waren.
Die Arbeiter beklagten sich aber oft, dass unzureichende Lüftung das Atmen erschwere.

Oben: *Schichtwechsel in Göschenen*, in einem Ölgemälde von Philipp Fleischer von 1886

Unten links: *Arbeiter beim Vortrieb im Tunnel*

Rechts: *Mittagspause der Arbeiter im Tunnel*

Anämie und Arbeitsunfälle

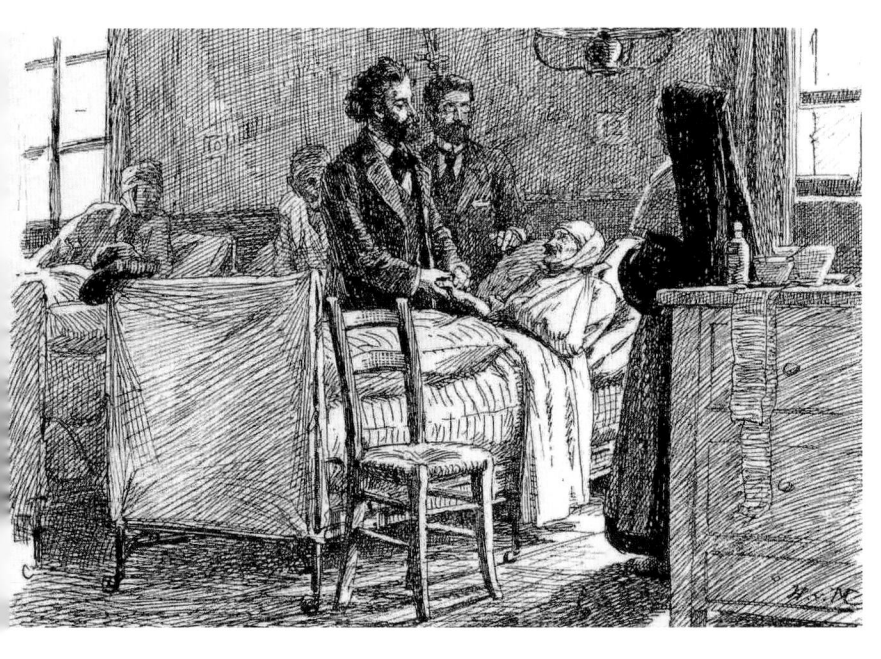

«Das Blut der Minenarbeiter hatte sich in Wasser verwandelt.» So wird die Epidemie der Arbeiter im Gotthardtunnel von 1880 in der mündlichen Überlieferung von Airolo beschrieben.

Das Denkmal «Le vittime del lavoro» (Die Opfer der Arbeit), ein vom Tessiner Bildhauer Vincenzo Vela geschaffenes bronzenes Flachrelief, wurde 1932 zur Feier des 50-jährigen Tunnelbaus am Bahnhof von Airolo errichtet und erinnert an die 199 Arbeiter, die während des Tunnelbaus ums Leben kamen. Bei dieser Zahl handelt es sich allerdings nur um die Opfer von Arbeitsunfällen – die Ankylostomiasis-Epidemie (Wurmkrankheit) von 1880, die zahlreiche Tote unter den Arbeitern verursachte, wurde dabei nicht berücksichtigt.

Der Ausbruch der Epidemie verursachte eine heftige Kontroverse sowohl in Bezug auf die Diagnose als auch auf die Behandlung der Krankheit. Zum Glück entdeckte Professor Perroncito der Universität Turin, dass die Ursache der Anämie der Minenarbeiter ein Parasit war, nämlich der sogenannte Grubenwurm, und er konnte auch beweisen, dass die Arbeiter des Gotthardtunnels die gleichen Symptome wie die Minenarbeiter in anderen Regionen hatten. Er zeigte auf, dass für diejenigen Arbeiter, die in stehendem Gewässer mit menschlichen Exkrementen in Kontakt waren, eine grosse Ansteckungsgefahr bestand.

Wie man auf den zeitgenössischen Drucken sehen kann, standen die Minenarbeiter im Inneren des Tunnels nämlich immer mit den Beinen im Wasser. Im Bericht von Parroncito ist die Rede von mehr als 10'000 Fällen mit einer hohen Sterberate. Diese Zahl scheint aber viel zu hoch, auch wenn man aus sicherer Quelle weiss, dass auf den Baustellen von Airolo und Göschenen während des Tunnelbaus zeitweise mindestens 25'000 Arbeiter tätig waren.

Oben: *Ingenieur Favre am Krankenbett eines Arbeiters auf der Krankenstation in Göschenen*

Unten: *Ingenieur von Stockalper und seine Assistenten prüfen, mit den Füssen im Wasser stehend, eine Problemstelle beim Vortrieb im Tunnel*

Der Arzt und Dozent an der Universität Pavia Doktor Parona beschreibt den Lebenszyklus des Parasiten wie folgt:

«Die sich in den Exkrementen befindlichen Eier finden im schlammigen stehenden Wasser des Tunnels genügend Feuchtigkeit und die passende Temperatur, um sich als Larven weiter zu entwickeln. Diese Larven dringen durch die Haut in den Körper der Minenarbeiter ein, wo sie sich schliesslich zu Würmern entwickeln, die sich an der Darmwand festsetzen und dort Blut saugen.»

Doktor Parona konnte als Direktor des Spitals in Varese 249 betroffene Arbeiter gesund pflegen und stellte fest, dass «unter den Arbeitern einige aus den italienischen Regionen stammen, in denen der Parasit vorkommt, insbesondere Reisanbaugebiete.» Der Kampf gegen die Epidemie am Gotthard legte einerseits den Grundstein für die Entstehung von Begriffen wie «Berufskrankheit» oder «Arbeitsmedizin». Andererseits konnte man durch strikte Anwendung der hygienischen Vorschriften verhindern, dass bei den zukünftigen Bauarbeiten am Simplontunnel die gleichen Probleme auftraten.

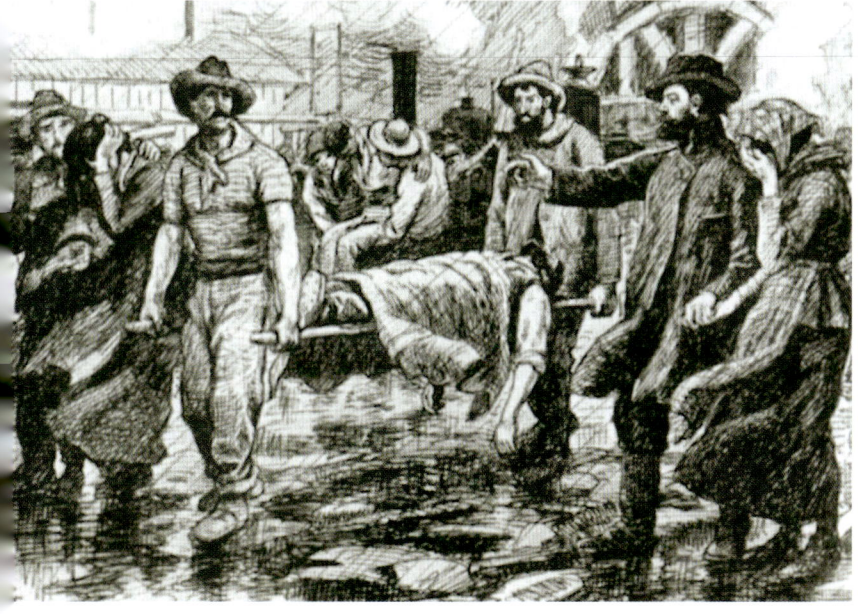

Oben: das Denkmal für die Opfer der Arbeit «Le vittime del lavoro» in Airolo, Bronzerelief von Vincenzo Vela 1932

Unten: ein beim Tunnelbau tödlich verunfallter Arbeiter wird von seinen Arbeitskollegen ins Freie getragen, Zeichnung von ca. 1882

Der Arbeiteraufstand und seine Ursachen

Als offensichtlichste Ursache für den Streik von 1875 in Göschenen gelten die schwierigen Arbeitsbedingungen der Arbeiter im Tunnel, wo das Atmen durch Feuchtigkeit, giftige Dynamitdämpfe und Baustaub fast unmöglich wurde.
Die anderen, weniger augenfälligen Ursachen hängen mit den sozialen Unruhen zusammen, die durch die massive Einwanderung von ausländischen Arbeitskräften in den Bergdörfern entstanden waren.
Gemäss den Daten der Zeitung *Il Dovere* von 1879 betrug der durchschnittliche Taglohn zwischen 2.20 und 2.80 Franken für die Arbeiter an der Bahnlinie und 3.60 Franken für die Arbeiter im Tunnel.
Davon wurde aber vom Arbeitgeber wieder ein Grossteil für Unterkunft, Essen, Werkzeug und eine Art Krankenkasse abgezogen. Fünf Franken wurden für eine Öllampe verlangt und 30 Rappen für das Öl.

Der Lohn entsprach zwar dem jener Zeit, war aber wirklich nicht sehr hoch und wurde seltsamerweise in italienischen Lire ausbezahlt, denn der Arbeitgeber hielt das für «bequemer» für die Arbeiterschaft.
Die Schweizer Regierung griff mehrmals ein, um diese eindeutig illegale Praxis zu unterbinden. Dazu kam noch, dass den Arbeitern normalerweise ein Teil des Lohns in «Coupons» ausbezahlt wurde, die aber nur in den teuren betriebseigenen Lebensmittelgeschäften eingelöst werden konnten.
Zusätzlich erhöhte die Arbeit mit Sprengstoff das Unfallrisiko. Das erst 1867 vom Schweden Alfred Nobel erfundene Dynamit war zur Zeit des Tunnelbaus noch eine Neuigkeit. Das Dynamit wurde also oft ohne Erfahrung in der Handhabung des Sprengstoffs eingesetzt und manchmal auch auf unvorsichtige Weise verwendet, oft nur um Verspätungen in der Bauzeit aufzuholen, die für die Baufirmen mit erheblichen Kosten verbunden waren.

Am Nachmittag des 27. Juli 1875 verliessen einige italienische Mineure ohne Erlaubnis die Tunnelbrust. Sie beschwerten sich beim Oberingenieur von Stockalper über den dichten Rauch, der auf Grund der unzureichenden Belüftung nicht abzog und sagten, dass ein Weiterarbeiten unmöglich war.
Ausserdem verlangten sie eine Lohnerhöhung von 1 Franken pro Tag.

Doch die Streikenden erhielten von ihren Vorgesetzten bloss die arrogante Antwort: «Wenn es euch nicht passt, könnt ihr ja euren Lohn nehmen und gehen», woraufhin die Arbeiter voller Wut den Tunneleingang in Göschenen blockierten und die nicht streikenden Kollegen an der Weiterarbeit hinderten. Favre und seine Ingenieure alarmierten darauf die Urner Regierung und baten, bewaffnete Männer zu senden.

Die Niederschlagung des Streiks beim Tunnelportal in Göschenen in einer Illustration von Georg Specht

Irrtümlicherweise ist hier aber das Portal von Airolo dargestellt und nicht das von Göschenen

Vorherige Seite: Titelblatt des öffentlichen Berichts über den Streik

Am Morgen des 28. Juli kam Oberoffizier Sebastian Tresch mit einem kleinen Kommando von Gendarmen und bewaffneten Zivilisten im Schlepptau auf die Baustelle. Die Arbeiter warfen bei Ankunft der Truppe mit Steinen, worauf jene als Antwort das Feuer eröffneten. Die Schiesserei kostete vier Arbeitern das Leben und verursachte einige Verletzte. Zur Rechtfertigung dieser Aktion wurde danach behauptet, dass die Arbeiter mit Revolvern bewaffnet gewesen wären, was jedoch nie bewiesen werden konnte.

Im gleichen Jahr kam es auch auf der Tessiner Seite des Gotthards zu einem Streik von 400 Steinmetzen, die auch rechtmässig protestierten, dass der Lohn nicht der festgelegten Summe entsprach. Es handelte sich dabei um die erste Protestaktion dieser Art im Kanton Tessin.

Der Durchschlag am 29. Februar 1880

Am 29. Februar 1880 um 11.15 Uhr erfolgte der eigentliche Durchstich!
«Madonna!» schrie eine Stimme, **«Madonna, da sind ja die anderen! Wir haben den Tunnel durchbohrt! Wir haben es geschafft!»**
Mit Schlamm bedeckt umarmen sich die Arbeiter begeistert, schreien vor Freude, alle wollen das kleine faustgrosse Loch sehen, aus dem ein Pickel der Kollegen aus Airolo durchragt. Der Chianti fliesst reichlich. Nach weniger als acht Jahren harter Arbeit ist der Gotthard endlich durchbohrt!

«Durch!» Mit diesem einen Wort auf der Titelseite feierte die «Neue Zürcher Zeitung» am 1. März 1880 den Durchschlag.

«Ein Ereignis europäischen Ausmasses, eine verkehrstechnische Sensation! Nach sieben Jahren und fünf Monaten Bauzeit endlich der Durchstich, der Gotthardtunnel wird Realität»

Der erste, mit triumphierenden Arbeitern aus Airola besetzte Zug kehrt nach Göschenen zurück

Vorherige Seite: Illustration des endgültigen Durchschlags, aussen Bilder der Tunnelbauarbeiten, zeitgenössische Illustration

Gotthardbahn | Technische und territoriale Herausforderungen

Text von Fabrizio Viscontini **Die Bahninfrastrukturen** 68
verändern das Landschaftsbild

Text von Renzo Ghiggia **Die Arbeit der Topografen** 72

Text von Fabrizio Viscontini **Die Kehrtunnel** 74
im Leventina- und im Reusstal

Die Eisenbrücken 76

Technische Probleme 82

Bauzeit des Tunnels 84
Werkzeuge und Maschinen

Das Rollmaterial 92
Die Dampflokomotiven

Arbeiter an der Tunnelbohrmaschine unter Aufsicht von Louis Favre, um 1875

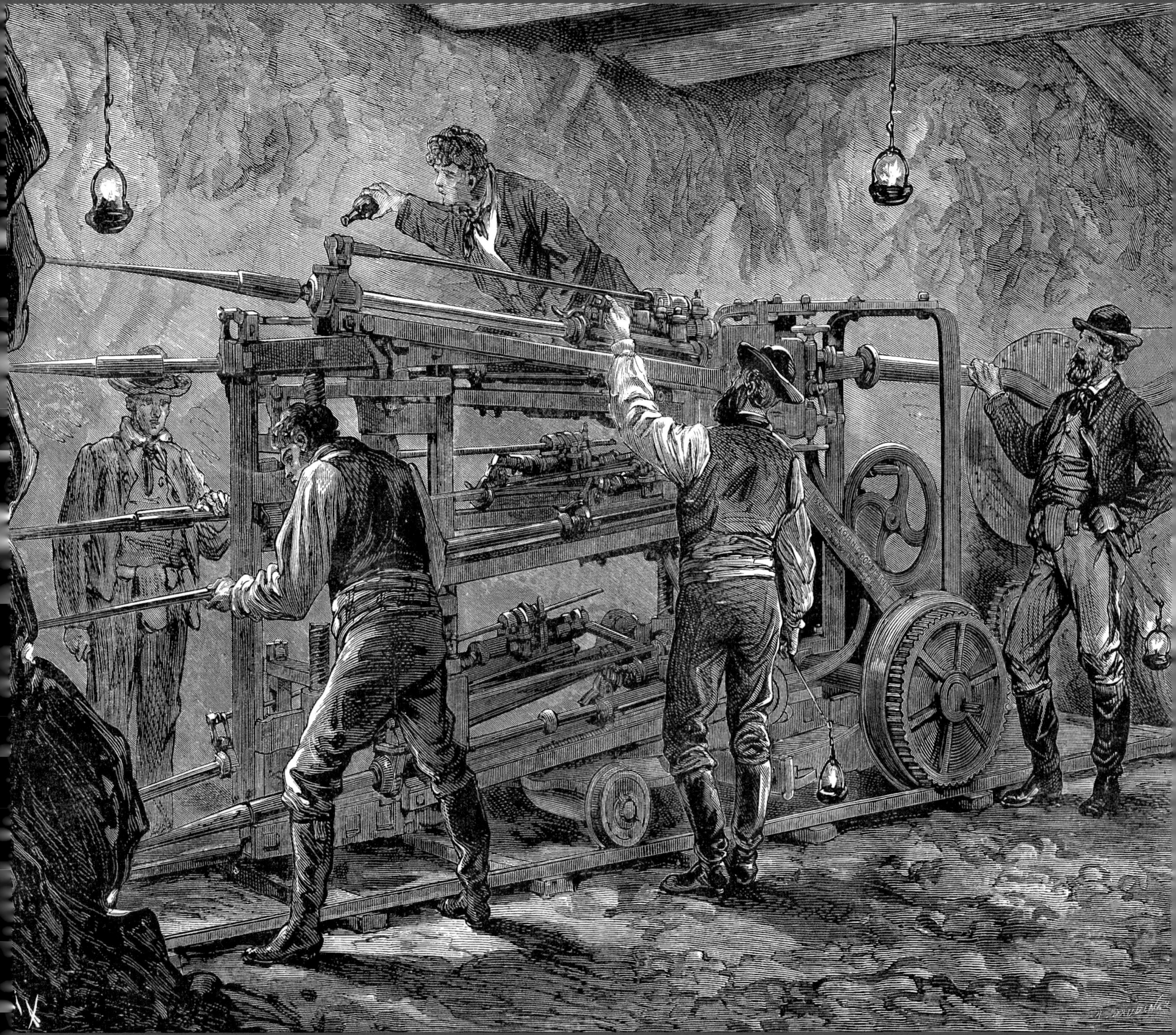

Die Bahninfrastrukturen verändern das Landschaftsbild

In den von der Gotthardbahnlinie durchquerten Gebieten gab es zahlreiche Veränderungen des Landschaftsbildes.

Zu Beginn wurden an den Hauptorten der Linie vor allem Unterkünfte für die Arbeiter gebaut, dann wurden nach und nach mit der Bahn Stützmauern und kleinere Tunnel gebaut, um die Bahnstrecke vor Naturgewalten wie Lawinen und Erdrutschen zu schützen.

Mit dem fortschreitenden Bau der Linie entstanden viele schöne Eisenbrücken und auch einige Bach- und Flussbegradigungen. Die meisten dieser Infrastrukturen dienten der Sicherheit der Bahnlinie, andere waren vermutlich Ausdruck des zunehmenden Wohlstandes sowie der neuesten Erkenntnisse auf dem Gebiet der Bahntechnik. Auch grosse Eingriffe wurden vorgenommen, besonders die 1888 in der Magadino-Ebene begonnene Kanalisierung des Flusses Tessin, um die Eisenbahn vor Überschwemmungen zu schützen.

Die katastrophale Lawine von 1888 bei Airolo bewirkte, dass einige zusätzliche Schutzbauten erstellt wurden.

In den Wäldern des Kantons Tessin gab es eine bemerkenswerte Veränderung, da die Eisenbahntechniker die Robinie einführten.
Diese äusserst robusten Bäume dienten dazu, die steilen Abhänge und Böschungen zu festigen und zu verhindern, dass Felsteile auf die Schienen fielen. Sie wurde mit der Zeit in einigen Gebieten des Kantons zu einer vorherrschenden Pflanzenart.

Auf der Nordseite wurde auf die Bepflanzung von Nadelbäumen gesetzt, um die an der Bahn liegenden Steilhänge zu stabilisieren.

Oben: Lawinenschutztunnel beim Häggrigerbach

Unten: Stütz- und Schutzmauern gegen Steinschlag im Leventinatal

Nächste Seite: im Vordergrund die Polmengobrücke bei Faido, oberhalb des Erddamms die Einfahrt zum Prato-Kehrtunnel, vor 1900

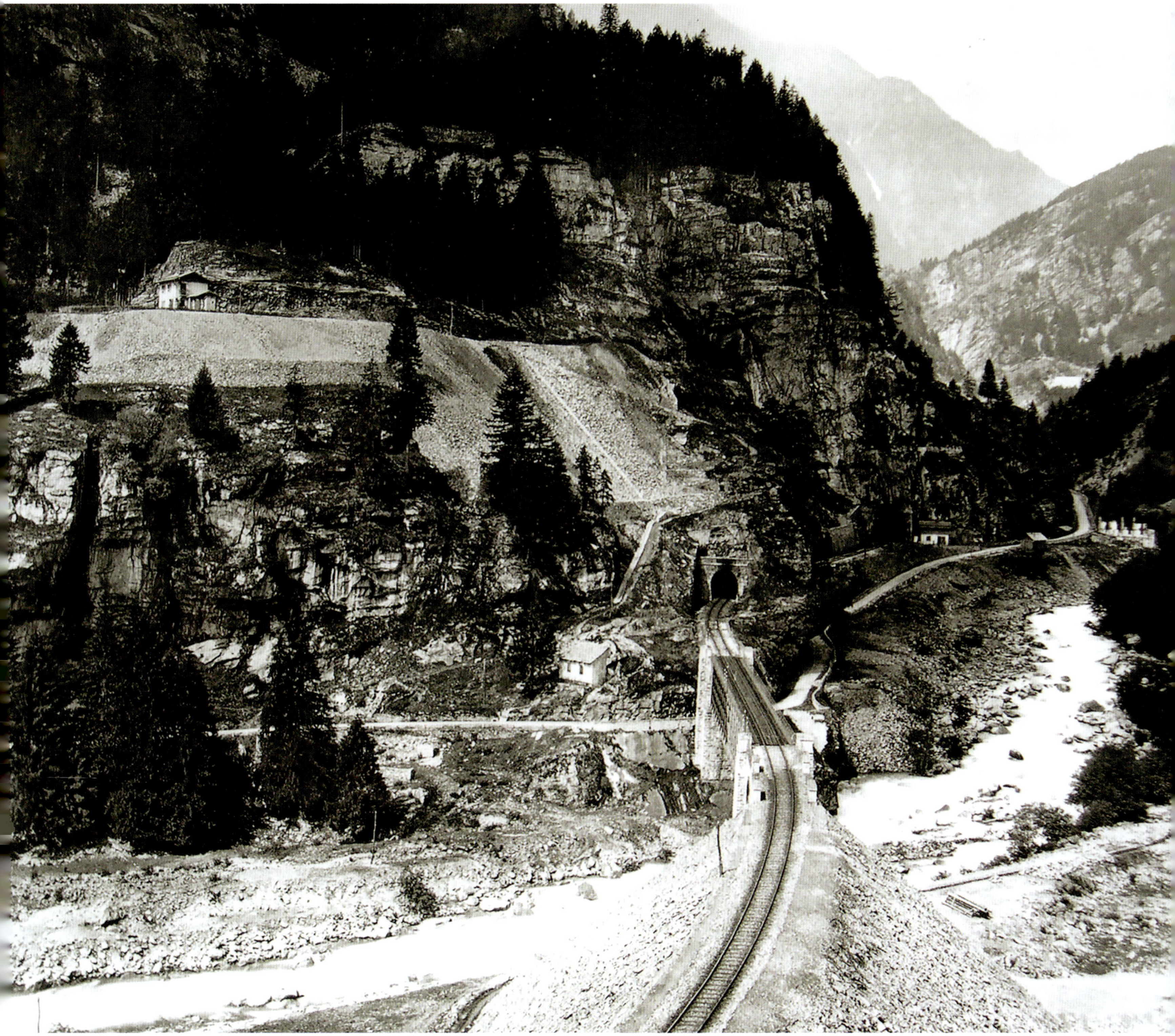

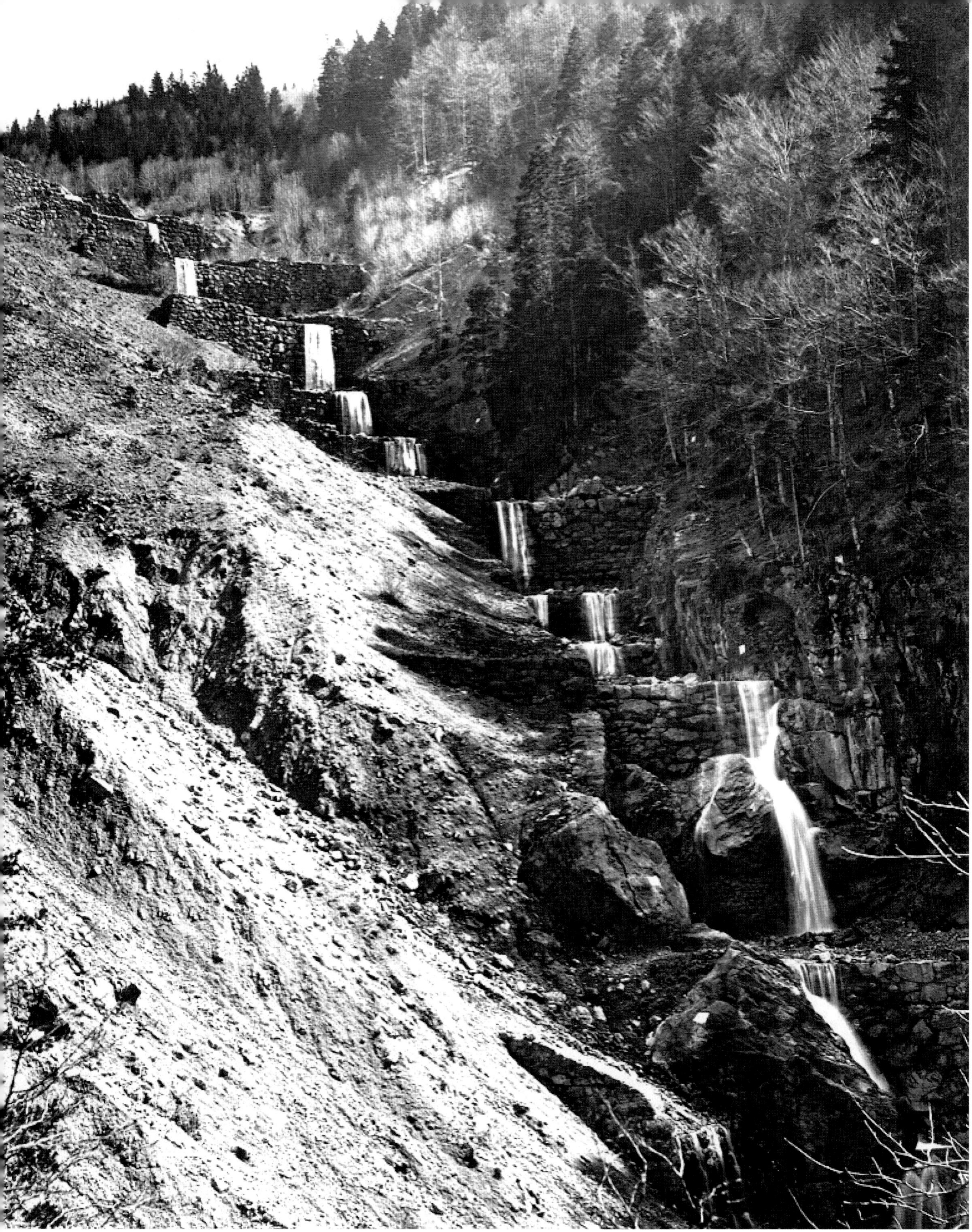

Wasser, das «blaue Gold», war schon immer eine äusserst wichtige Ressource für die landwirtschaftlich geprägten Gemeinschaften, sowohl für die Bewässerung der Felder und Weiden als auch für Mensch und Tier.

In Airolo versiegte im Mai 1873 infolge der Tunnelarbeiten eine Quelle.
Die Gotthardbahn-Gesellschaft übernahm in einem Brief die Verantwortung dafür und schlug der Gemeinde eine finanzielle Abgleichung vor, die Airolo jedoch nicht akzeptierte. Die Gemeinde verlangte von der Gesellschaft mit Nachdruck, dass sie diese versiegte Quelle wiederherstellte. Bei diesem Ereignis trafen zwei gegensätzliche Weltbilder aufeinander: Einerseits die Sichtweise einer traditionellen Gesellschaft, für die das Wasser ein Gemeingut ist, unerlässlich für die landwirtschaftlichen Aktivitäten und daher unersetzbar, andererseits die Sicht der Techniker der Bahngesellschaft, die «Fortschritts-Bringer», für die das Wasser eine Ware wie jede andere war, die mit Geld gehandelt werden konnte. Die Gotthardbahn-Gesellschaft, die nicht über genügend Wasser verfügte, bat darauf den Regierungsrat, ob sie die Quellen in der Val Tremola benutzen durften. Diese Nutzung wurde unter der Bedingung erlaubt, dass auch die Gemeinde von Airolo das Wasser dieser Quellen benutzen durfte. Leider wurden zwischen 1873-1874 weitere Quellen ausgetrocknet, vor allem solche, die Wasser zu drei Mühlen und einigen Brunnen brachten.
Also fragte die Gemeinde Airolo die Gotthardbahn-Gesellschaft, ob sie sich direkt an ihre Wasserleitungen anschliessen dürfe.
Die Gesellschaft bot an, eine neue Leitung zu bauen, wo das Wasser auf der rechten Talseite gefasst und direkt nach Airolo geführt wurde.

Oben: *Airolo, der Erdrutsch vom «Sasso Rosso» vom 28. Dezember 1898, zeitgenössisches Foto*
Unten: *der See «Lago della Sella» oberhalb von Airolo, der einige Wasserquellen speist*

Vorherige Seite: *Stützmauern für Wasserläufe*

Die Arbeit der Topografen

Beim Bau der Streckenführung wird mit großem geometrischen und naturwissenschaftlichen Berechnungsaufwand den Komfort- und Sicherheitsbedürfnissen der Bahn Rechnung getragen. Diese Vermessung, die der Planung und dem Bau eines so grossen Bauvorhabens vorausgeht, liefert eine unentbehrliche Grundlage für viele Folgearbeiten. Die Messergebnisse werden von den Topografen auf die Erdoberfläche übertragen und auf Landkarten dargestellt, das heisst Messpunkte werden festgelegt und Koordinaten «abgesteckt». Ziel ist, ein Triangulationsnetz über das Bergprofil zu legen, um rechnerisch die Tunnelrichtung zu bestimmen. Bei einem Tunnel durch die Alpen müssen die Netze und Landkarten nördlich und südlich der Gebirgskette genau übereinstimmen.
Die Bauingenieure und Arbeiter treiben dann mit Hilfe von Markierungen den Tunnel in die vorgegebene Richtung voran, wobei die Topografen während der Arbeiten immer wieder mit Vermessungen nachkontrollieren. Es versteht sich von selbst, dass die Tunnelberechnungen mit höchster Präzision bestimmt werden müssen, um ein Aufeinandertreffen der Richtstollen von Norden und Süden sicherzustellen, andernfalls würde das die Kosten erheblich erhöhen. Je schneller die Fahrzeuge in einem Tunnel fahren werden, desto grösser muss die Genauigkeit sein, vor allem wenn es sich um einen Bahntunnel handelt.
Bereits 1869 beauftragte die Gotthardbahn den jungen Otto Gelpke mit der Vermessung. Er liess von Tessiner Steinmetzen gefertigte Granitkegel auf den umliegenden Gipfeln und auf hochgelegenen Triangulationspunkten aufstellen. Dorthin wurden die Theodolite, die damaligen Messinstrumente, getragen und die Dreieckswinkel aufs Genaueste vermessen, und zwar jedes Dreieck bis zu 24 Mal, um eine ausreichende Genauigkeit zu erreichen. Mit dieser Triangulation (Aufteilen einer Fläche in Dreiecke und deren Ausmessung) drang Otto Gelpke schliesslich bis zur Südseite des Gotthardmassivs vor und konnte die beiden Tunnelportale topografisch verbinden. Um den Abstand der beiden Tunnelportale und damit die Länge des Tunnels bestimmen zu können, liess Gelpke mittels so genannter Messlatten eine gerade, horizontale Strecke durch die Ebene von Andermatt genau ausmessen, die als Referenzbasislinie diente und in das Triangulationsnetz einbezogen wurde. Die Arbeit der Topografen war damals anstrengend, denn sie mussten mit ihrem Höhenmesser in der Hand den Gotthard zu Fuss überqueren. Sie mussten die Höhenunterschiede von einer Position zur

Topografen und Ingenieure während der Vermessungsarbeiten beim Südportal in Airolo

Nächste Seite links:
die Triangolations-Zeichnungen des Ingenieurs Otto Gelpke 1869-72 und des Topografen Karl Koppe 1874

Rechts: *Präzisions-Theodolyth von 1866 der Sammlung Kern im Stadtmuseum Aarau*

Ing. Gelpke 1869-72

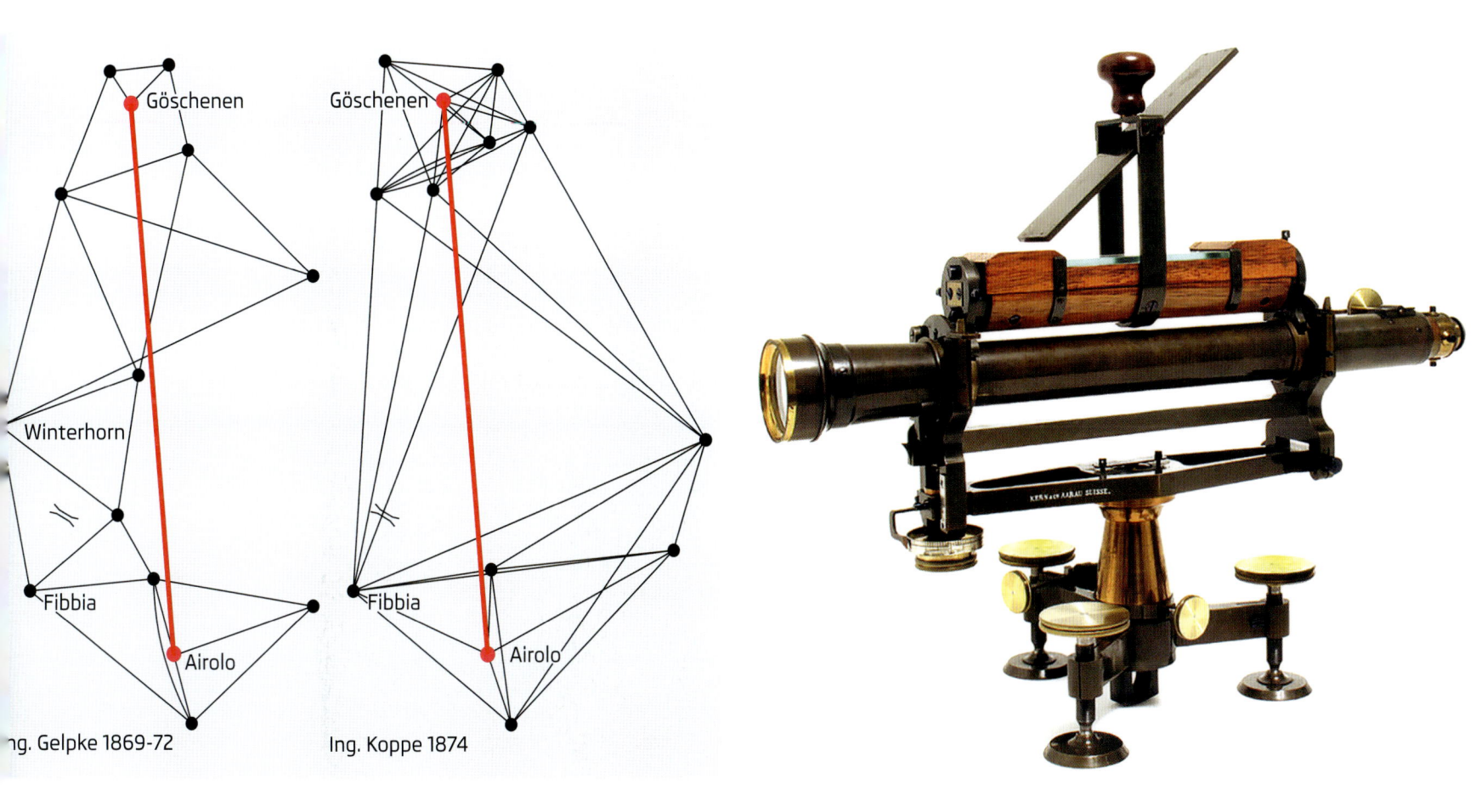

Ing. Koppe 1874

nächsten messen, indem sie durch das Sehrohr schauten und auf der vertikalen Messlatte vor und hinter ihnen die Höhe ablasen. Zur Kontrolle der Höhenangaben mass Gelpke auch die vertikalen Winkel, was mit den damaligen Instrumenten eine komplizierte Angelegenheit war, aber die Enddifferenz betrug nur 9.7 cm! Eine feste Regel bei der Arbeit des Topografen besagt, dass eine einzige Messung nicht gültig ist, wenn sie nicht wiederholt wurde, idealerweise mit anderen Methoden und Instrumenten.

1872 wurde Karl Koppe, ein junger preussischer Topograf mit grossem Talent, beauftragt, eine zweite Kontrolltriangulation durchzuführen. Koppe stürzte gleich zu Beginn in eine Gletscherspalte und verletzte sich das Knie. Die Folge war ein zeitlebens steifes Bein, aber kaum war er einigermassen gesund, setzte er die Vermessungsarbeit stoisch fort. Mit seiner Triangulation erreichte er eine noch heute beneidenswerte Genauigkeit. Auch die anschliessenden Berechnungen waren aufwändig, denn sie mussten mit Hilfe von trigonometrischen Tafeln von Hand ausgerechnet werden.

Wenn die Vermessungsarbeiten auf den Bergen anstrengend waren, so kamen im Tunnel erschwerend Rauch, Staub, Russ, Schlamm, Wasser sowie die schlechte Kooperationsbereitschaft des Bauunternehmens aufgrund des straffen Zeitplans hinzu. Die Verlängerung der gefundenen Achsrichtung in den Tunnel hinein geschah mittels eines «Alignement-Verfahrens». Der Tunnel wurde zuerst gerade angelegt. Am südlichen Ausgang bei Airolo befand sich anstelle der heutigen Kurve ein gerader Richtstollen, der zur Bestimmung der Achsrichtung diente.
Mit Tunnelmarken wurde dann im Tunnelinnern die Achsrichtung markiert. Beim Durchschlag ergab sich eine Abweichung von seitlich 33 Zentimetern und vertikal 5 Zentimetern: Das war ein hervorragendes Ergebnis, wenn man den damaligen Wissensstand und die verwendeten Methoden bedenkt.

Die Kehrtunnel im Leventina- und im Reusstal

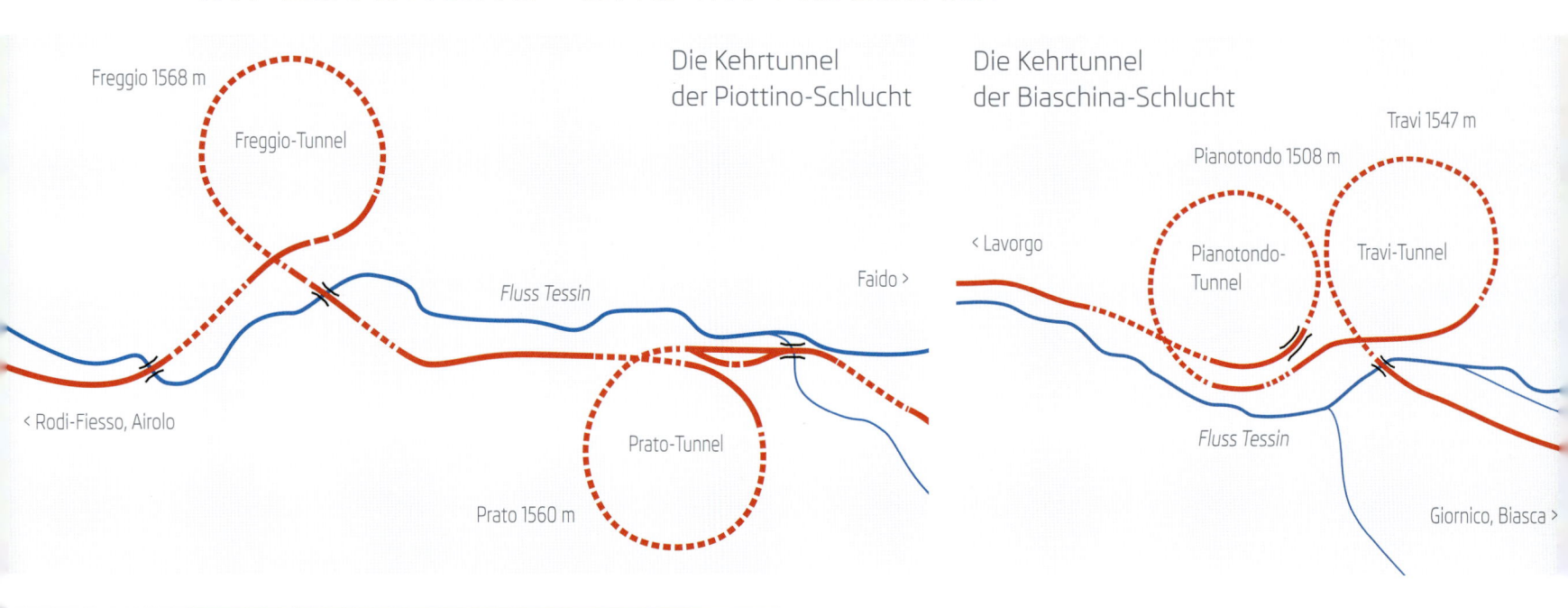

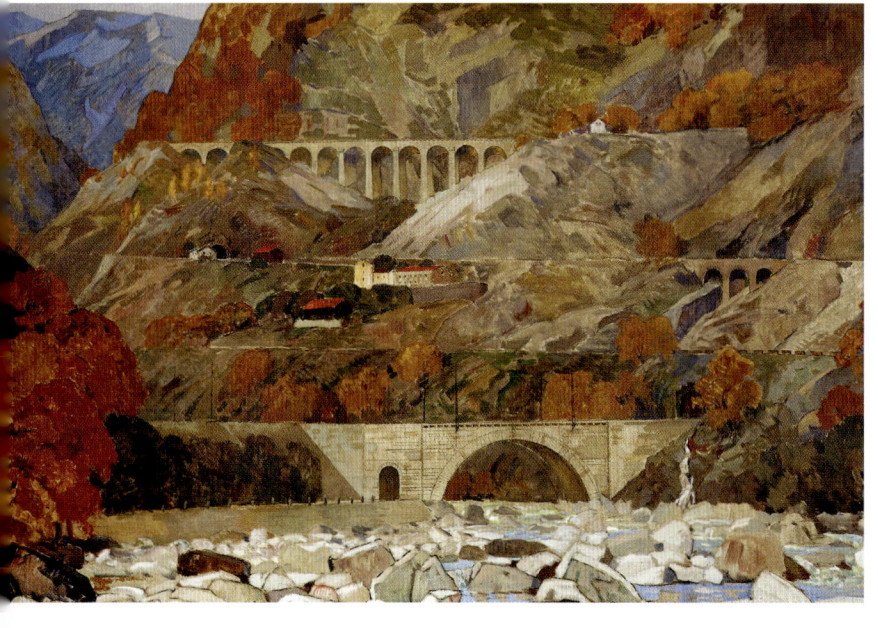

Die Kehrtunnel der Piottino-Schlucht

- Freggio 1568 m — Freggio-Tunnel
- Fluss Tessin
- < Rodi-Fiesso, Airolo
- Faido >
- Prato-Tunnel
- Prato 1560 m

Die Kehrtunnel der Biaschina-Schlucht

- Travi 1547 m — Travi-Tunnel
- Pianotondo 1508 m — Pianotondo-Tunnel
- < Lavorgo
- Fluss Tessin
- Giornico, Biasca >

Oben: *die Kehrtunnel der Piottino- und der Biaschina-Schlucht*

Unten: *die Bahn in der Biaschina-Schlucht, Wandfresko | ETH Zürich*

Nächste Seite links: *die Reussschlucht bei Wassen mit der berühmten Kirche und der Bahnlinie*

Rechts: *die Wende- und der Kehrtunnel bei Wassen*

In der zweiten Hälfte des 19. Jahrhunderts stellte der Bau von Eisenbahnen in der Ebene keine besondere Schwierigkeit dar; doch der Bau in den Alpentälern stellte die Planer und Ingenieure vor schwere Herausforderungen.

Bei der Gotthardbahn sind die Zufahrtsrampen im Norden und Süden des Gebirges die schwierigsten Strecken, denn man musste die steilen Täler im «Zickzack» hinaufsteigen, um zur gewünschten Höhe zu gelangen, wo man in den Scheiteltunnel hineinfahren konnte.

Für die Südseite hatte 1876 der italienische Ingenieur Agudio den nicht durchführbaren Vorschlag unterbreitet, eine Zufahrtsrampe mit einer Länge von 2'700 Metern mit Steigung von 60‰ in der Nähe der Piottino-Schlucht zwischen dem Dazio Grande und Polmengo (Faido) zu bauen. Eine solche Steigung war jedoch zu gross für die damaligen Züge, weshalb das Projekt abgelehnt wurde.

Auf der Nordseite musste die Strecke von Erstfeld nach Göschenen den grossen Höhenunterschied überwinden.
Es galt, auf einer Distanz von 18 km Luftlinie von 476 m über Meer in Erstfeld auf 1106 m in Göschenen zu fahren, mit einer durchschnittlichen Steigung von 35‰, d.h. 10‰ mehr als die damals mögliche Steigung für Dampflokomotiven.

Für eine verlängerte Linienführung zur Steigungsreduktion waren die Seitentäler auf der Nord- und Südseite nicht lang genug. Ingenieur Gerwig hatte bereits 1863 in seinem Projekt den Bau der berühmten «Kehrtunnel» vorgeschlagen, die er schon beim Bau der Schwarzwaldbahn getestet hatte.

Auf der Nordrampe wurden folglich in der Nähe von Wassen drei Kehrtunnel gebaut: Pfaffensprung als 360°-Spirale, Wattingen und Leggistein als Wendetunnel von 180°.
Auf der Südseite in der Biaschina- und in der Piottino-Schlucht löste Oberingenieur Hellwag die Überwindung der Talstufen mit den vier Kehrtunneln von 360° von Freggio, Prato, Pianotondo und Travi.
Auf der Nord- und Südrampe beträgt die maximale Steigung 26-27‰, etwas niedriger in den Kehrtunneln mit 22-23‰. Dies enspricht auch heute noch dem Richtwert für den traditionellen Gütertransport, wurde aber für die neuen Alpentransversalen und Hochgeschwindigkeitszüge drastisch reduziert.

Die Eisenbrücken

Gerüst für den Warentransport über die Reuss in der Nähe des Weilers Meitschlingen 1881

Rechts: Die Brücke über den Chärstelenbach bei Silenen im Kanton Uri

Mt dem eindrücklichen gemauerten Zentralpfeiler von 53 m Höhe und mit der neuen unteren Verstärkung «Fischbauchträger» ist sie mit ihren 127 m die längste der Nordrampe der Gotthardlinie.

Auf der Gotthardstrecke befanden sich insgesamt 101 Brücken, die bei Fachexperten bald große Aufmerksamkeit erweckten. Da die Täler nur mit besonders langen Brückenbögen zu überwinden waren, wurden die Brücken mit Fachwerkkonstruktionen aus fertigen Eisenteilen gebaut, die mit Nägeln zusammengenietet wurden.

Die statische Berechnung, der Bau und die Montage vor Ort der 101 Brücken unterschiedlicher Grösse wurden von der deutschen Eisenfabrik Gutehoffnungshütte von Oberhausen ausgeführt, die bereits für die Fertigung von zusammengesetzten Stahlteilen bekannt war. Das damals verwendete Eisen wurde Schweisseisen genannt, war jedoch nicht geschweisst, sondern wurde mit Nägeln genietet, da das heute übliche Schweissen noch nicht erfunden war.

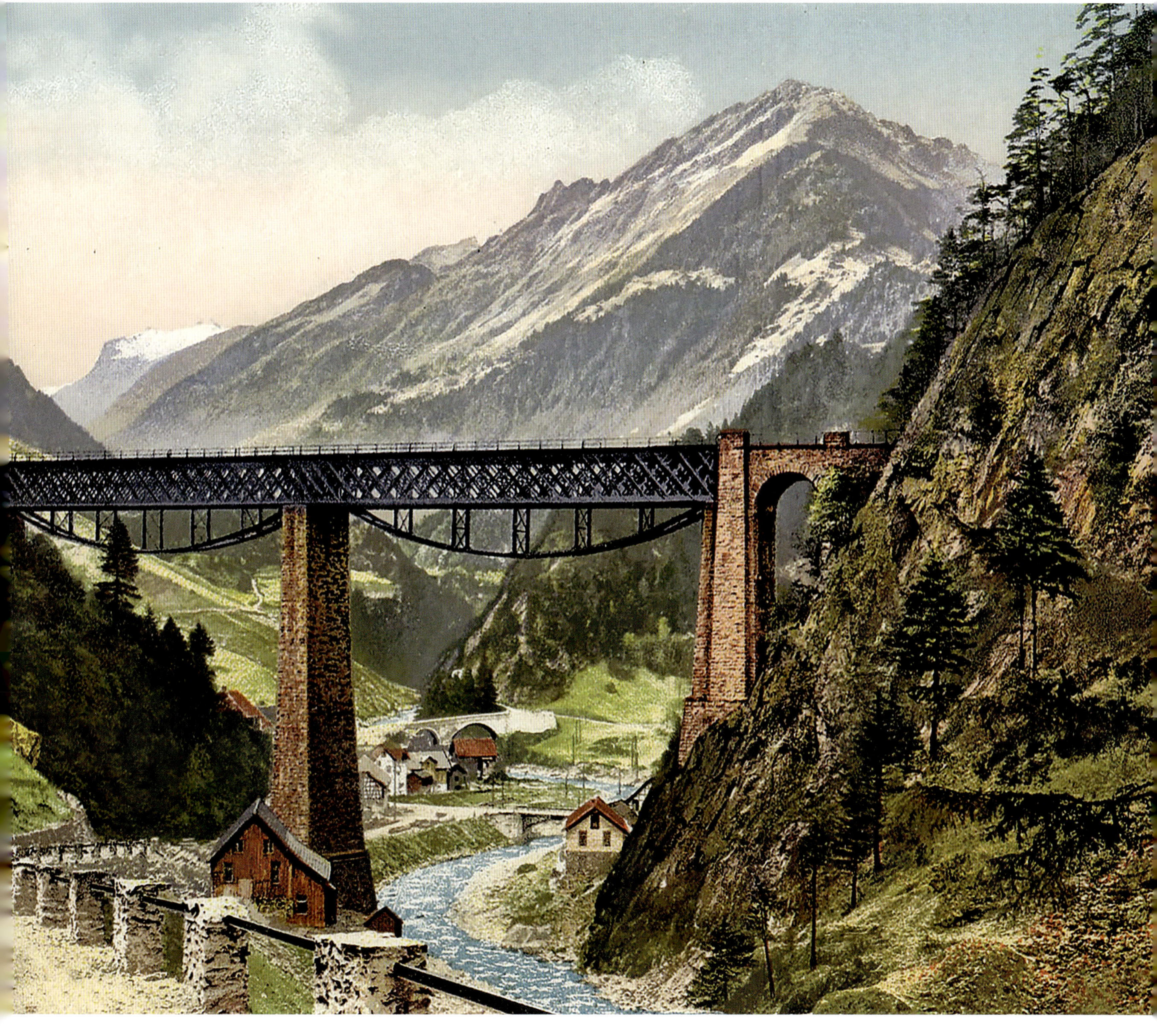

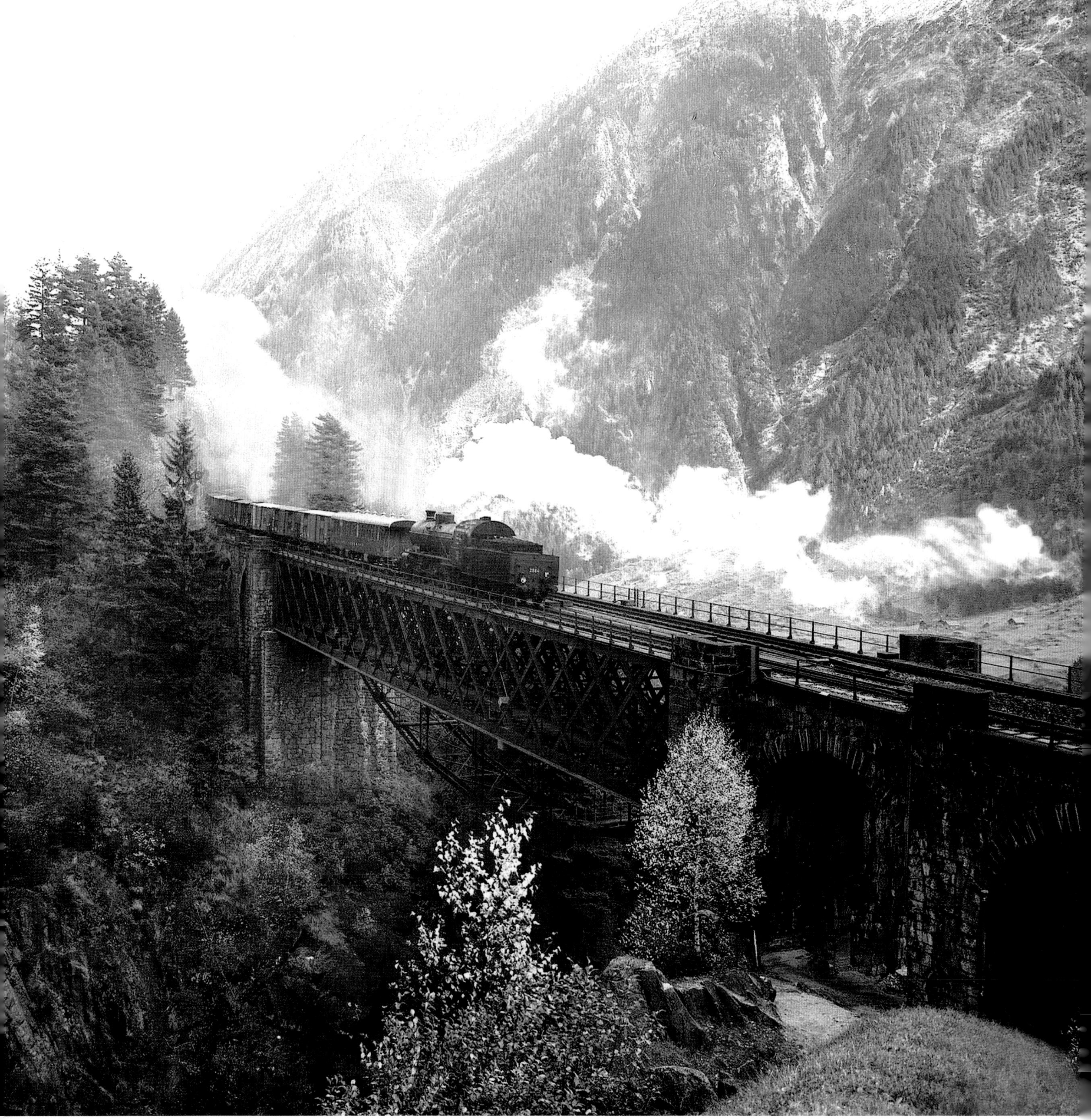

Die Brücke von Pianotondo in der Gegend der Kehrtunnel der Biaschina-Schlucht, bereits auf Doppelspur ausgebaut; unten rechts ist auch die Bahnbrücke über den Fluss Tessin zu sehen

Vorherige Seite: *die Intschi-Brücke über die Reuss, eine zweite Schublokomotive schiebt den schweren Güterzug*

Die einzelnen vorgefertigten Teile wurden vorher in der Fabrik zusammengebaut, dann wieder zerlegt und auf der Strasse bis zur Baustelle gebracht, wo sie mit Nägeln warm zusammengenietet wurden.

Die Entscheidung zu Gunsten von Eisenbrücken schien damals offensichtlich, denn Eisen war angesichts der unwegsamen, ungewöhnlichen Landschaft das ideale Material für solche Bauwerke.
Nur mit Eisen konnte man Brücken bauen, die über breite Flüsse und tiefe Täler schwere Last tragen konnten. Ausserdem dauerte die Montage der einzelnen vorgefertigten Teile nicht allzu lange.

Anfangs hatten diese Brücken nur ein einziges Gleis, aber die Struktur und die Brückenpfeiler waren schon breit genug für das vorgesehene zweite Gleis.

Belastungstest mit fünf Dampfloks auf der Brücke über die Göschenerreuss

Nächste Seite oben: die Brücke über den Fluss Tessin bei Giornico mit einem Dienstzug während der Endphase der Arbeiten

Unten: die Brücke Piantorino oberhalb Cadenazzo während der Endphase der Arbeiten; kurioses Detail ist die vornehme Gestalt, die man beim vierten Pfeiler erkennt

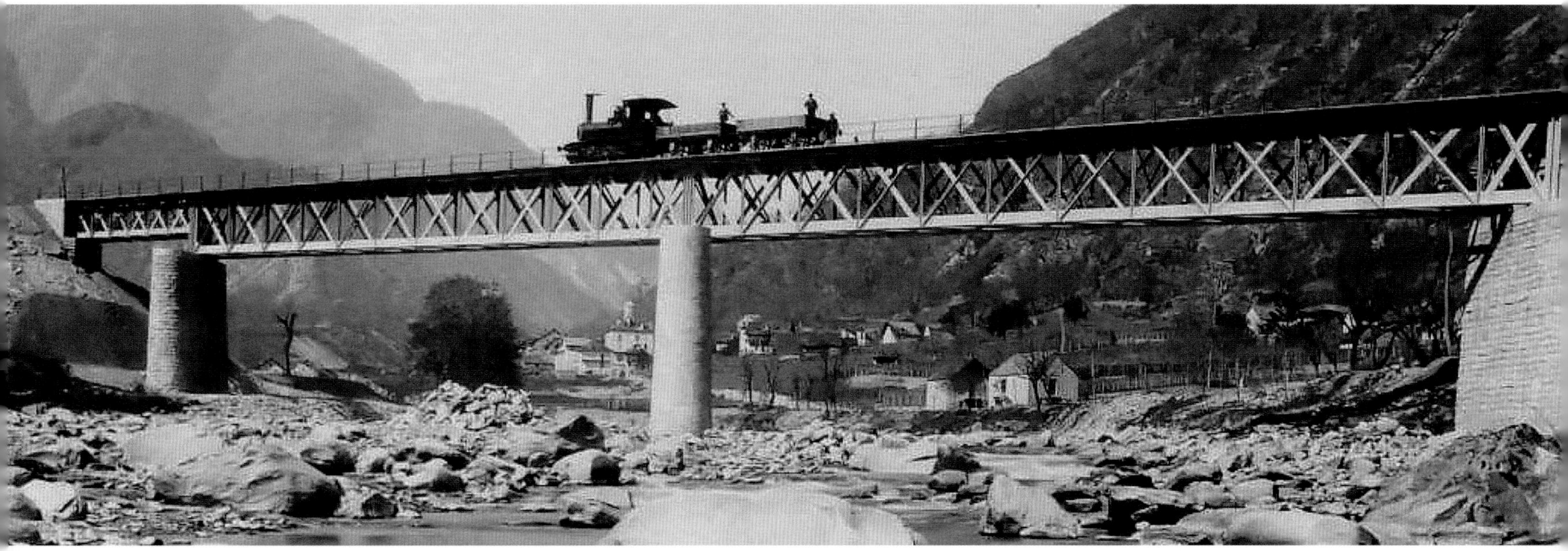

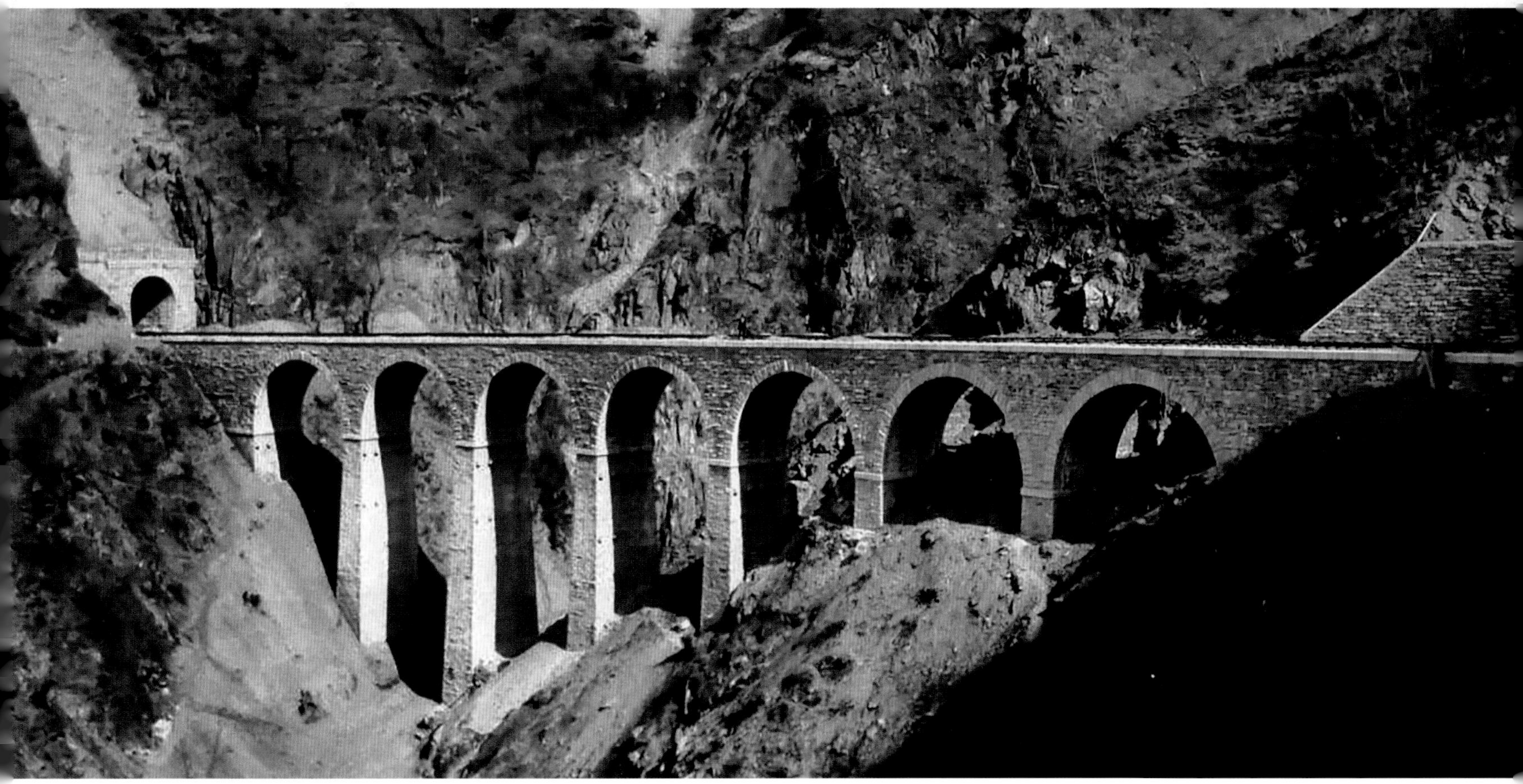

Technische Probleme

Für das Projekt und die Zufahrtsrampen nördlich und südlich des Gotthards errichtete man diverse Tunnel, Brücken und weitere Bauten zum Schutz vor Erdrutsch, Schneelawinen und Hochwasser.

Auf der Nordrampe zwischen Erstfeld und Göschenen wurden auf einer Länge von 28.9 km 21 Tunnel gebaut, deren Gesamtlänge zirka ein Drittel der Strecke ausmacht.

Im Gegensatz zum Scheiteltunnel am Gotthard wurden in diesen Tunneln die Sprenglöcher vorwiegend von Hand gebohrt. Als Sprengstoff wurde vor allem Schwarzpulver und erst später Dynamit verwendet.
Das Gestein vom Tunnelaushub verwendete man teilweise zum Bau von Schutz- und Stützmauern oder als Schotterunterbau für die Trasse.

Für die Südrampe auf der Strecke Airolo–Biasca wurden 13 Tunnel mit einer Gesamtlänge von 8'085 Metern gebaut.
Auch auf dieser Seite wurden die Sprenglöcher anfangs von Hand gebohrt; den Tunnelaushub verwendete man ebenfalls zum Bau von Schutzmauern und zum Ausbau der Trasse.

Weiteres Material (Steinblöcke aus Gneiss und Granit) für diverse Mauern konnte man in der Umgebung finden; in der Nähe jeder grösseren Baustelle wurden Steinbrüche angelegt, wo Steinmetze das nötige Material für den Bau von Mauern und Gewölben bereitstellten.

Gleich nach Eröffnung des Tunnels wollte man die Linie auch vor zukünftigen bewaffneten Angriffen im Kriegsfall schützen. Deshalb wurden Befestigungsanlagen errichtet und strategische

Alternativrouten geplant, um den Tunnelzugang im Fall eines feindlichen Angriffs zu schliessen.

Nebst dem «Forte Airolo» konnte man im Ernstfall sogar einen künstlichen Erdrutsch auslösen, der den Zugang zum Südportal blockiert hätte.

Die Erweiterungsarbeiten beim Südportal des Gotthardtunnels für die Verlegung des zweiten Gleises

Links: die eingleisige Meienreussbrücke um 1890

Bauzeit des Tunnels
Werkzeuge und Maschinen

Der Grossteil der für den Bergbau benötigten Werkzeuge und Wagen im Leventinatal wurden auf der Tessiner Seite produziert.

Als Beispiel für kleine, in diesem Bereich tätigen Fabriken, die im Hinblick auf den bevorstehenden Eisenbahn- und Tunnelbau gegründet wurden, können wir folgende nennen:

- der 1870 von Luigi Cattaneo gegründete Maglio von Faido, der bis 1955 in Betrieb war.
  Für den Antrieb des grossen Schmiedehammers wurde die Wasserkraft des Wasserfalls des Flusses Piumogna genutzt;

- die 1871 in Airolo eröffnete Huf- und Eisenschmiede von Ambrogio Tenconi für Bauteile und Werkzeuge für Postkutschen. Mit Beginn des Jahrhundertbauwerks erweiterte sie ihre Produktion. Später fokussierten die Enkel Fausto und Edoardo die Tätigkeit auf den Bahnbereich.

Auf der Nordseite gründete Alfred Nobel 1873 in Isleten eine Fabrik für das von ihm erfundene Dynamit, das zu Beginn fast nur für die Gotthardbahnbaustelle verwendet wurde.

Links: *Portrait des Chemikers Alfred Nobel, Erfinder des Dynamits, das er 1867 patentieren liess*

Rechts: *Verpacken des Dynamits in der Fabrik von Nobel in Isleten im Kanton Uri*

Nächste Seite oben links:
die Werkstatt Cattaneo in Faido auf einem Foto von ca. 1890

Rechts: *Ein zeitgenössischer Prospekt der Firma Cattaneo zeigt die in Faido produzierten Werkzeuge und Wagen*

Unten: *Arbeiter und Techniker am Nordportal des Tunnels, Foto von 1875*

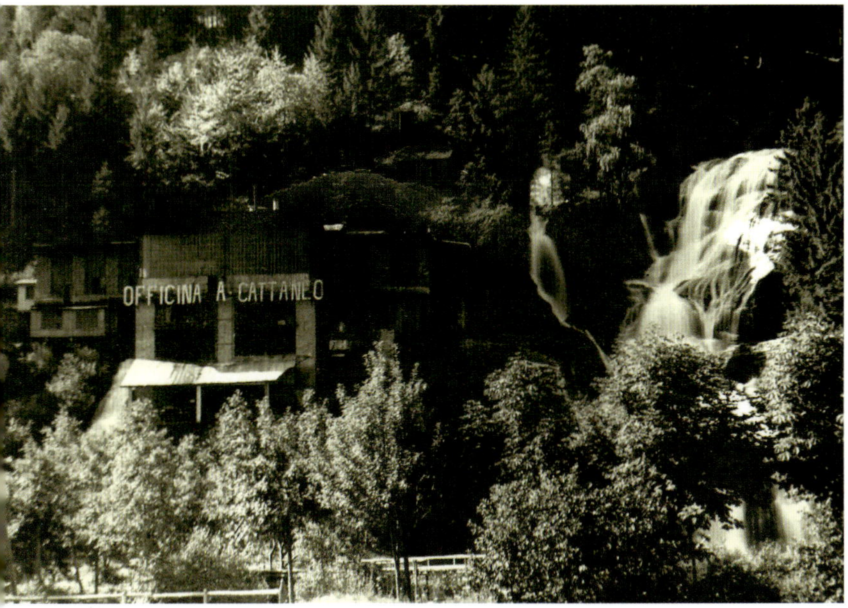
OFFICINA A. CATTANEO

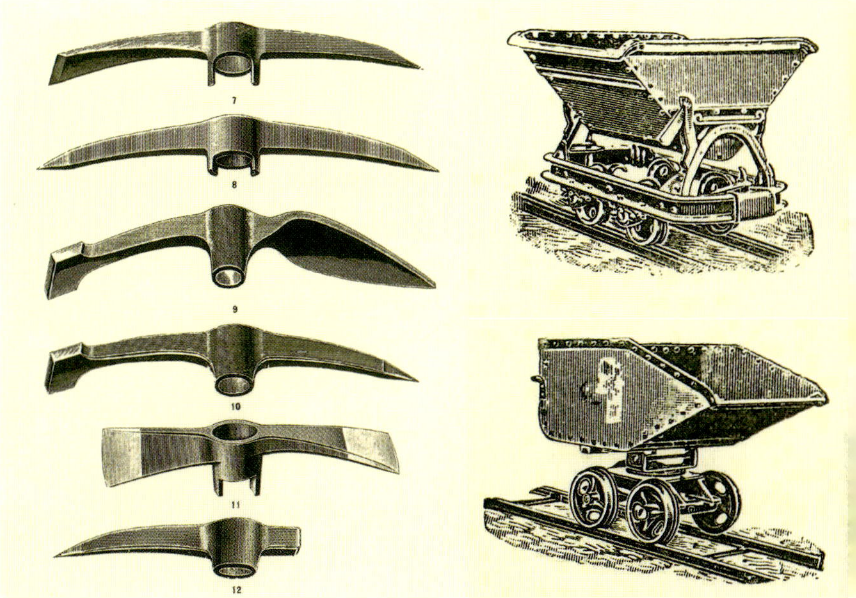
7
8
9
10
11
12

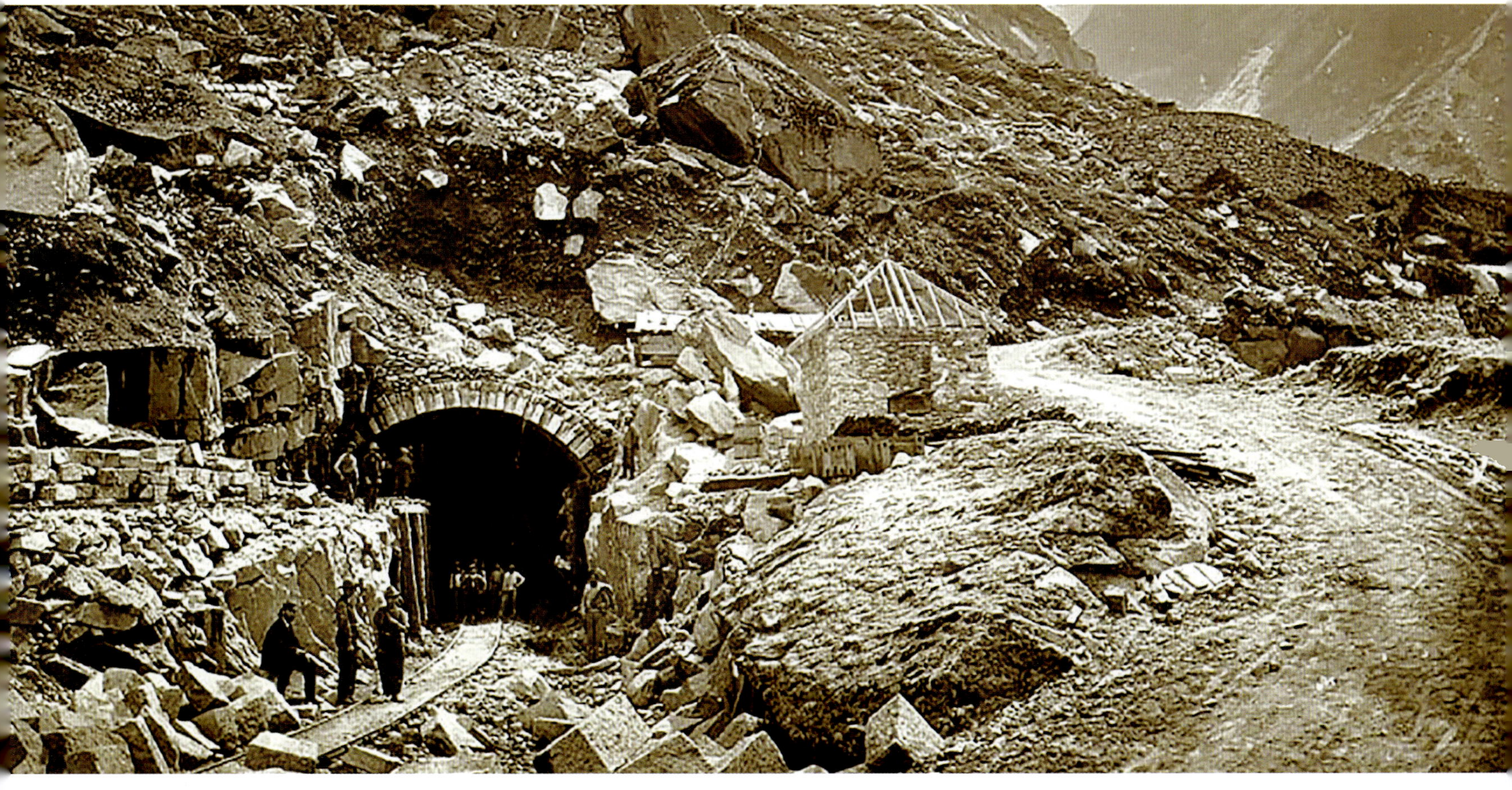

Louis Favre war sehr geschickt darin, das Bauleitungsteam mit qualifizierten Mitarbeitern zu besetzen.

Er gewann den Freund Jean-Daniel Colladon aus Genf als beratenden Ingenieur, der als Dozent für Geometrie und Mechanik an der École Centrale in Paris lehrte und später auch an der Genfer Akademie.

Nachdem Colladons Bohrsystem mit Druckluftmaschinen beim Tunnelbau des Mont Cenis abgelehnt worden war, konnte er durch seine Mitwirkung am Gotthardtunnel seine Reputation wiederherstellen.

Der Genfer Ingenieur bemerkte schnell, dass es ohne die Verwendung von Maschinen nicht möglich sein würde, das Werk im festgelegten, knapp bemessenen Zeitraum zu vollenden.

Er versah die Baustellen von Airolo und Göschenen mit 4 Druckluftmaschinen, deren erzeugte Druckluft in speziellen Zisternen angesammelt wurde. Von diesen wurde die Luft durch grosse Blechrohre in den Tunnel geleitet, um die Bohrmaschinen zu betreiben und die Tunnel zu belüften.

Die Wissenschaftliche Akademie von Paris verlieh ihm dafür 1885 den Fourneyron-Preis.

Links: Ingenieur Jean-Daniel Colladon

Rechts: Druckluft-Bohrmaschine, von Ing. Jean-Daniel Colladon für den Bau des Gotthardtunnels entworfen

Nächste Seite oben links: in Reihe gestellte Kompressoren für die Erzeugung von Druckluft in Airolo

Rechts: Druckluft-Lokomotive mit Zisternenwagen, die Colladon herstellen liess

Unten: Einfüllen der produzierten Druckluft in den speziellen Zisternenwagen

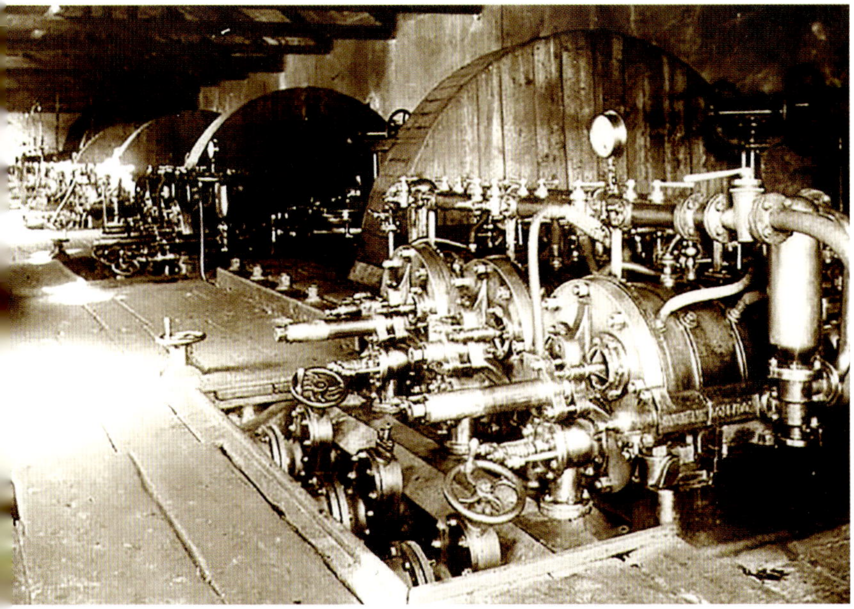
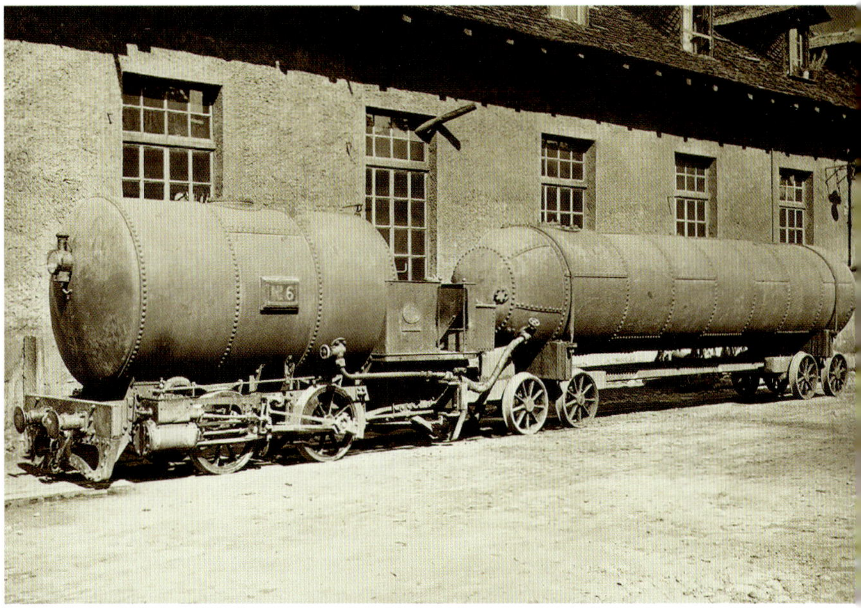
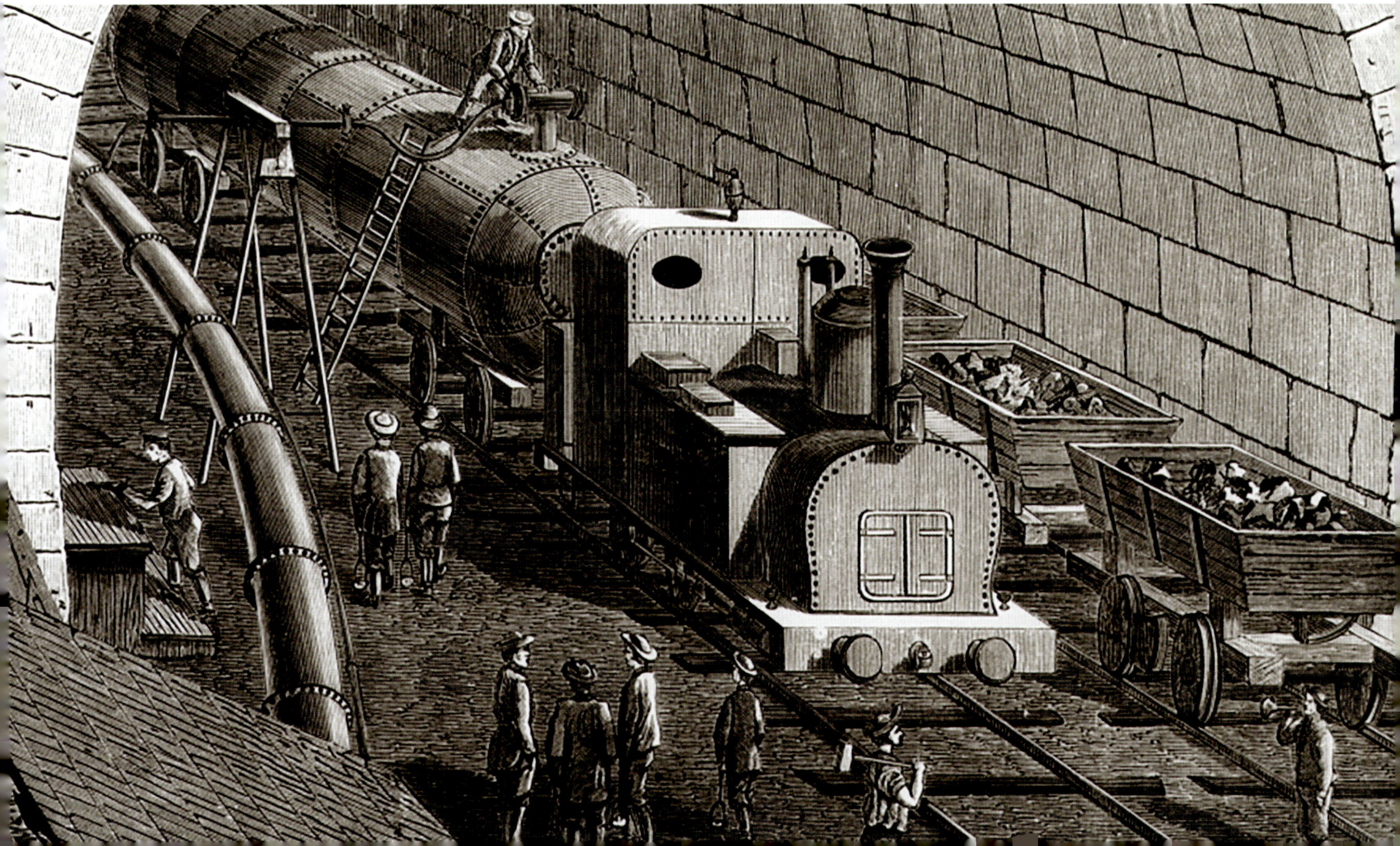

Ingenieur Jean-Daniel Colladon (4. v. rechts), mit einer Gruppe von Technikern und Ingenieuren am Südportal des Tunnels, Foto von 1880

Bereits 1873, als man an den Tunneleingängen noch normale Dampflokomotiven einsetzte, wollte Colladon den dichten Rauch im Tunnel reduzieren und den Abtransport des Ausbruchmaterials gewährleisten. Daher riet er, Pferde und Maultiere für den Transport zu verwenden und liess Druckluftlokomotiven bauen, um die Luft nicht weiter zu verschmutzen.

Ausserdem fand er das schwache Licht der Öllampen als Beleuchtung für die Arbeiter im Tunnel ungeeignet und versuchte deshalb, die Baustelle mit elektrischem Strom zu beleuchten.

Er machte zudem mit den im Tunnel verwendeten Bohrmaschinen ganz genaue Versuche und dank einer Studie eines Mitarbeiters gelang es ihm, diese auf Gleise zu bringen, damit man sie einfacher verschieben konnte.

Während Louis Favres Unternehmen mit den Infrastrukturbauten nördlich und südlich des Tunnels ziemlich gut im Zeitplan lag, befanden sich der Tunnelausbau und das teilweise Auskleiden von Decke und Wänden im Rückstand.
Die maximale Distanz zwischen der Tunnelbrust und den weiteren Ausbauarbeiten war im Vertrag auf 600 Meter festgelegt.

Nächste Seite: das Südportal von Airolo; auf der rechten Bildseite die Dienstgebäude der Baustelle, zeitgenössische Radierung

1874 war man der Meinung, Favre hätte die Vertragsbedingungen nicht eingehalten, und so beschloss die Gotthardbahngesellschaft, die Anzahlungen zu suspendieren.

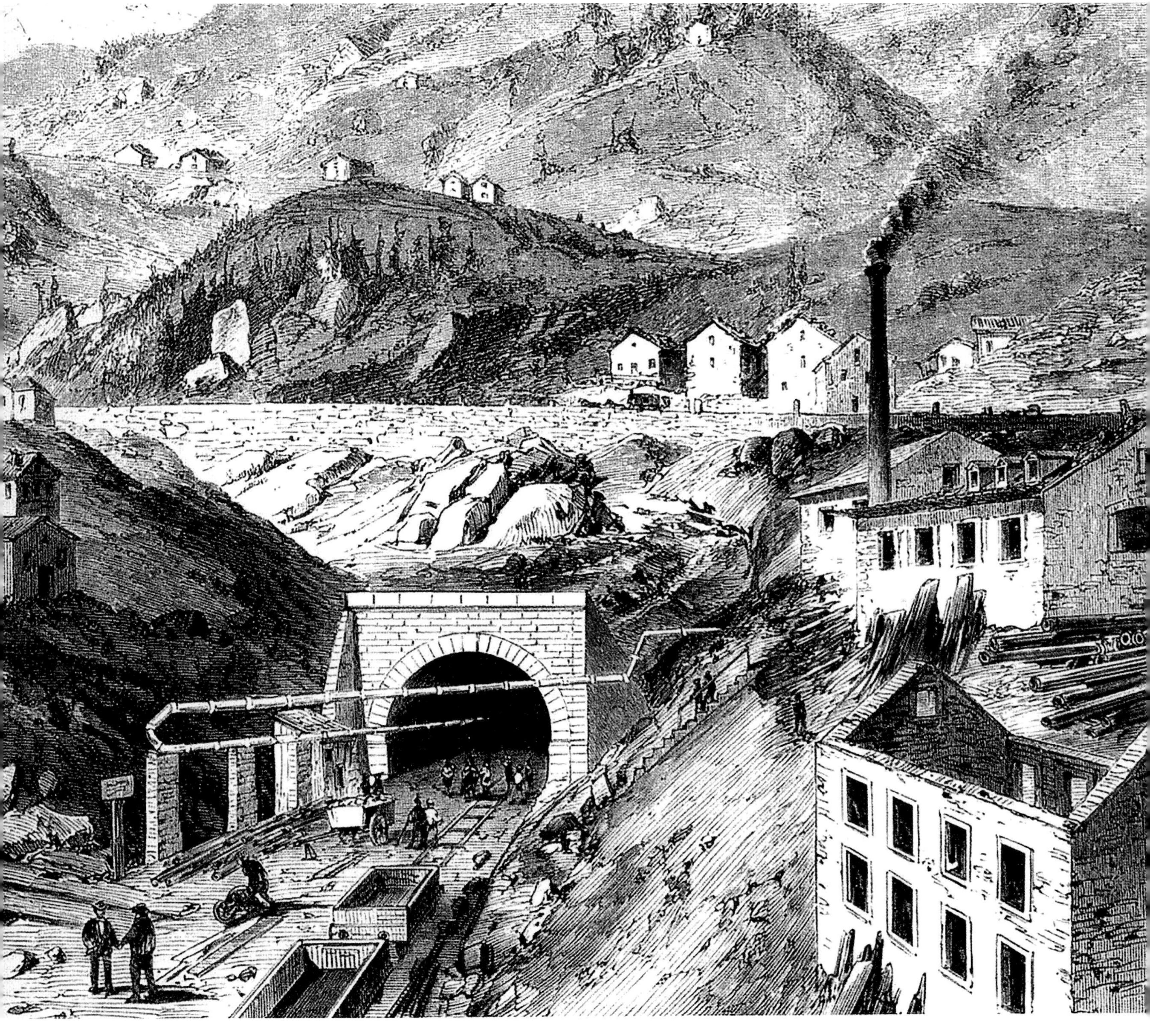

Die Gesellschaft kassierte wegen der Verspätung sogar einen Teil der Kaution in bar, die Favres Unternehmen bei Vertragsunterzeichnung hinterlegt hatte.

Favre hatte die Arbeiten so organisiert, weil er die Tunnelbrust so weit wie möglich vorantreiben wollte, um besser und mit möglichst grossem Vorsprung zu wissen, mit welchen realen Gesteinsschichten des Gotthardmassivs zu rechnen war.

Denn an zwei Stellen (auf der Nordseite zwischen Kilometer 2.755 und 2.786 bei der Synklinale im Urserental und auf der Südseite bei Kilometer 4.540) waren aussergewöhnlich hohe tektonische Druckkräfte aufgetaucht, welche die Deckenauskleidung aus Granit zu zerstören drohten, sodass grosse Strebepfeiler und Stützmauern, so genannte Widerlager, eingebaut werden mussten.

Am Weihnachtsabend 1879 hörte man an der Tunnelbrust im Norden zum ersten Mal die Detonationen vom Tunnelbau auf der Südseite. Die Mannschaften wussten nun, dass es nicht mehr lange bis zum Durchbruch dauern würde und arbeiteten von jetzt an schneller.

Am Samstag 25. Februar 1880 um 18.45 Uhr trafen die Bohrspitzen der Bohrmaschinen im südlichen Sektor auf leeren Raum. Um den historischen Moment zu feiern, liess Lusser, der Chefingenieur auf der Südseite, durch das kleine Loch im Felsen eine kleine Dose mit einem Foto von Louis Favre reichen, der im Tunnel am 19. Juli 1879 durch einen Herzinfarkt verstorben war.

Die in Göschenen am 4. Juni und in Airolo am 2. Juli 1872 begonnenen Bohrarbeiten endeten, als am 29. Februar 1880 um 11.15 Uhr das letzte Wandstück abgebrochen wurde.

Das Nordportal von Göschenen mit den Dienstgebäuden der Baustelle, zeitgenössische Radierung

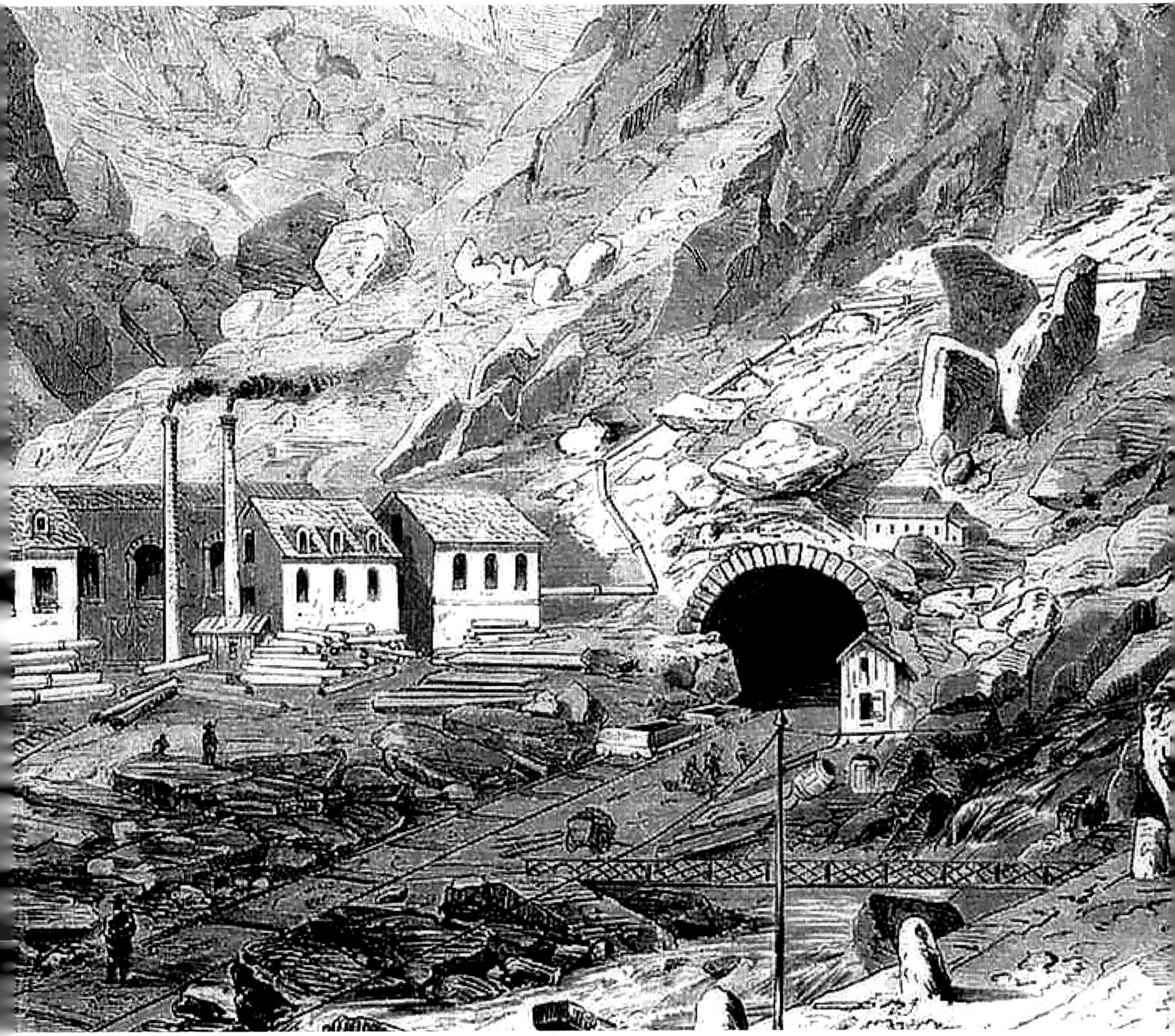

Das Rollmaterial
Die Dampflokomotiven

Die Gotthardbahn hatte natürlich nur eine Antriebsmöglichkeit: Dampf. Die ersten acht Lokomotiven für diese Gesellschaft wurden Ende 1874 auf den ebenen Strecken im Tessin in Betrieb genommen. Geliefert wurden sie von der Schweizerischen Lokomotiv-und Maschinenfabrik (SLM) in Winterthur und von der Maschinenfabrik Karlsruhe.

Diese Lokomotiven hatten 300 beziehungsweise 400 Pferdestärken mit Dampf, sodass sie in der «Flachstrecke» eine Höchstgeschwindigkeit von 60 km pro Stunde erreichten.

Für die «Bergstrecke» wurden 1882-1883 Lokomotiven in Betrieb genommen, die fast alle in Deutschland hergestellt wurden, da in der Schweiz das technische Know-how fehlte. Trotz ihrer Leistung von gut 600 Pferdestärken musste jedoch, um die steilen Strecken von Biasca und von Erstfeld zum Gotthardtunnel zu überwinden, eine zweite Lokomotive zum Nachschieben hinzugefügt werden.

Auch wenn man von der Erfahrung mit anderen bereits befahrenen Bergstrecken profitieren konnte (wie die am Semmering, Brenner und Mont Cenis), erfolgte die Wahl der Lokomotiven erst nach langen, lebhaften Diskussionen. Eine Reihe von technischen Anforderungen führte zu Meinungsunterschieden und war für die Wahl des Rollmaterials ausschlaggebend: Maximale verfügbare Leistung (zur Erhöhung der Nutzlast), Stabilität während der Fahrt und Anpassung an enge Kurven (um die unvermeidliche Abnutzung der Gleise gering zu halten), Schutz der Führer und Heizer vor Rauch und Verbrennungsgasen, Haftung der Antriebsräder, Zahl der nötigen Lokomotiven im Hinblick auf die Verkehrsprognosen und vieles mehr.

Auch bei der Frage nach dem geeigneten Lokomotivsystem war man lange uneinig, welches man nehmen sollte: entweder die Tender-Lokomotive mit eingebautem Kohlekasten auf der Lokomotive

*Der Gotthard-Express Luzern-Mailand mit
der Lokomotive A 3/5 von 1894, im Hintergrund
die beschneiten Mythen*

Unten: *Zwei Lokomotiven C 4/5 von 1908 für die
direkten Züge auf der Brücke über die Göschenerreuss*

Vorherige Seite oben: *die erste Lokomotive E 2/2
für die Postzüge durch den Gotthardtunnel vom
1. Januar bis 31. Mai 1882, vor der offiziellen Eröffnung*
Unten: *die Lokomotive A 3/5 von 1894 für direkte Züge
bei einem Halt am Bahnhof Chiasso um 1900*

Die starke Dampflokomotive C 5/6 von 1913 mit
1'650 PS ist auf Seite 118 abgebildet.

und mit geschlossener Kabine oder eine Lokomotive mit angehängtem Schlepptender, also mit offener Kabine, separatem Kohlewagen und ohne zusätzliche Achse.
In Winterthur machte die Schweizer Industrie rasch riesige Fortschritte. Dank eines internationalen Wettbewerbs für die Lieferung einer leistungsstarken Lokomotive für direkte Züge konnte sich die SLM aus Winterthur ab 1890 das fast uneingeschränkte Monopol zur Herstellung für Triebfahrzeuge der Schweizer Bahnen sichern.

Ein Lokalzug in Göschenen, gezogen von nur einer Lokomotive, der C 4/5 von 1906

Rechts: Lokomotive C 4/5 von 1906 in Göschenen mit rotierender Schneeschleuder Rotary TypXtoe

Die SLM war vom autodidaktisch gebildeten Ingenieur Charles Brown aus England gegründet worden, der zuerst als Angestellter bei Sulzer gearbeitet hatte. Browns Sohn gründete 1891 zusammen mit dem Deutschen Walter Boveri die Brown-Boveri & Cie (BBC), heute Teil des weltweit tätigen Konzerns ABB. All diese Unternehmen haben bis heute zum grossen Erfolg der Schweizer Industrie in der Welt beigetragen.

1893-94 baute die SLM zwei leistungsstarke Maschinen, die auf dem amerikanischen Modell der so genannten «Verbunddampflokomotive Tenwheeler» basierten, bei dem die Dampfdehnung erst in einem Hochdruck- und dann in einem Niederdruckzylinder ausgenutzt wird. Von 1897-1908 produzierte die Firma weitere 32 Lokomotiven dieser Bauart, die vier Zylinder besassen, je 65 Tonnen wogen, eine Leistung von 1400 PS hatten und eine Höchstgeschwindigkeit von 90 km erreichten.

Zwischen 1874 und 1909 erwarb die Gotthardbahn insgesamt 86 Lokomotiven von der SLM, 46 von der J. A. Maffei, 24 von der Maschinenfabrik in Esslingen und die restlichen 21 von der Firma Krauss oder der Maschinenfabrik in Karlsruhe. 1909 übernahmen die SBB von der Gotthardbahn 169 Dampflokomotiven. Dann wurden weitere noch stärkere dazugekauft, bevor man zur «weissen Kohle» überging.

Mit der Elektrifizierung der Linie zwischen 1920 und 1922 erwarben die SBB neues Rollmaterial. Die bekannteste Lokomotive ist die Ce 6/8, die eigens für die SBB für den Gütertransport auf der Gotthardlinie hergestellt wurde.

Eine Gruppe Arbeiter bei der Reparatur eines Güterwagens vor der Werkstatt in Bellinzona, um 1890

Rechts: Gruppenfoto der Arbeiter in der grossen Fabrikhalle, «Cattedrale» genannt, um 1930

Bis zur Verstaatlichung im Jahr 1909 erneuerte die Gotthardbahn kontinuierlich ihr Rollmaterial, meistens in Absprache mit den SBB, die bereits mit den verstaatlichten Privatbahnen Erfahrung gesammelt hatten, denn die Privatbahnen reduzierten die Erneuerung der Lokomotiven und Wagen im Hinblick auf die Übergabe an den Bund drastisch.

Das Rollmaterial und vor allem die Dampflokomotiven benötigten eine sehr gute Wartung, konstante Revisionen und Eingriffe bei Reparaturfällen. Es entstanden Reparaturzentren in Bellinzona und Erstfeld, aber bald wurde offensichtlich, dass eine «zentrale Werkstatt» notwendig war: zehn Orte nördlich und südlich des Gotthards stellten sich zur Verfügung, denn damit verbanden sie hunderte von neuen Arbeitsplätzen. 1894 entschied sich die Gotthardbahn für eine einzige Werkstatt in Bellinzona.
Die zwischen 1886-1890 entstandene Werkstatt wurde bis zu Beginn des Ersten Weltkrieges die wichtigste Fabrik für männliche Arbeiter im ganzen Tessin und beschäftigte 1894 etwa 425 Arbeiter.

Um genügend Unterkünfte für diese zum Grossteil aus der Deutschschweiz kommenden Arbeiter zu gewährleisten, wurde in Bellinzona das neue Stadtviertel San Giovanni geschaffen.
Die Kinder der in Bellinzona ansässigen Arbeiter erhielten eine unentgeldliche Primarschulausbildung; es gab sogar eine deutschsprachige Klasse.

Die Inbetriebnahme der neuen Eisenbahnlinie

Texte von Fabrizio Viscontini

Die Eröffnung — 98
Luzern 22. Mai, Mailand 23. Mai 1882

Die wichtigsten Bahnhöfe — 104
der Gotthardbahn

Die Fahrzeiten — 114

Der Personenverkehr — 116
national und international

Der Güterverkehr — 118
national und international

Der Hafen von Genua — 120
und seine Entwicklung

Der erste festlich geschmückte, mit Passagieren gefüllte Dienstzug fuhr am 1. März 1880 durch den Tunnel und wurde feierlich in Airolo empfangen

Während die Gäste fröhlich in den Werkstätten von Airolo tafelten, die kurzerhand in «salle à manger» umgewandelt worden waren, gingen die Arbeiter mit ihren Familien zu Fuss durch den Tunnel. Unterwegs brachte eine Frau ihren Sohn zur Welt, der auf den Namen Gotthard getauft wurde.

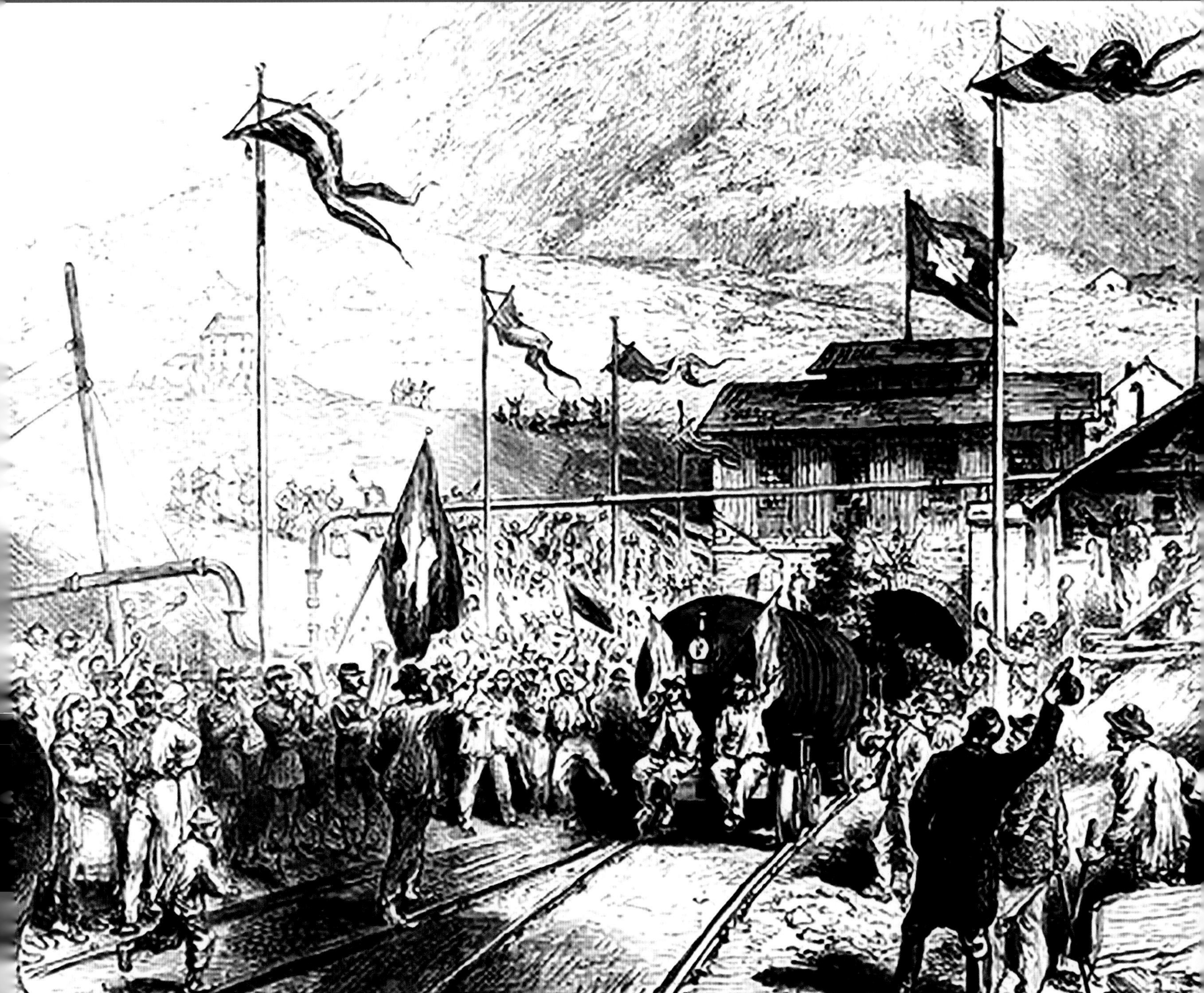

Die Eröffnung
Luzern 22. Mai, Mailand 23. Mai 1882

«Luzern, 21. Mai abends-Gute Reise, wundervoll. Freudiger Empfang auf der ganzen Linie, besonders in Faido von den Schulkindern mit Blumen und Liedern. In Brunnen löste sich der Salon-Wagen der italienischen Minister, denn die Verbindungskette war gerissen. Keine weiteren Folgen. In Luzern eindrücklicher Empfang und riesige Menschenmenge. Elektrische Beleuchtung. Auch die deutschen Gäste waren angekommen»
(Aus der *Gazzetta Ticinese*)

«Festlichkeiten zur Eröffnung der Gotthardbahn. Wegen der andauernden Ungerechtigkeiten durch die Gotthardbahn gegenüber unserer Gemeinde und weil die Bahngesellschaft befand, dass unser Ort nicht würdig zum Anhalten sei, nicht wie der geplante Halt bei Göschenen, wurde in der Gemeinde beschlossen, unsere Bemühungen darauf zu beschränken, den Kirchturm mit Fahnen zu schmücken und die lokale Musikgruppe spielen zu lassen, während die Eröffnungszüge vorbeifahren.»
(Aus den Gemeindebeschlüssen von Airolo)

In Luzern sind Medienvertreter aus ganz Europa während des Feuerwerks für die Feierlichkeiten am 22. Mai 1882 anwesend

Nächste Seite: «Viribus unitis», die Arbeiter haben mit vereinten Kräften das Werk vollendet; in der Mitte über dem geflügelten Rad Mercurius, Schutzgott des Verkehrs, in einer Lithografie von 1882

Das begeisterte Telegramm des Journalisten der *Gazzetta Ticinese* und das kurzgefasste Protokoll der Gemeindebeschlüsse von Airolo zeigen, wie unterschiedlich die Fahrt der italienischen Delegation nach Luzern empfunden wurde, als dort am 22. Mai 1882 die Festlichkeiten zur Eröffnung der Gotthardbahn stattfanden. Im ersten Dokument kann man die Freude spüren, dass die «Grosse Unternehmung der Nationen» abgeschlossen war, während sich im anderen Fall eine nur mässig verhüllte negative Reaktion zeigte, da die Gemeinde Airolo während des Tunnelbaus einige Probleme hatte bewältigen müssen. Airolo hatte gegen seinen Willen eine grosse Zahl von Arbeitern unterbringen müssen. Ausserdem darf nicht unterschätzt werden, wie gross der Verlust wegen fehlender Einnahmen durch die Passstrasse war, denn zuvor stammte im Winter ein Großteil der Einkünfte aus dem Warentransport auf Wagen und aus Unterhalts- und Schneeräumungsarbeiten am Gotthardpass.

RICORDO
ALL' APERTURA
DELLA FERROVIA
DEL GOTTARDO
VIRIBUS
UNITIS
ZUR ERINNERUNG
AN DIE
ERÖFFNUNG DER
GOTTHARDBAHN
MILANO
ZÜRICH
S.P.Q.R.
Erste Ueberschreitung
des St. Gotthard durch Abt Emmo
von Kloster Floridus Hortus 1216
Eröffnung der Gotthardbahn
1. Juni 1882
NOVARRA
MARIGNANO
ARBEDO
GIORNICO
COMO
LUGANO
LUZERN
FLUELEN
AIROLO

23 MAGGIO 1882.

Die Feierlichkeiten in Mailand auf einem Druck von 1882: am rechten Rand sind auch die Fahrt durch den Kanton Tessin und das Bankett in Lugano zu sehen

Vorherige Seite: allegorische Illustration der beiden Länder, die auf den Tunnelbau anstossen: links die elegante Italia und rechts die junge Schweizerin in der Tracht

Wenn man der Version des Journalisten der *Gazzetta Ticinese* folgt, spürte man an jenem 22. Mai eine festliche Atmosphäre in Luzern. An den Fenstern in der Altstadt wehten die Fahnen der Schweiz, Deutschlands und Italiens, an den Balkonen hingen bunte Stoffbänder und an den Fenstersimsen wehten farbenfrohe Wimpel mit den Wappen der Schweizer Kantone. In Luzern stammten 360 illustre Gäste aus Italien, 100 aus Deutschland und 300 aus der Schweiz, darunter 5 Bundesräte.

Zu diesem Anlass machten die Delegierten aus Italien und Deutschland von Luzern aus zuerst einen Ausflug auf die Rigi: Nach einer Fahrt mit den beiden Schiffen Italia und Germania erreichten sie mit der Bergbahn den Gipfel Rigi Kulm. Nach der Exkursion war im Hotel National in Luzern ein eleganter offizieller Empfang durch den Bundesrat und die Direktion der Gotthardbahn organisiert. Am Abend folgte das offizielle Bankett im Hotel Schweizerhof, welches mit unzähligen elektrischen Lampen beleuchtet war, was zu jener Zeit eine echte Touristenattraktion war.
Zum Abschluss gab es ein fantastisches Feuerwerk.
Am nächsten Tag, am 23. Mai 1882, fuhren bei lautem Kanonensalut drei Züge mit den Delegierten aus der Schweiz, Deutschland und Italien von Luzern in Richtung Mailand. Im Kanton Schwyz gab es an den Bahnhöfen einen herzlichen Empfang, während an den anderen Ortschaften im Kanton Uri der Empfang eher kühl blieb, wie auch schon auf der Hinfahrt. Einige wenige Leute versammelten sich an den Bahnhöfen von Flüelen und Altdorf, um den vorbeifahrenden Konvoi zu feiern, aber die anderen Bahnhöfe waren fast menschenleer und nur wenig geschmückt: Denn auch auf der Nordseite der Alpen war man sich vermutlich der unvermeidlichen Veränderungen bewusst, welche die neue Bahnlinie bringen würde.
Als der Zug in Airolo vorbeifuhr, zeigte sich die Bevölkerung herzlicher als die in Göschenen; in Faido gab es wieder einen entzückenden Empfang wie auf der Hinfahrt: Die Schüler und die Anwesenden stimmten fröhliche Lieder an, die Fahnen der Vereine wehten an den Fenstern und Böllerschüsse unterstrichen die festliche Atmosphäre. In Biasca hatte man sogar einen Triumphbogen errichtet und in Bellinzona wurde der Festzug mit lauten Kanonenschüssen von der Burg San Michele begrüsst.
Empfangen wurden die Gäste vom Regierungsrat, vom Gemeinderat und den Bürgervereinigungen mit sieben Fahnen, von der philharmonischen Gesellschaft und «einer riesigen Menschenmenge».
Auch in Lugano hatte sich ausser den Behörden ein grosses Publikum versammelt. In seiner Rede während des offiziellen Mittagessens erinnerte der Bürgermeister Carlo Battaglini an den unermüdlichen Einsatz von Carlo Cattaneo für die Verwirklichung der Gotthardbahn. Schliesslich wurden am Ziel in Mailand die Vertreter der drei Länder im Palazzo Marino, dem Rathaus der Stadt, mit allen Ehren empfangen.

Illustration der Feierlichkeiten am Nord- und Südportal des Gotthardtunnels

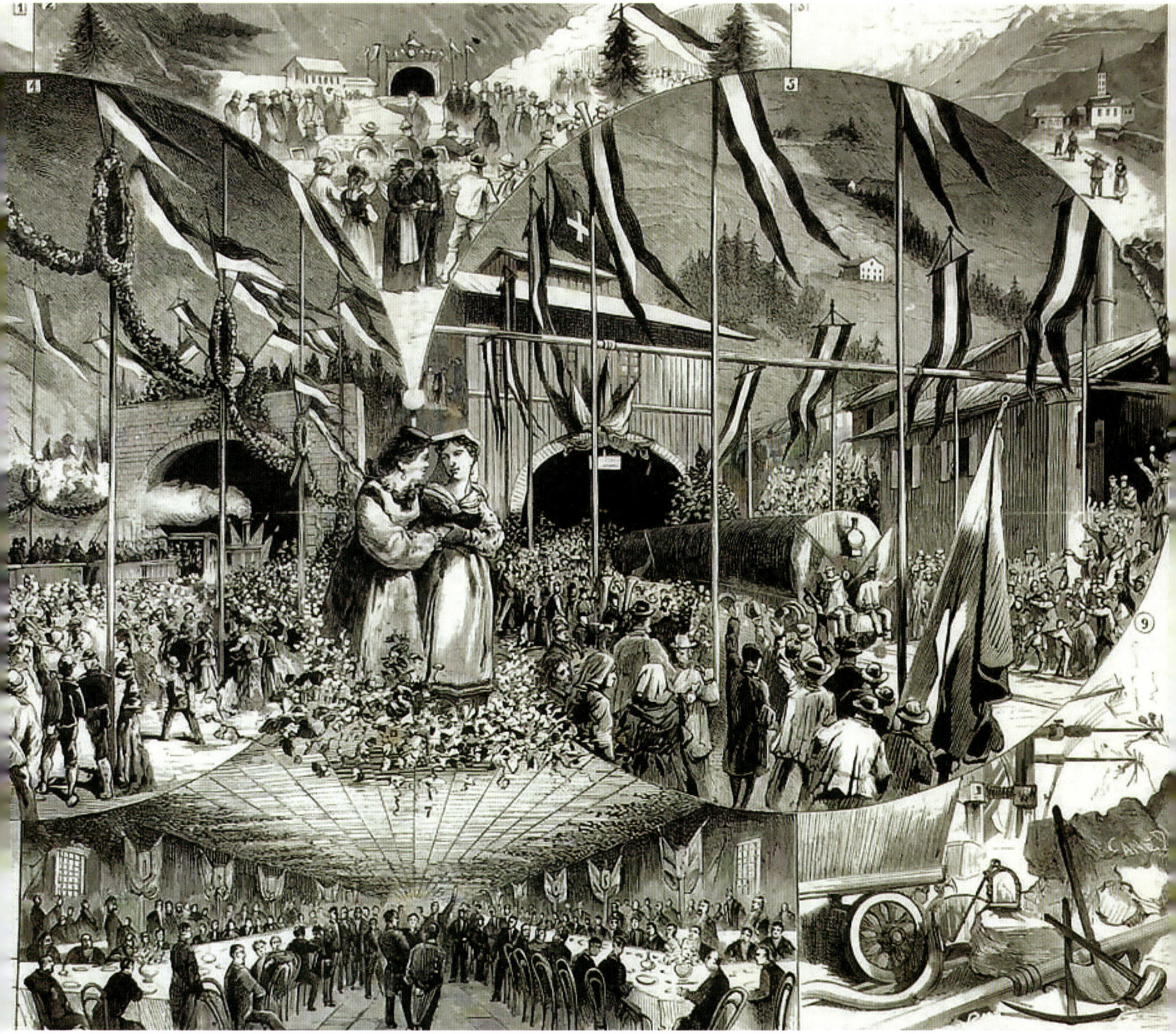

Die wichtigsten Bahnhöfe der Gotthardbahn

Neuorganisation des Gebiets

Der Bau der neuen Transitachse veränderte das Landschaftsbild radikal und der Standort der Bahnhöfe hing natürlich von der Beschaffenheit des Gebiets ab, von den wirtschaftlichen Einzel- und Allgemeininteressen und vor allem davon, ob Wasser für die Dampflokomotiven verfügbar war.

Oft wurde der Bahnhof ein wenig ausserhalb der Dörfer und des Ortszentrums gebaut, wo genügend Platz war, damit sich die Züge kreuzen konnten. Dadurch sind ganz neue Quartiere entstanden.

Wenn die technischen Gegebenheiten bei der Planung Alternativen boten, kamen selbstverständlich die Interessen der Grundeigentümer in der Nähe des jeweiligen Standorts ins Spiel.

Die Bahnhöfe der Gotthardbahn waren die beste Visitenkarte für das Unternehmen. In den kleineren Orten wurden die Bahnhofsgebäude nach dem Baukastensystem errichtet, während man in den Städten richtige Monumentalbauten bewundern konnte.

Erwähnenswert sind die Bahnhöfe in Biasca und in Erstfeld, welche beide den Übergangspunkt zwischen der Flachbahn und der Bergstrecke markierten und als Gebäude «erster Klasse» galten, genauso wie die Bahnhöfe in Cadenazzo und Mendrisio.

In **Airolo** hatte der Bau des Bahnhofs in der Nähe des Südportals eine tiefgreifende Veränderung des Dorfbildes zur Folge. Bis zu diesem Zeitpunkt standen die Häuser nur entlang der Fahrstrasse zum Gotthardpass. Aber mit dem Aufkommen der Eisenbahn entwickelte sich ein neues

Oben: der Bahnhof Airolo mit den ersten Dampfzügen, auf einer farbigen zeitgenössischen Postkarte

Unten: der Bahnhof Faido auf einem Erinnerungsfoto, Ende 19. Jh., mit dem Zugspersonal und einigen Ortsgästen

Wohngebiet, wo dann später auch einige Hotels standen, um die Bedürfnisse der Reisenden auf dieser neuen Linie zu erfüllen.

Der Bahnhof von **Faido** wurde sogar einen Kilometer ausserhalb des Dorfkerns gebaut; an der neuen Station entstand folglich ein neues Quartier mit Hotels und wunderschönen Privathäusern im Jugendstil als Unterkunft für die Reisenden.

Während der lebensfreudigen Belle Époque (1896-1914) wurde Faido so zum drittgrössten Tourismusort des Kantons.
Die wohlhabenden Feriengäste, die sich hier im Hauptort des Leventinatals aufhielten, stammten vor allem aus dem gehobenen Bürgertum und aus dem Adel von Mailand.

Der Bahnhof in **Biasca** wurde weit vom ursprünglichen Dorfkern entfernt gebaut und befindet sich auf 296 m Höhe genau dort, wo die ebene Bahnstrecke endet. Biasca war also der ideale Ort, um die schweren Schublokomotiven zum Nachschieben auf den Zufahrtsrampen zum Gotthard einzusetzen.
Auf der Nordseite des Gotthards wurden diese Lokomotiven in Erstfeld dazugefügt.

Sobald die Linie Bellinzona-Biasca fertig war, wurde 1874 in Biasca sogar eine Remise für diese Schublokomotiven und Wagen gebaut.
Mit der Fertigstellung der Bahnlinie Biasca–Acquarossa 1911 wurde Biasca auch zum Verbindungspunkt zwischen der Gotthardlinie und der neuen Bahnstrecke im Bleniotal, der so genannten «Bleniobahn». Der Ort entwickelte sich schnell zu einem wichtigen Bahnknotenpunkt.

Oben: der Bahnhof Faido auf einer farbigen Postkarte der Belle Époque, im Hintergrund Hotels und Ferienhäuser im Jugendstil

Unten: der Bahnhof Biasca, der auch Endstation der Bahn Biasca-Acquarossa wurde

Der Bahnhof von **Bellinzona**, auf einem flachen Erddamm gelegen und anfangs nur mit wenigen Eisenbahngleisen, schien zuerst isoliert von der weiter südlich liegenden Stadt.

Mit der Einweihung der Strecken Bellinzona-Biasca und Bellinzona-Locarno im Dezember 1874 wurde Bellinzona zum ersten Knotenpunkt des neuen Eisenbahnnetzes.

Um den neuen Bahnhof mit den historischen Häusern im Zentrum zu verbinden, wurde 1873-1875 eine ungepflasterte Strasse angelegt, die später zur heutigen Allee «Viale della Stazione» umgestaltet wurde.

Der städtische Charakter dieser Allee wurde sehr sorgfältig geplant: 1875 wurden zwei Baumreihen gepflanzt.

Eine spezielle Arbeitsgruppe der Gemeinde wachte darüber, dass bei den neu gebauten Häusern an der Allee ein einheitliches Erscheinungsbild bewahrt blieb. Damals entstanden neben den herrschaftlichen Villen auch die ersten Hotels sowie mehrstöckige Häuser mit Wohnungen, Büroräumen und Geschäften.

Der Bahnhof wurde fortlaufend erweitert; zum ursprünglichen 1901 fertiggestellten Passagiergebäude wurde 1905 ein Fahrdienstgebäude hinzugefügt. 1928 wurden die beiden Gebäude dank einer mit Säulen und Giebeln verzierten Fassade und einem gedeckten Vorraum zu einer architektonischen Einheit verbunden.

Der Bahnhof von **Locarno-Muralto**, ein gutes Stück vom Stadtzentrum entfernt, wurde 1874 mit der Eröffnung der Linie Locarno-Bellinzona eingeweiht. Mit der touristischen Entwicklung dieser Zone wurden zahlreiche Hotels gebaut, darunter auch das *Grand Hotel Locarno*.

Oben: *einer der ersten Züge, der von Locarno am primitiven Bahnhof von Bellinzona ankam, ca. 1885*

Unten: *der Bahnhof Bellinzona von Norden gesehen. Im Hintergrund sticht die Burg* Castelgrande *mit ihrer eindrücklichen Silhouette hervor, auf einer Postkarte um 1905*

Dieser Bahnhof wurde zum Ausgangspunkt der 1923 eingeweihten Bahn Locarno–Domodossola, der so genannten «Centovalli-Bahn». Zugleich begann hier die «Valmaggina», die 1907-1965 durchs Maggiatal von Locarno nach Bignasco fuhr.

Den Bahnhof von **Lugano** wollte man zuerst im Gebiet von Loreto bauen, aber dann einigte die Stadtverwaltung sich mit der Gotthardbahn darauf, diesen in der Nähe der Kirche San Lorenzo zu errichten. Durch die Bauarbeiten wurde der Hang stark verändert, denn mit dem Aushubmaterial wurde ein grosser länglicher Platz angelegt, womit die Stadt eine neue Aussichtsterrasse direkt oberhalb der Altstadt erhielt.

1886 wurde die praktische Standseilbahn in Betrieb genommen, um die Höhendifferenz vom Stadtzentrum unten am See zum Bahnhof oben am Hang zu überwinden, aber natürlich auch als Touristenattraktion. Die Bahn wurde früher durch Wasserballast angetrieben und ist noch heute, nach einer erst kürzlich erfolgten Revision, die schnellste Verbindung von Piazza Cioccaro hinauf zum Bahnhof.

Als am 6. Dezember 1874 die Linie Lugano–Chiasso eingeweiht wurde, gab es nur einen provisorischen Bahnhof in Lugano, bestehend aus einem Raum für die Passagiere, einem Holzschuppen und einem Depot für die Lokomotiven.

Das endgültige Bahnhofsgebäude entstand 1875-1876; dann wurde 1895 zum Schutz der Passagiere bei schlechtem Wetter auf den Bahnsteigen auch eine Eisenüberdachung errichtet, die 1934 bei grösseren Erweiterungsarbeiten des Gebäudes und des Bahnhofareals ersetzt wurde.

Oben: der Bahnhof Locarno-Muralto, im Vordergrund die Centovalli-Bahn Locarno-Domodossola (Italien)

Unten: der Bahnhof Lugano auf einer kolorierten Postkarte, gegen 1910 veröffentlicht

Der Bahnhof von **Chiasso** wurde in strategischer Lage wenige Schritte von der Zollstation gebaut. 1874 wurde die Linie Chiasso-Lugano und 1876 diejenige nach Como eingeweiht. Dank der Eisenbahn wurde der Ort zu einem Knotenpunkt und erlebte eine entsprechende wirtschaftliche und demografische Entwicklung.
Die ersten Speditionsfirmen entstanden und der grenzüberschreitende Handel nahm zu.
Der neue Rangier- und Grenzbahnhof von Chiasso wurde 1918-1922 mit Investitionskosten von insgesamt 8 Mio. Franken errichtet, das waren 2.5 Mio. mehr als ursprünglich geplant.
Das wichtige Zollfreilager war ab 1925 in Betrieb.

Das **Bahnhofsbuffet** von Chiasso ist, wie viele weitere Buffets an den Hauptstationen dieser Linie, typisch für das goldene Zeitalter der Bahn. Die grosszügigen, hohen Räume mit der bequemen Einrichtung und den typischen Tonet-Stühlen waren reich geschmückt und hatten einen ganz besonderen *Charme*. Die «Buffetiers» waren oft stadtbekannte Persönlichkeiten, die am gesellschaftlichen Leben teilnahmen und das Lokal bis zur Pensionierung leiteten.

Der Bahnhof von **Mendrisio** wurde 1882 eröffnet. 1926-1928 war hier der Startpunkt der Bahn Mendrisio-Stabio-Valmorea-Castellanza.
Ab 1928 wurde die Strecke von Mendrisio nach Valmorea nicht mehr bedient, auf Schweizer Gebiet blieb sie für den Güterverkehr in Betrieb. Zwischen 1995 und 2007 wurde die Bahn Stabio-Malnate Olona wieder für den Tourismus geöffnet.
Seit dem 7. Januar 2018 ist die Bahnlinie Mendrisio-Stabio-Varese in Betrieb, die seit Juni 2018 bis zum Flughafen Malpensa verlängert wurde.

Oben: *der internationale Bahnhof Chiasso auf einer farbigen Karte anfangs des 20. Jhs.*
Unten: *der Bahnhof von Mendrisio auf einem zeitgenössischen Foto*

Nächste Seite: *das Bahnhofsbuffet in Chiasso, ein besonders faszinierendes Beispiel für diese öffentlichen Räume der damaligen Zeit*

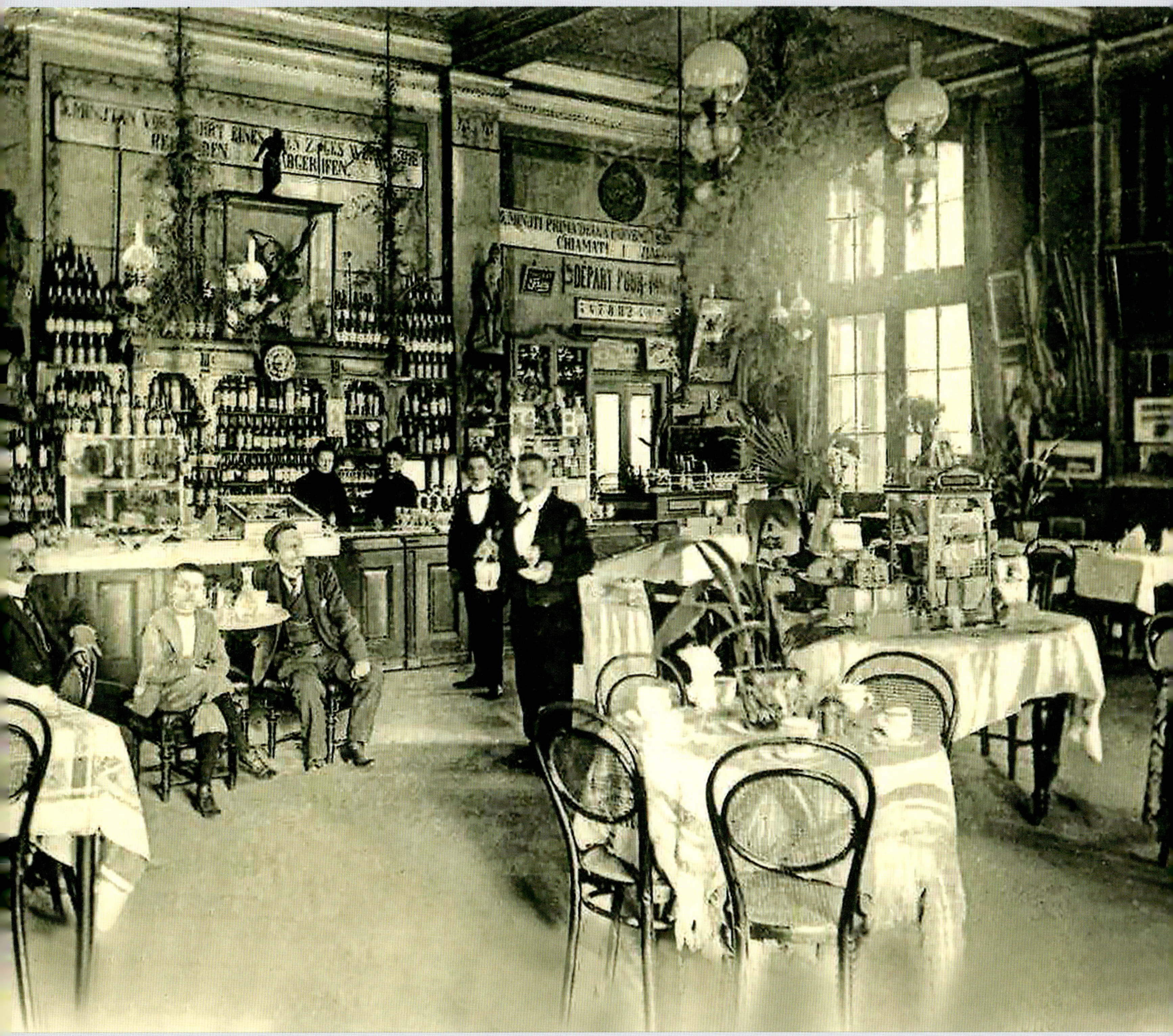
CHIAMATI
DÉPART

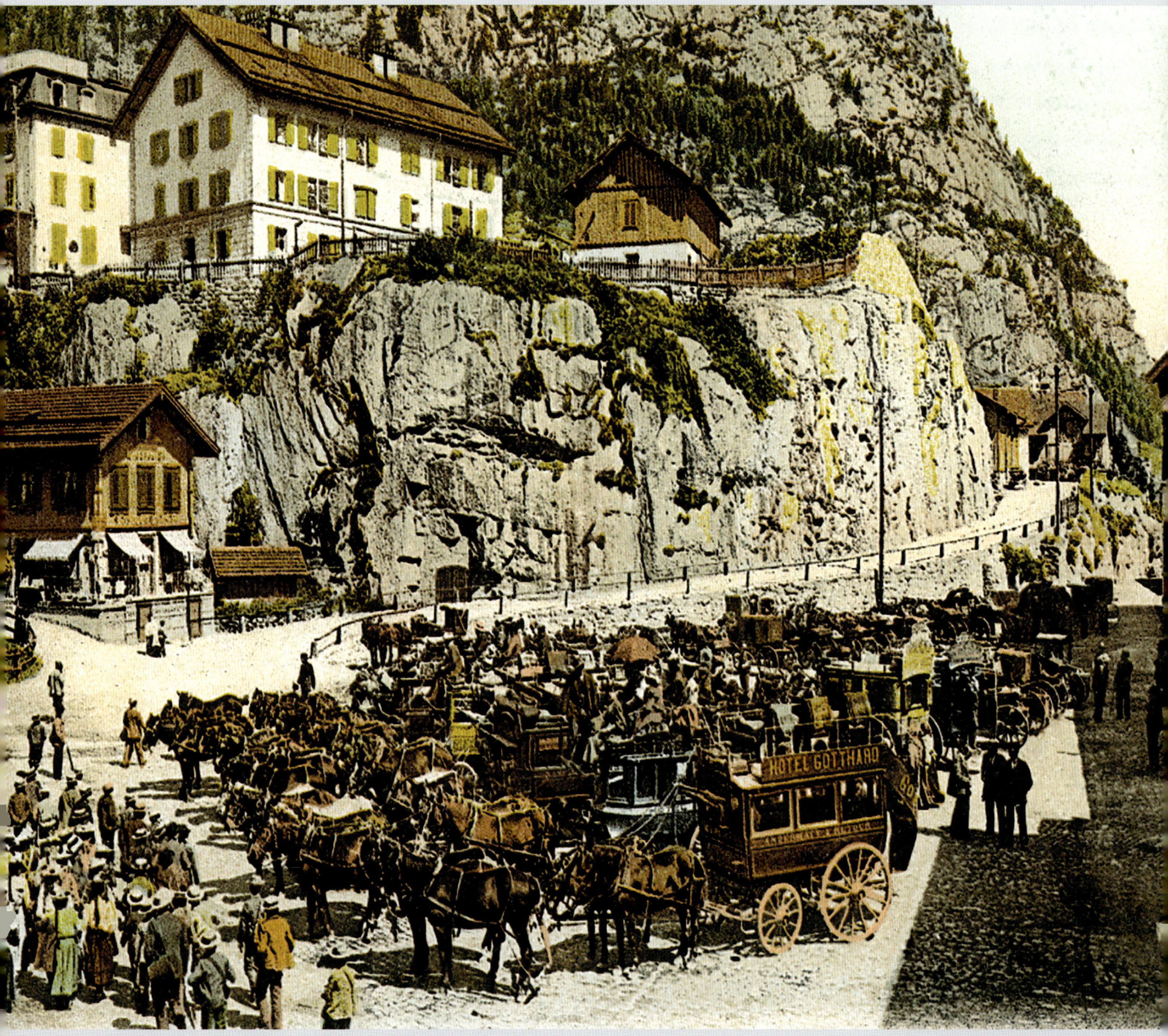
HOTEL GOTTHARD

In **Göschenen** wurde der in der Nähe des Tunnelnordportals erbaute Bahnhof auch benutzt, um die Lokomotiven mit Kohle und Wasser zu versorgen. Der Ort wurde ein zentraler Umsteigepunkt auf die Kutschen in Richtung Andermatt und Hospental. Diese Dienstleistung wurde auch nach der Eröffnung der Schöllenen-Bahn 1917 weiter angeboten.

Beim Bahnhof in **Erstfeld**, ebenfalls ein wichtiger Übergangspunkt zwischen der Flachbahn und der Bergstrecke, wurde eine Reparaturwerkstatt für das Rollmaterial angesiedelt, was zu einem sozialen Wandel des bisher ländlich geprägten Ortes führte.
1885 schlossen sich die Bahnangestellten im *Heizerverein* zu einer Gewerkschaft für Heizer zusammen. Aus der Lokalsektion der *Grütligesellschaft* ging 1905 die Arbeiterpartei hervor, Vorläufer der Sozialistischen Partei Uri.

In Erstfeld gründete die Gotthardbahn-Gesellschaft auch eine eigene Sekundarschule (1893-1938) und liess 1908 ein Gebäude für kulturelle Anlässe errichten. Ab 1880 entwickelte sich der Dorfteil am rechten Reussufer nicht zuletzt wegen der neu errichteten Arbeiterunterkünfte, die auch dank der Aktivität der 1909 gegründeten *Eisenbahnergenossenschaft* gebaut wurden, sehr stark.

Der Bahnhof von **Arth-Goldau** sollte vorerst in der Ebene zwischen Arth und Oberarth gebaut werden. Diese Idee wurde verworfen, wegen der hohen Kosten für einen Tunnel in diesem von Erdrutsch gefährdeten Gebiet.
Man wählte eine weniger teure, aber trotzdem sichere Linienführung durch Goldau. Hier wurde der neue Bahnhof gebaut und deshalb mit dem Doppelnamen Arth-Goldau benannt.

Oben: *der Bahnhof Göschenen in einem Gemälde von J. Muheim von 1890-91*

Unten: *Am Bahnhof Erstfeld kreuzt ein Passagierzug einen Güterzug*

Vorherige Seite: *der Bahnhofplatz von Göschenen mit den wartenden Kutschen, welche die Touristen nach Andermatt brachten, Illustration von 1905*

Die Eröffnung der Gotthardbahn 1882, der Linien der Südostbahn Goldau–Pfäffikon und Biberbrugg–Rapperswil, sowie schliesslich 1897 auch der Bau der Strecke Goldau–Zug machten den Bahnhof Arth-Goldau zu einem wichtigen Eisenbahnknotenpunkt.
Dies führte zu einer merklichen Zunahme des Tourismusverkehrs, auch dank der Arth-Rigi-Bahn, die 1873 eröffnet wurde.
1897 wurde der Bahnhof Arth-Goldau als wichtiger Bahnknotenpunkt komplett neu gebaut. Umfassende Renovationen erfolgten zwischen 1973 und 1985.

Der Bahnhof **Flüelen** wurde nach der Eröffnung der Gottardeisenbahnlinie auch dank des Hafens zu einem regionalen Knotenpunkt für die Reisenden.

Der erste Bahnhof von **Luzern** wurde 1856 am Ende einer Hauptlinie der Schweizerischen Centralbahn gebaut. Auch wenn Luzern viel mehr als andere Kantone in die Gotthardbahn investiert hatte, wurde die Stadt erst 1897 via Immensee direkt mit der Gotthardlinie verbunden, denn aus rein unternehmerischen Gründen hatte die Gotthardbahn-Gesellschaft vorerst auf den Bau der Strecke Immensee–Luzern verzichtet. Aber nachdem die neue Linie eröffnet war, wurde der Luzerner Bahnhof tiefgreifend umgebaut und erneuert, auch die Gleisfläche wurde vergrössert.

Die Eröffnung der Gotthardlinie stellte für die touristisch bereits florierende Stadt am Vierwaldstättersee eines der wichtigsten historischen Ereignisse dar. Dank der Investitionen im Eisenbahnsektor wurde Luzern 1871 auch zum Hauptsitz der Gotthardbahn-Gesellschaft, deren Verwaltungsgebäude 1887-1888 erbaut wurde.

Oben: der Bahnhof Flüelen. Ein Passagierzug nach Süden kreuzt einen Güterzug nach Norden, im Hintergrund der Bristen

Unten: der Bahnhof Arth-Goldau, auf einer Postkarte von 1887, im Hintergrund die Mythen

Oben: *Panoramabild des ersten Kopfbahnhofs Luzern mit Schiffanlegestelle im Vordergrund und Alpenkette im Hintergrund*

Unten: *der neue Kopfbahnhof von Zürich, 1871 nach 6 Jahren Bauzeit in Betrieb genommen*

In den folgenden Jahren blieb der Bahnhof Luzern praktisch unverändert, bis am 5. Februar 1971 ein grosser Brand ausbrach, der fast den ganzen Bahnhof zerstörte, wobei zum Glück niemand ums Leben kam. Dank notdürftigen Arbeiten konnte der Bahnbetrieb weitergeführt werden, aber erst zwischen 1984 und 1990 wurde ein kompletter Wiederaufbau in Zusammenarbeit mit dem Architekten Santiago Calatrava durchgeführt.

Der Bahnhof **Zürich**, Endpunkt der ersten Schweizer Bahnlinie nach Baden, der *Spanisch-Brötli-Bahn*, wurde am 7. August 1847 eingeweiht. Der am damaligen nordwestlichen Stadtrand gelegene Bahnhof sollte danach auf Druck der Bürger verschoben werden, um näher an den Handelsaktivitäten in der Altstadt und an der Schifffahrt auf dem See zu sein.
Da der Transport auf dem See jedoch abnahm und der Verkehr auf der West-Ost-Achse zunahm, wurden die Bahnanlagen an der Stelle von 1847 ausserhalb des Stadtzentrums belassen.
Die Eröffnung des neuen Bahnhofs hatte 1860-90 einen Bauboom zur Folge. Aus jener Zeit stammen der Limmatquai, die Bahnhofsbrücke, das Zeughaus und das Kasernenareal in Aussersihl, die Bahnhofstrasse, die ETH und der Hauptsitz der Credit Suisse am Paradeplatz. Die Stadt dehnte sich nach Selnau und am Neumühlequai aus, die Quartiere beim Fraumünster und Predigerkloster wurden erneuert und das Industriequartier Aussersihl geplant. Zürich wurde dank dem Bau der Eisenbahn zu einem wichtigen wirtschaftlichen Zentrum und Bahnknotenpunkt. Mit der Gründung der Credit Suisse 1856 zur Finanzierung von Textilindustrie und Eisenbahnen übernahm Zürich auch die Rolle des Bankenplatzes der Schweiz.

Die Fahrzeiten

Am 1. Juni 1882 wurde die Gotthardlinie offiziell in Betrieb genommen. Im Laufe der Jahre wurden immer mehr Dienstleistungen für die Reisenden angeboten und die Fahrzeiten der Züge schrittweise verkürzt. 1888 fuhren zwischen Luzern und Lugano täglich fünf Züge in jede Richtung, drei davon als direkte Verbindungen. Die schnellste Fahrt von Luzern nach Chiasso dauerte 5 Stunden und 20 Minuten bei einer Durchschnittsgeschwindigkeit von 39 Kilometern pro Stunde; 1910 war die Fahrzeit auf 4 Stunden 13 Minuten reduziert.

Das tägliche Angebot wurde nach und nach stark erweitert und bald verkehrten auf dieser Linie täglich neun Züge (davon acht mit direkten Wagen). Zwei dieser Züge boten sogar bequeme Liegewagen und zwei weitere einen angenehmen Restaurantwagen. Die gesamte Fahrzeit war damals natürlich eindeutig länger als heute, weil man notgedrungenermassen öfter halten musste, um die Lokomotiven mit Wasser und Kohle zu beladen.

1888 und auch noch 1900 legten mehr als zwei Drittel der Reisenden nicht mehr als 30 Kilometer Distanz zurück. Aus der Tabelle wird ersichtlich, wobei die Zeit des Anhaltens im Bahnhof nicht eingerechnet ist, dass von 1907/1908 bis 2018 die Gesamtfahrzeit auf der alten Bergstrecke um zirka eine Stunde reduziert wurde. Man muss jedoch bedenken, dass die Züge 1907/1908 mit Dampf angetrieben wurden, während sie 2018 elektrisch betrieben sind.
Seit 2017 hat sich die Fahrzeit auf der Strecke Chiasso-Luzern dank des Gotthard-Basistunnels zusätzlich um etwa 30 Minuten reduziert.
2021 wird sich die Fahrzeit dank des Monte Ceneri Basistunnels nochmals um 14 Minuten verkürzen, so dass die Fahrt Luzern-Chiasso nur zwei Stunden dauert.

Die Fahrzeiten der Gotthardbahn im Vergleich 1854 - 2021

Strecke	1854	1907-1908	2015	2018	2015	2017	2021
	Schiff-Postkutsche		Interregio, Bergstrecke	TILO, Bergstrecke	IC/EC, Bergstrecke	IC/EC, AlpTransit (Gotthard)	IC/EC, AlpTransit (+Ceneri)
Chiasso-Lugano		26'	24'	28'	24'	25'	25'
Lugano-Bellinzona		40'	27'	31'	23'	28'	14'
Bellinzona-Biasca		22'	13'	14'			
Biasca-Faido		34'	22'	22'			
Faido-Airolo		31'	18'	18'			
Airolo-Göschenen		18'	10'	12'	↓		
Göschenen-Flüelen		43'	33'		79'		
Göschenen-Erstfeld				26'			
Erstfeld-Arth-Goldau	↓	↓	↓	32'	↓	↓	
Flüelen-Arth-Goldau		30'	24'		16'	56'	↓
Arth-Goldau-Luzern	21h 30'	30'	27'	27'	27'	27'	83'
Total in Stunden	21h 30'	4h 34'	3h 18'	3h 30'	2h 49'	2h 16'	2h 02'

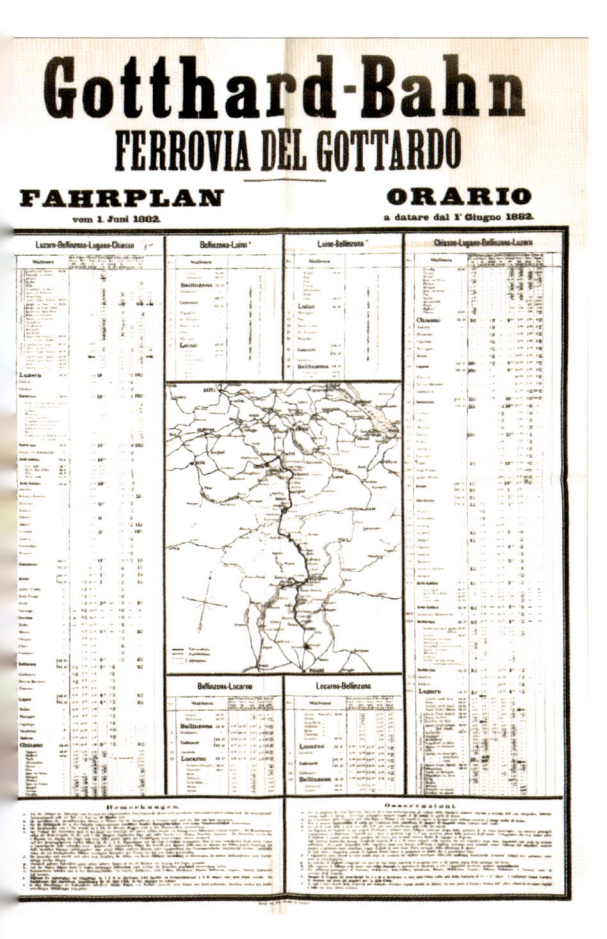

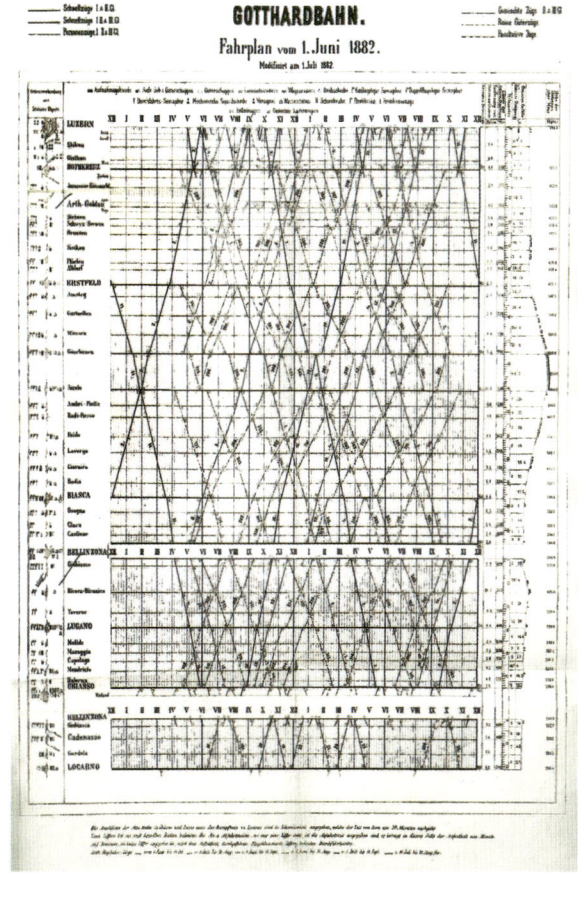

Oben: Tabelle zum Vergleich der Fahrzeiten der Gotthardbahn von 1854 bis 2021

Links: die ersten beiden Fahrpläne für die offizielle Eröffnung der Gotthardbahn am 1. Juni 1882

Vorherige Seite links: eine Pumpe mit beweglichem Rohr beliefert eine Dampflokomotive der Furka-Oberalp-Bahn mit Wasser

Rechts: die mit Kohle gefüllten Körbe werden vor der Fahrt auf der Bergstrecke in Erstfeld auf den Tender der Dampflok geladen

Der Personenverkehr national und international

Links: *Wagen dritter Klasse mit Holzbänken*

Rechts: *Plakat für die Werbung des Gothard-Express Pullman Basel-Mailand*

Nächste Seite links: *Luxuriöser Restaurantwagen «Gottardo 1903» vom Club del San Gottardo von Mendrisio restauriert*

Rechts: *Abteil erster Klasse mit allen Annehmlichkeiten*

Als die Gotthardlinie eröffnet wurde, konnten sich nur die wohlhabenden Touristen die teuren Billette für diese Zugfahrt leisten. Im Laufe der Jahre sank der Preis allmählich, sodass diese Dienstleistung für eine immer grössere Zahl von Personen zugänglich wurde.

1888 betrug der Preis für ein Zugbillett von Luzern nach Lugano in der 3. Klasse 23 Franken 45 Rappen, während die Fahrt in der ersten Klasse das Doppelte kostete. 1910, also wenige Jahre später, zahlte man für die gleiche Strecke 18 Franken in der 3. Klasse und 41 Franken in der 1. Klasse. Wenn man die starke Lohnerhöhung und die gestiegene Kaufkraft im Vergleich zu 1888 bedenkt, war dies effektiv eine spürbare Reduktion der Billettpreise.

In Bezug auf den Komfort der Reisenden sah das Eisenbahngesetz von 1872 Folgendes vor: Nächtliche Beleuchtung der Personenwagen, ausreichende Heizung im Winter und angemessene Toiletten, wobei diese Dienstleistungen im Laufe der Jahre entsprechend verbessert wurden. Die Passagiere der 3. Klasse reisten auf nicht besonders bequemen Holzbänken und konnten von Glück reden, wenn es für sie einen «Rückzugsort» im Gepäckwagen gab, während den Passagieren in der 1. Klasse eine Toilette und ein Waschbecken im Wagen zur Verfügung standen. Erst gegen 1895 gab es nämlich eine Toilette in allen Wagen jeder Klasse; jedoch nur die Wagen der «oberen Klasse» boten auch eine Waschgelegenheit.

Um 1870 führte die Bahngesellschaft in den Abteilen ein innovatives Heizungssystem ein: Ein unter dem Fussboden aufgehängter Brenner erwärmte die Luft, die dann durch spezielle Rohre in die Passagierabteile geführt wurde. Erst in den 1880er Jahren wurde eine durch die Dampflokomotive betriebene Dampfheizung als allgemeiner Standard eingeführt.

Zur Zeit der Belle Époque war Tourismus vor allem bei Angehörigen des Adels und des oberen Bürgertums beliebt, sodass die Gotthardbahn nach neuen Strategien suchte, um den damaligen Touristenverkehr zu steigern, der bisher nur 5–10% der Bevölkerung ausmachte.

1894 wurde daher der Schweizer Schriftsteller Carl Spitteler (1845 geboren, 1924 gestorben, 1919 Literatur-Nobelpreisträger) beauftragt, ein Buch im Sinn einer touristischen Werbebroschüre für die Gotthardlinie zu schreiben. Für den Auftrag dieses Büchleins erhielt Spitteler die stattliche Summe von 7'000 Franken, dazu auch ein Gratisabonnement für die Strecke Luzern-Bellinzona, welches er regelmässig nutzte, denn er machte mehr als dreissig Zugfahrten mit seiner Tochter Anna und deren Freundin.
Das Werk mit dem Titel *Der Gotthard* wurde 1896 mit einer Auflage von 4'000 Exemplaren veröffentlicht und in 500 Luxushotels in ganz Europa verteilt; weitere 100 Exemplare wurden in den Bibliotheken der wichtigsten Transatlantik-Dampfschiffe platziert. Es folgt ein Auszug aus seinen Reisevorschlägen mit der Bahn oder zu Fuss beidseits der Alpen, hier die Wanderung von Gurtnellen nach Amsteg:

«Um unseren Ausgangspunkt, nämlich Gurtnellen, zu erreichen, gilt es, da kein Schnellzug in Gurtnellen hält, erst mit dem Blitzzug nach Göschenen zu fahren (Ankunft in Göschenen einige Minuten nach zwölf). Hierauf nach dem Mittagessen benützt man den ersten langsamen Nachmittagszug, der in umgekehrter Richtung, also gegen Luzern fährt, und steigt in Gurtnellen aus. Der Marsch von Gurtnellen nach Amsteg erfordert zwei Stunden, wozu noch der Weg von Amsteg nach Station Amsteg (20 Min.) zu rechnen bleibt. Bei ruhigem, keineswegs übereiltem Schritt kommt man früh genug in Amsteg an, um einen kleinen Imbiss zu nehmen und sich mit einem Gasthofwagen zur Station befördern zu lassen, wo einem der letzte Zug noch nach Luzern zurückführt (Ankunft in Luzern um 9 Uhr).
Das liest sich etwas umständlich, macht sich jedoch in Wirklichkeit ganz leicht. Und es lohnt sich fürwahr reichlich. Denn da gibt es mehr und schöneres zu schauen als in der Schöllenen; eine ganze Kette von entzückenden Bildern, in ihrer Gesamtheit den Scenen oben am Pass an Wert mindestens ebenbürtig, zugleich an Charakter völlig verschieden.»

Der Güterverkehr
national und international

Der Betrieb der Gotthardbahn begann 1874 mit der Eröffnung der Strecken Biasca-Bellinzona-Locarno und Lugano–Chiasso. 1875 reisten auf diesen beiden unabhängigen Strecken von einer Gesamtlänge von 67 Kilometern 670'000 Passagiere; diese Zahl wurde bis 1881 nicht mehr erreicht. Im gleichen Jahr wurden 37'000 Tonnen Waren transportiert, 1881 hatte sich die Zahl bereits mehr als verdoppelt. Die grosse Zunahme erfolgte natürlich im Jahr 1882 nach der Eröffnung der gesamten Strecke. Im folgenden Jahr wurden sogar 500'000 Tonnen transportiert.
Der Personenverkehr nahm 1895 rasch zu, denn mit dem Beginn der *Belle Époque* kam überall ein allgemeiner wirtschaftlicher Aufschwung. Die Zahl stieg von 1'600'000 auf 2'600'000 Passagiere im Jahr 1900. Nach der starken Zunahme schwächte sich diese Zahl während der weltweiten Finanzkrise von 1907 ab und nahm in den folgenden Jahren wieder kontinuierlich zu. Der Güterverkehr erlebte eine ähnlich positive Entwicklung, aber prozentual in kleinerem Umfang als der Passagierverkehr. Die neue Eisenbahnlinie erwies sich daher aus finanziellem Gesichtspunkt als echter Erfolg.
Seit Beginn im Jahr 1882 wurde der Güterverkehr zur Haupteinnahmequelle der SBB und stellte zirka 60% der Gesamteinnahmen dar.

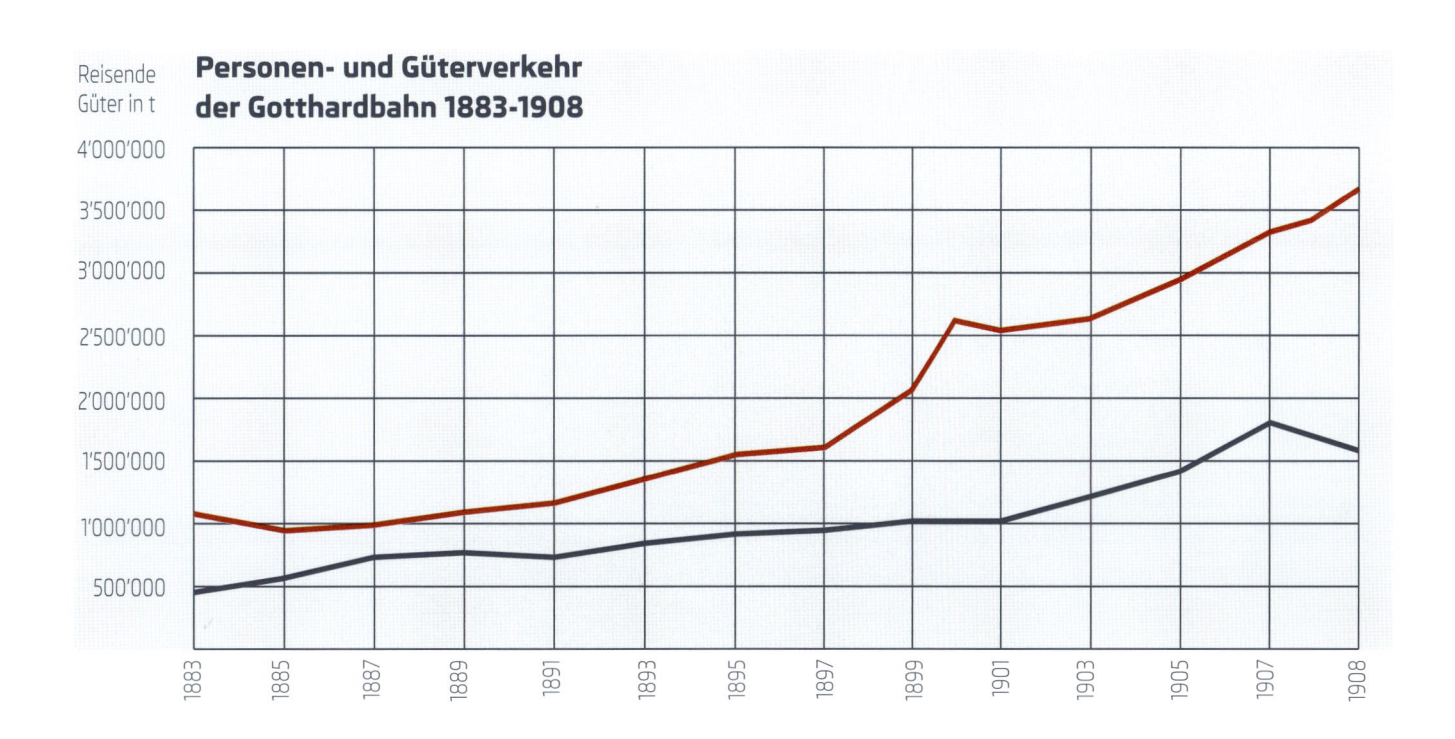

Personen- und Güterverkehr der Gotthardbahn 1883-1908

Reisende
Güter in t

Grafik der Entwicklung des Personenverkehrs (rot) und des Güterverkehrs (grau) von 1883 bis 1908

Vorherige Seite oben: Güterzug mit der starken Lokomotive C 5/6 von 1913 mit 1350 PS

Unten: die Fabrikanlage Tomasini in Mendrisio an strategischer Lage neben der Bahnlinie

Ab 1900 wurden jährlich beinahe 10 Millionen Franken Gewinn gemacht, so dass man den Aktionären hohe Dividenden zwischen 6.6 und 7.4% auszahlen konnte.
Während die Passagiere im Allgemeinen relativ kurze Reisen mit der Bahn machten, waren die Transportstrecken bei Produkten wesentlich länger.
Die Bahn garantierte einen schnellen Transport vor allem für Produkte wie Getreide, Kohle oder Baumaterial, das von Deutschland auf Schienen nach Italien gebracht wurde.
Bemerkenswert ist, dass zirka ein Drittel der Waren in Schweizer Bahnhöfen der Gotthardbahn geladen und entladen wurde, also war diese Bahn auch für den nationalen Verkehr eine wichtige Linie.
Die Industriebetriebe entstanden vorzugsweise an strategischer Lage in der Nähe der Bahn, um den Transport der Waren effizient durchzuführen.
Zum Beispiel die Teigwarenfabrik Tomasini, wo man die Züge direkt am Fenster vorbeifahren sah, konnte sich die Zutaten direkt anliefern lassen und die fertigen Produkte unmittelbar vor dem Fabrikgebäude auf Güterwagen verladen.

Der Hafen von Genua und seine Entwicklung

«Der Schifffahrtskanal von Suez war mit einer Länge von knapp über 160 Kilometern, mit einer Tiefe von acht Metern und einer Breite von 22 Metern auf Höhe des Wasserspiegels geplant.

Nach dem Ende der Bauarbeiten wurde festgestellt, dass für den Kanal ungefähr 74 Millionen Kubikmeter Material ausgehoben werden musste.»

Im 19. Jahrhundert wurde sehr oft über die Zukunft Genuas gesprochen. In der Zeitung *Italia* vom 17. Februar 1869 stand zum Beispiel: «Jede Stadt Italiens hat eine Phase mit einer glorreichen Vergangenheit, aber keine kann hoffen, in Zukunft im Handel so erfolgreich zu sein wie die ligurische Metropole.»

In seinem Buch *Suez und St. Gotthard* zeigte der Gelehrte Bruno Caizzi, wie die Eröffnung des Suezkanals am 17. November 1869 eindeutig mit dem wirtschaftlichen Aufschwung des Hafens von Genua verbunden war, denn ab 1882 konnten die Waren dank der Gotthardbahn von dort aus nach Norden weiter transportiert werden.

In den 1860er Jahren hatten die wirtschaftlichen Interessen der ligurischen Stadt einen grossen Einfluss auf die Position des italienischen Reiches zu Gunsten der Gotthardlinie, denn dank der neuen Transitachse konnte eine grössere Menge Getreide schneller in die Schweiz transportiert werden. Leider entstanden diverse Probleme wegen der Tarife und den ungenügenden Verbindungen zum Hinterland bezüglich der Organisation des Hafens, sodass Genua keine wirklich bedeutende Rolle im Export in Richtung Schweiz spielen konnte.

In den Jahren vor dem Ersten Weltkrieg wurden nur 7% der auf dem Meeresweg importierten Güter im Hafen von Genua abgewickelt. Während des Krieges nahm der Handel merklich zu, aber in den 1920er und 1930er Jahren ging er wieder zurück. Dieser Rückgang ist auf die Konkurrenz der Häfen von Rotterdam und Antwerpen zurückzuführen, welche vom ausgebauten Rheinhafen in Basel profitierten sowie auf die Erweiterung der Bahnnetze in Frankreich, Belgien und Deutschland.

Eine zentrale Rolle spielte dieser Hafen auch für den Schweizer Export auf dem Meeresweg: Vor dem Zweiten Weltkrieg betrug der Warenhandel in Genua ein Viertel des Gesamtvolumens und nach 1945 sogar ein Drittel.

Im Zweiten Weltkrieg, zwischen 1939 und September 1943, war die Schifffahrt auf dem Rhein unterbrochen, wodurch der ligurische Hafen für die Schweiz enorm wichtig wurde. Zeitweise wurden 90% der Waren für den Schweizer Markt via Genua transportiert.
Vom Ende des Zweiten Weltkrieges an war die Schweizer Wirtschaft stark von diesem wichtigen Hafen abhängig, vor allem für die Öleinfuhr.
Erst in den Jahren 1950-1960 konnte die Pipeline in Betrieb genommen werden, mit der das Rohöl von Genua über den St. Bernhard-Pass nach Collombey gebracht wurde.

Bemerkenswert ist auch, dass in der hier relevanten Zeit zahlreiche Schweizer Unternehmer beträchtliche Investitionen in Genua tätigten.

Im August 2015 wurden die Erweiterungsarbeiten am Suezkanal beendet, was, wie auch der Ökonom Remigio Ratti feststellte, eine Entwicklungschance für die Containerabfertigung in den ligurischen Häfen sein könnte – unter der Bedingung, dass die nötigen Investitionen getätigt werden, um diese Häfen in das europäische Bahntransportnetz zu integrieren.

Flugbild des Hafens von Genua in den 1930er Jahren, im Vordergrund der Umschlagbahnhof

Vorherige Seite: der Schiffsterminal des Hafens von Genua in den 1950er Jahren

Die wirtschaftlichen Veränderungen 1895-1914

Text von Sergio Michels	**Die Werbeplakate** der Gotthardbahn	124
Texte von Fabrizio Viscontini	**Die Belle Époque** und die Entwicklung des Tourismus	128
	Die Verstaatlichung der Gotthardbahn 1909	132
	Die zweite industrielle Revolution in den Kantonen Tessin und Uri	134
	Die Granitsteinbrüche und ihre Nutzung	137

Schönes Jugendstil-Plakat der Gotthardbahn mit Fahrplan aus der Belle Époque vom 1. Juni 1900, erstellt von Gabriele Chiattone

GOTTHARD BAHN
LAGHI DI COMO MAGGIORE & LUGANO
ORARIO 1° GIUGNO 1900
LAGO DI COMO
LONDON
HAAG
AMSTERDAM
HAMBURG
BERLIN
BRUXELLES
KÖLN
PARIS
DRESDEN
MÜNCHEN
ZÜRICH
BASEL
ZUG
BERN
LUZERN
GENF
BELLINZONA
LOCARNO
PINO
LUGANO
PORLEZZA
MENAGGIO
COLICO
LUINO
PALLANZA
INTRA
LAVENO
ARONA
CHIASSO
COMO
BERGAMO
MONZA
BRESCIA
MILANO
NOVARA

Die Werbeplakate der Gotthardbahn

Der Gotthard mit seiner zentralen Position mitten in den Alpen ist eine europäische Wasserscheide und auch die natürliche Grenze zwischen der nordeuropäischen und der mediterranen Kultur. Viele Dichter und Künstler liessen sich von ihm inspirieren, Goethe nannte ihn «ein königliches Gebirge», Turner hat ihn mit seinen wunderbaren Aquarellen verewigt. Auch die damaligen Reisenden waren beeindruckt und wollten sich ein Erinnerungsbild sichern. So entstand ein blühender Handel mit Drucken, illustrierten Jahrbüchern und den ersten Reiseführern, die ab 1830 mit dem Bau der Fahrstrasse über den Gotthardpass und 1882 mit der Eröffnung des Bahntunnels in grosser Zahl erschienen. Der Tourismusbereich entwickelte sich ebenfalls: Neue Hotels wurden eröffnet und gemäss dem englischen Beispiel wurde Werbung gemacht für die Landschaft, die entsprechenden Reisedienstleistungen und den aufkommenden Eisenbahntransport. Es war die Zeit der *Belle Époque*, des brillanten Lebens und des Wohlstands.

Die Gotthardbahn konzentrierte sich bei ihrer Werbung darauf, spektakuläre Fahrplan-Plakate zu schaffen, die in den grossen Hotels und in den Warteräumen der Bahnhöfe aufgehängt wurden. Die ersten Plakate stammten von Gabriele Chiattone aus Lugano, sie haben Elemente des Jugendstils und erinnern an Toulouse-Lautrec, mit den allegorischen mädchenhaften Figuren zwischen der Eisenbahnstrecke und mit dem geflügelten Rad, ein Symbol der Geschwindigkeit. Parallel dazu gab die Bahn weitere Plakate in Auftrag, die nicht nur den Streckenverlauf, sondern auch die interessantesten Aussichtspunkte zeigten und so bei den Touristen die Lust auf eine Vergnügungsreise erweckten.

Mit der Elektrifizierung der Linie 1926 kamen die postimpressionistischen Plakate von Daniele Buzzi, wobei statt der romantischen weissen Wölkchen der Dampflokomotiven nun die majestätische Landschaft und die Eisenbahnbrücken in den Mittelpunkt gestellt wurden.

Später hatten die SBB für ihre Plakate die besten Schweizer Plakatkünstler beauftragt, wie Donald Brun, Herbert Leupin und viele andere mehr, um den Passagiertransport und auch den Güterbereich zu fördern, mit minimalistischen Sujets aber von starker Aussagekraft.

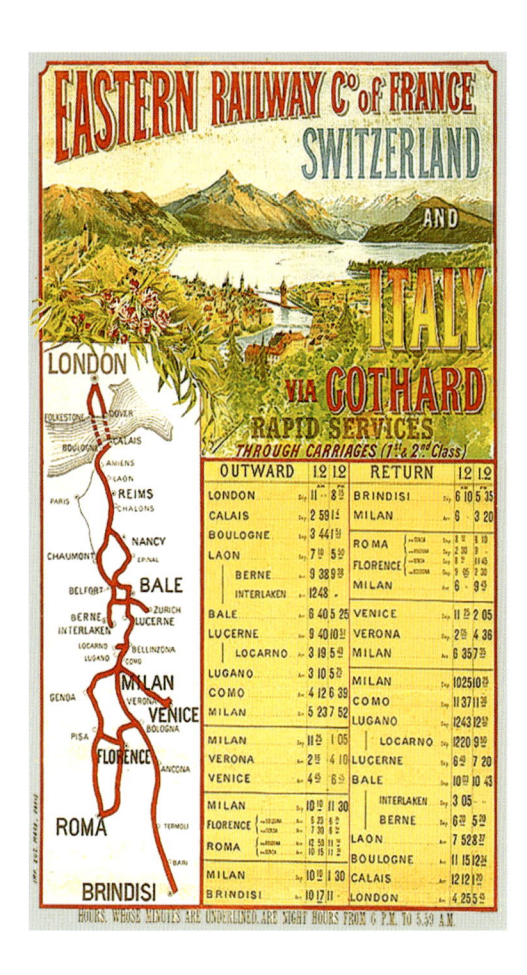

Englisches Plakat von 1898, für die Strecke London-Basel-Luzern-(Lugano)-Milano-Brindisi

Nächste Seite links: zwei Plakate der SBB mit Fahrplan von 1888 und 1895, mit Seelandschaften (Vierwaldstättersee, Lago Maggiore, Luganer- und Comersee)

Rechts: eine weibliche Figur ist das dominierende Element der Plakate von 1903 und 1906, mit Streckenverlauf und Fahrplan der Gotthardbahn

Seite 126 im Uhrzeigersinn: Werbeplakat mit vier Landschaften in einem Globus von 1897 | die Strecke Luzern-Neapel von 1889 | der Gütertransport mit Hauslieferung von 1946 im Stil des Naturalismus | die berühmte Kirche von Wassen, wie im Hodlerstil

Seite 127 im Uhrzeigersinn: Plakate von Donald Brun von 1959 zum Gütertransport | von Hans Hartmann von 1958 für die Sonntagsbillette | zwei Plakate von Herbert Leupin: in die Sonne mit der SBB von 1960 und für das Halbtaxabonnement von 1975

Gotthard-Bahn
LUZERN
LAGHI DI COMO
MAGGIORE E LUGANO
ORARIO 28 MARZO 1888
Gotthardbahn - Ferrovia del Gottardo

GOTTHARD
BAHN
LAGHI DI
COMO-LUGANO
& MAGGIORE
ORARIO 15 Giugno 1903.
1903 CHEMIN de FER du GOTHARD 1903
STAB. d'ARTI GRAFICHE CHIATTONE MILANO

GOTTHARD-BAHN
LONDON
BERLIN
LUZERN
LAGHI
MAGGIORE
COMO
LUGANO
MILANO
Gotthardbahn - Ferrovia del Gottardo

GOTTHARD-BAHN
LAGHI
MAGGIORE COMO & LUGANO
ORARIO 1° Giugno 1906.
1906 Gotthardbahn - Ferrovia del Gottardo 1906
STAB. d'ARTI GRAFICHE CHIATTONE MILANO

GOTTHARD-BAHN
LUZERN
LAGO MAGGIORE
LAGO DI LUGANO
LAGO DI COMO
ORARIO 1. GIUGNO 1897
1897 Gotthardbahn - Ferrovia del Gottardo 1897
LAGHI
MAGGIORE,
COMO &
LUGANO

L'ITALIE
par le St GOTHARD
ITALY via St Gothard Railway
Gotthardbahn
Naples
Lac majeur
Lac des Quatre Cantons
LUCERNE-MILAN
Trains rapides 6hs Express trains

GOTTHARD
S.B.B.
SCHWEIZ
GRAPH ANSTALT J.E. WOLFENSBERGER ZÜRICH

SBB
Rasch,
zuverlässig
bis ins Haus

SBB – stets zu Ihren Diensten

31. JAN. 59
an die
Wintersonne
Sonntagsbillette
einfach für retour
2. Kl.
A
Fr. 5
Mit der Bahn
01317

SBB
Billet
das Halbtaxabonnement
halbiert Preise
SBB

Mit der Bahn an die Sonne

Die Belle Époque und die Entwicklung des Tourismus

Im Kanton Tessin war das erste Jahrzehnt des 20. Jahrhunderts geprägt von einer weitreichenden Entwicklung des Tourismusbereichs.

Zwischen 1899 und 1912 wuchs die Zahl der Hotels von 77 auf 208, die Anzahl Betten von 3'974 auf 7'709 und diejenige der Angestellten im Hotelbereich von 1'186 auf 1'812. Der Tourismus blieb meistens elitär und war vor allem den Mitgliedern des Adels und des oberen Bürgertums vorbehalten.

1902 zählte man in Lugano und Umgebung mit Paradiso, Castagnola und Massagno 31 Hotels mit insgesamt zirka 4'000 Betten, etwas mehr als die Hälfte des Bettenangebots des gesamten Kantons. Die Besitzer dieser Unterkünfte, Hotels und Pensionen waren vor allem Deutschschweizer, Tessiner und in geringerer Zahl Deutsche.
1912 gab es in Lugano 57'364 Gäste; 1913 waren es 77'348; dann sank die Zahl im Jahr 1914 zu Beginn des Ersten Weltkriegs auf 60'986.
Vor allem in Lugano führte die Eröffnung der Gotthardbahn zu zahlreichen Aktivitäten von Unternehmern, Vereinigungen und Kultureinrichtungen.
So entstand hier 1883 die *Vereinigung der Detailhändler* und Ende 1888 fand die Gründungsversammlung des Tourismusvereins *Pro Lugano* statt. 20 Mitglieder wurden in den Vorstand gewählt. Von den Hoteliers waren paradoxerweise nur 4 dabei, aber im Vorstand waren diverse Berufe vertreten, die für Einkünfte aus dem Tourismusbereich sorgten.

1889 wurde die Tessiner Kunstgesellschaft gegründet (*Società ticinese di belle arti*), zwei Jahre später die Hoteliervereinigung (*Società degli albergatori*).

Oben: *das erste Kasino Kursaal von Lugano*

Unten: *das Innere des Kursaals zur Zeit der Belle Époque*

Nächste Seite: *Plakat des Imperial Palace Hotel von 1920; der Stil und die kräftigen Komplementärfarben erinnern an den Expressionismus*

Im Herbst 1895 wurde die Theatergesellschaft *Società del nuovo Teatro Casinò* ins Leben gerufen, deren Präsident Giacomo Blankart auch Mitglied der Pro Lugano war sowie Verwaltungsrat der Standseilbahn Funicolare del San Salvatore und der Luganer Strassenbahnen Tramvie Luganesi.

Ab April 1890 lieferte das Elektrizitätswerk von Maroggia der Firma Bucher genügend Strom für die Bedürfnisse der beiden Hotels *Albergo del Parco* (1904 umbenannt in *Grand Hotel Palace*) und *Albergo Béha*; ab Juni des gleichen Jahres begann man auch die *Piazza della Riforma*, Hauptplatz in Lugano, mit einem Lichtstrahl der Leuchtkraft von 1600 Kerzen zu beleuchten.

In Lugano an der künftigen Riva Caccia in der Nähe der *Villa Malpensata* wurde 1891 das erste öffentliche Seebad eingerichtet, das zwei Jahre später durch einen Brand zerstört und sofort wieder aufgebaut wurde. Es wurde jedoch 1895 geschlossen, weil durch die Schneemassen grosser Schaden entstanden war. 1899 begann man am gleichen Ufer mit dem Bau der noch heute in Betrieb stehenden, schwimmenden Badeanlage.
1906 wurde zum ersten Mal das Blumenfest *Festa dei fiori* organisiert, das jedoch nur wenige Jahre durchgeführt wurde.

In der Tourismusregion Locarno inklusive Brione oberhalb Minusio, Muralto, Orselina und Solduno wurden 1902 im Amtsblatt 13 Hotels aufgelistet. Im Unterschied zu Lugano waren hier die meisten Hotelbesitzer Tessiner, die erst später durch Hoteliers aus der Deutschschweiz, Deutschland oder Österreich ersetzt wurden.
1906 verfügte der Tourismusort Locarno und Umgebung über 1'000 Betten, die Zahl stieg 1912 auf 1'430 an. Der Strom der Touristen nahm in der letzten Phase der *Belle Époque* bedeutend zu: 1911 waren es 17'786 Feriengäste und 1913, also nur zwei Jahre später, erreichte man die eindrückliche Zahl von 22'731, das war der Höhepunkt. Denn die Gästezahl knickte auch hier durch den bevorstehenden Weltkrieg ein. Zu Beginn des 20. Jahrhunderts gab es hier wie in Lugano eine intensive Bauphase von Hotels und, vor allem in Muralto, Villen und Einfamilienhäusern, die oft in «Fremdenpensionen» umgewandelt wurden. Der *Tourismusverein Locarno und Umgebung* wurde am 29. Mai 1892 dank der Bemühungen des damaligen liberal-konservativen Staatsrates Francesco Balli am 29. Mai 1892 gegründet.
1902 wurde ein Theater eröffnet, das ein abwechslungsreiches Programm von Dramen, Operetten, Opern und Konzerten anbot. Das *Casinò Kursaal* wurde 1909 eröffnet.

Im Kanton Uri begann sich der Tourismusbereich um 1850 zu entwickeln, mit dem Bau des Kurhotels *Sonnenberg* auf dem Seelisberg und 1864-65 mit dem Bau der neuen Axenstrasse, welche die Verbindungen mit den anderen Kantonen vereinfachte. Ein weiterer Entwicklungsschub kam 1882 mit der Eröffnung der Gotthardbahn. Die Feriengäste waren von der Naturschönheit dieser Alpentäler fasziniert. Es wurden neue Tourismusattraktionen geschaffen, vor allem durch die Denkmäler mit Bezug auf den nationalen Gründungsmythos der Eidgenossenschaft, die geschickt zu wirtschaftlichen und touristischen Zwecken genutzt wurden. Der Tourismus wurde daher für den Kanton Uri mit 145'000 Übernachtungen im Jahre 1900 und 223'100 im Jahr 1925 ein wichtiger Wirtschaftsbereich.

Im Kanton Schwyz kam es während der *Belle Époque* in Brunnen am Vierwaldstättersee zu einer schnellen Entwicklung des Touristiksektors. Das erste grosse Hotel am See, der *Waldstättehof*, wurde 1870 eingeweiht und war Vorläufer vieler weiterer Hotelbauten. Zwischen 1860 und 1910 nahm die Einwohnerzahl dieses Ortes um 120% zu. Dank dem Tourismus konnten zahlreiche kleinere und mittlere Unternehmen (vor allem im Bausektor) entstehen, die auch nach Ausbruch des ersten Weltkrieges weiter Bestand hatten.

Im Ursenertal begann man zur Zeit der *Belle Époque* Wintersportarten zu betreiben. Nachdem der Tourismus in den 20er und 30er Jahren nachgelassen hatte, erfolgte in den 50er Jahren besonders in Andermatt dank dem Bau von Luftseilbahnen und Skiliften ein neuer Aufschwung. Seit 2008 orientiert das *Feriendorf Andermatt Reuss* das ganze Gebiet in die Zukunft.

Oben: *das Hotel Sonnenberg auf dem Seelisberg zur Zeit der Belle Époque*

Unten: *die Axenstrasse in der Nähe von Brunnen zur Zeit der Belle Époque*

Nächste Seite: *Werbeplakat des Tourismusortes Brunnen zur Zeit der Belle Époque*

BRUNNEN
SUISSE
Près LUCERNE

TRAJET DE PARIS à BRUNNEN 11 hrs

TRAINS DE JOUR ET DE NUIT

Die Verstaatlichung der Gotthardbahn 1909

Im 19. Jahrhundert waren in der Schweiz noch alle Eisenbahnen im Besitz von privatrechtlichen Gesellschaften. Wegen wirtschaftlichen und lokalpolitischen Interessen der einzelnen Gesellschaften wurden oft parallele Bahnlinien geführt. Die Folgen davon waren katastrophale finanzielle Ergebnisse und der Konkurs einiger Unternehmen.

Die Gotthardbahn erwirtschaftete hingegen zwischen 1882 und 1909 beträchtliche finanzielle Ergebnisse mit Nettogewinnen von 182 Millionen Franken, was 38% der Geschäftssumme von 480 Millionen Franken entspricht. Das ergab eine jährliche Dividende von 7 bis 8% auf das Kapital von 50 Millionen Franken.

Mit dem Bundesgesetz vom 15. Oktober 1897 war vorgesehen, die fünf Hauptbahnen der Schweiz zu verstaatlichen: Jura-Simplon-Bahn (JS), Schweizerische Centralbahn (SCB), Schweizerische Nordostbahn (NOB), Vereinigte Schweizerbahnen (VSB) und Gotthardbahn-Gesellschaft (GB). Aber dagegen wurde das Referendum ergriffen. Die Konservativen, die aus föderalistischen Gründen gegen das Gesetz waren, standen in Opposition zu den Befürwortern, die aus Radikalen, Liberalen und Sozialisten bestanden. Im Kanton Tessin war die Frage der Verstaatlichung eng mit der Hoffnung verbunden, dass die Zusatzsteuern für den Transport über die Berge abgeschafft würden, welche sich stark negativ auf die Ausfuhr über den Gotthard auswirkten. 1897 wurden die Tarife auf den Strecken Giubiasco-Taverne und Biasca-Erstfeld erhöht: um 60% für den Personenverkehr, um 100% für den Gepäcktransport und 60% für den Güterverkehr. Die Zusatzsteuer der Bergstrecken, begründet auf Artikel 9 der Konvention von 1869, war eine Absicherungsmassnahme für eventuelle wirtschaftliche Probleme.

Im gleichen Artikel wurde aber auch festgelegt, dass die Gotthardbahn die Zusatzsteuer senken musste für den Fall, dass die Dividenden des Aktienkapitals höher als 8% ausfielen.

Oben: Plakat von 1898 zur Abstimmung über die Verstaatlichung der Bahnen, die positiv ausfiel

Nächste Seite: Plakat des Kantons Waadt gegen die Verstaatlichung der Bahnen, anonym 1898

Um die obligatorische Reduktion zu vermeiden, wies die Bahngesellschaft folglich geringere Gewinne aus, legte offene und versteckte Reserven an und gab grosse Summen für die Verbesserung der Linie und der Dienstleistungen aus. Die Kantone, die den Bau der Gotthardbahn mitfinanziert hatten, verlangten mehrmals die Reduktion der Zusatzsteuer auf den Bergstrecken.

Die Verstaatlichung der Bahnen wurde in einer Volksabstimmung am 20. Februar 1898 gutgeheissen, mit 886'684 «ja» gegen 182'718 «nein» und mit der Zustimmung von 18 Kantonen und Halbkantonen, nur sieben waren dagegen. Allgemein stimmten die Kantone mit einer konservativen Mehrheit dagegen: Appenzell Innerrhoden, Fribourg, Neuchâtel, Obwalden, Schwyz, Uri und Wallis. Im Tessin wurde die Verstaatlichung mit 11'278 «ja» zu 6'394 «nein» angenommen.

Mit dieser Abstimmung wurde also die Schaffung eines staatlichen Bahnnetzes vom Volk gutgeheissen. Die wichtigsten verstaatlichten Betriebe waren folgende vier: Die Schweizerische Centralbahn, Nordostbahn, Jura-Simplon-Bahn (inklusive Brünigbahn ab 1903) und Gotthardbahn ab 1909.

Die Verstaatlichung der Schweizer Bahnen ist kein Einzelfall in Europa; auch im italienischen Reich (mit Dekret vom 1. Juli 1905) entstanden die Ferrovie dello Stato (FS) als Zusammenschluss der drei wichtigsten Bahnen: Rete Mediterranea, Rete Adriatica und die sizilianische Rete Sicula.

Als offizielles Datum für die Entstehung der Schweizerischen Bundesbahnen (SBB) gilt der 1. Januar 1902, denn vorher wurde der Betrieb zwar vom Bund finanziert, aber die Züge fuhren noch unter dem Namen der jeweiligen Privatbahnen.

Die Mehrheit der Tessiner hatte sich aber vergeblich reduzierte Zusatzsteuern im Zusammenhang mit der Verstaatlichung erhofft, denn die Steuern auf Bergstrecken wurden nicht gesenkt – vor allem weil einige vorher florierende Bahnen wie die Gotthardbahn sich mit anderen weniger gut laufenden Bahnen zusammenschlossen. Es schien daher nicht angebracht, auf Einnahmen durch Zusatzsteuern zu verzichten.

Auch die Zahl der Arbeitsplätze im Bahnbereich im Tessin stand wegen der Verstaatlichung zur Diskussion: Zum ersten Mal stellte man das Weiterbestehen der Reparaturwerkstatt in Bellinzona in Frage, wobei in diesem einzigen grossen Industriebetrieb des Kantons zirka 700 Arbeiter beschäftigt waren. Kurz vor der bevorstehenden Elektrifizierung der Linie sank daher die Zahl der Beschäftigten im Bahnbereich im Tessin von 3'267 am 1. Januar 1914 auf 2'836 Stellen am 1. Oktober 1919; das entspricht einer Abnahme von 13%!

Die zweite industrielle Revolution in den Kantonen Tessin und Uri

Ausser Granit, einem der wenigen natürlichen Rohstoffe der Alpen, gibt es im Tessin gewiss reichlich Wasser. Das erste Wasserkraftwerk entstand 1889 in Faido, aber erst in heutiger Zeit 1994 bekam der Kantonsrat auch das Recht, die Konzession für die Nutzung der Wasserkraft zu erteilen.

Von Beginn an war also die Frage ungelöst, wer das Wasser nutzen durfte: der Kanton selbst, Private oder beide in Zusammenarbeit?

Die Diskussionen zogen sich bis 1958 hin, als die AET gegründet wurde, ein öffentliches Unternehmen für Produktion und Vertrieb der Wasserkraft. Zwischen 1900-1904 startete man im Tessin den ersten Versuch, die Wasserkraft für industrielle Zwecke zu nutzen, nachdem 1899 drei Konzessionsgesuche zur Nutzung der Wasserkraft des Ritomsees im Leventinatal eingereicht worden waren. Die Firma Kerbs & C., zusammen mit der Firma Gadda & C. aus Mailand, erhielt im Mai 1900 die Konzession zur Nutzung der Wasserkraft, um eine Produktionsanlage für Natronlauge zu errichten, wofür eine grosse Menge Wasserkraft benötigt wird. Die Konzession wurde auf Empfehlung des Regierungsrates und einer speziellen Kommission des Kantonsrats erteilt, unter Vorsitz des freiheitlichen Giuseppe Stoffel, Direktor der Kantonalbank von Bellinzona, welcher im Januar 1914 wegen des Bankenbankrotts traurige Berühmtheit erlangte. Auch die Tessiner Kantonalbank beteiligte sich leider an der Finanzierung dieses Unternehmens. Nach vier Jahren hatte die Firma immer noch nichts unternommen. Der Konkurs war offensichtlich.

Die Tessiner Industrie begann ab 1905 merklich zu wachsen, als dem Ingenieur Agostino Nizzola, einem der Pioniere der Schweizer Elektrizität und Direktor der Motor AG von Baden, die Konzession für die Wasserkraft der Biaschina erteilt wurde. Bei der Gelegenheit wurde im Tessiner Kantonsrat auch die Möglichkeit diskutiert, dass der Kanton die Wasserkraft direkt nutzen könnte. Diese Alternative wurde aber verworfen, denn es gab noch grosse Zweifel, ob genügend produzierte Energie verkauft und ob neue Industrien geschaffen werden konnten – nicht zuletzt auch wegen der knappen finanziellen Mittel des Kantons, da die öffentlichen Schulden zu jener Zeit eine bedenkliche Höhe erreicht hatten.

Um 1910 siedelten sich die Industrien und Handwerksbetriebe deshalb entlang der Gotthardbahnlinie an (in Bellinzona, Biasca, Bodio, Castione, Giubiasco und Sementina), wo es eine ausreichende Stromversorgung durch Wasserkraft gab und natürlich aus Transportgründen.

Bau der ersten Staumauer am Ritomsee, im Vordergrund das Hotel Piora und ein überflutetes Gebäude, auf einem Foto von 1917

Die Industriezone von Bodio 1910. Im Vordergrund die Arbeiten, um das Zuflussrohr des Wasserkraftwerks zu verlegen

Rechts: *Mahlen der Gesteine in den Gotthard-Werkstätten 1916 in Biasca*

Unten: *Die 1911 gegründete Firma Nitrum produzierte Stickstoff-Derivate; im Juli 1921 gab es eine Explosion, wobei 15 Menschen ums Leben kamen und die Umgebung verwüstet wurde*

Es handelte sich um Fabriken von kleiner oder mittlerer Grösse mit Investitionen, die zum Grossteil aus Gesellschaften mit Führungskräften aus der Deutschschweiz, aus dem italienischen oder deutschen Reich stammten. Nicht das gesamte Kapital stammte folglich direkt aus dem Tessin. Die elektrischen Stahlwerke Lenz in Giubiasco beschäftigten ca. 200 Arbeiter und blieben bis 1925 in Betrieb. 1932 wurden die Betriebsgebäude von der Firma Ferriere Cattaneo übernommen.

Dank der Konzession für die Wassernutzung der Biaschina entwickelte sich auch der Industriestandort Bodio, wo es vor dem Ersten Weltkrieg fünf Fabriken gab: die Gotthardwerkstätte, die Diamantin, die Nitrum und zwei Karbitfabriken.

1917 wurde Bodio mit 1'000 Arbeitern zum wichtigsten Industriezentrum des Kantons.

Im Kanton Uri existierten 1883 nur vier Fabriken, die insgesamt weniger als 100 Arbeiter beschäftigten. 1895 wurde zur Nutzung der Wasserkraft des Schächens das Elektrizitätswerk Altdorf gegründet. So begann die Versorgung mit elektrischem Strom von Altdorf, Flüelen und Bürglen.

Um die Jahrhundertwende entstanden im Kanton Uri diverse Industriebetriebe: 1882 die Zementfabrik Hürlimann, 1896 die Eidg. Munitionsfabrik in Altdorf, 1901 die elektrochemische Fabrik in Gurtnellen, 1909 der Holzbaubetrieb in Flüelen. In Altdorf wurden 1909 die Schweizerischen Draht- und Gummiwerke mit 40 Arbeitern gegründet.
Der junge, begabte Aargauer Unternehmer Adolf Dätwyler rettete die Firma 1915 vor dem Konkurs und erwarb sie 1917 vom Kanton Uri für 2.25 Mio. Franken. Dank seinen Kenntnissen und seinem Dynamismus spezialisierte sich die Firma auf elektrische Kabel und Gummi und schuf ständig neue Arbeitslplätze in der Region.

Der Grund für die unterschiedliche Entstehungsgeschichte und Entwicklung der diversen industriellen Aktivitäten auf den beiden Seiten der Alpen ist im Wesentlichen die ehemalige Isolation des Tessins, im Gegensatz zum Kanton Uri, wo man dank bestehenden Transportwegen immer in engerem Kontakt zur restlichen Zentralschweiz war.

Vom Tessin war die Nordschweiz vor dem Ausbau der transalpinen Handelsroute schwer erreichbar. Auch der Warentransport blieb auf kleinere Mengen und auf die warme Jahreszeit beschränkt, denn vor allem im Winter war das Gotthardmassiv nur zeitweise passierbar.
Dank des Tunnels stand das Tessin nun ganzjährig mit der restlichen Schweiz in Verbindung.

Oben: *das erste Elektrizitätswerk von Altdorf 1895*

Unten: *die Schweizer Fabrik für Kabel und Gummi in Altdorf auf einem Foto von 1915*

Die Granitsteinbrüche und ihre Nutzung

Der Maurino-Granitsteinbruch in Pollegio 1899

*Rechts: der Marmorsteinbruch in Arzo, Anfang 20. Jh.
Die Blöcke werden auf Ochsenkarren geladen und zum Bahnhof Mendrisio gebracht*

Dieser Rohstoff wurde seit langem genutzt und schon zwischen 1803 und 1830 für den Bau der Fahrstrasse am Gotthard der Tessiner Granit verwendet. Wegen der Transportschwierigkeiten und den damit verbundenen Kosten wurde der Transport aber erst mit Bau und Inbetriebnahme der neuen Bahnlinie einfacher und schneller, so dass auch der Verkauf in den Norden zunahm.
Die Steinbrüche wurden vor allem im Rivieratal (Biasca-Bellinzona) und im unteren und mittleren Leventinatal angelegt.
Der eigentliche Abbau begann zwischen 1881 und 1892, als das so genannte Patriziat von Personico (Patrizierfamilien im Leventinatal) seine «unproduktiven» Grundstücke an einige Firmen verpachtete, die neue Steinbrüche anlegten. Es handelte sich um sehr kleine Unternehmen, die sich nicht durch den Kapitalmarkt finanzierten und daher auch gar nicht im Handelsregister erschienen.
37 der 42 Firmen, die 1881-1900 entstanden, wurden von Unternehmern aus Norditalien und aus anderen Schweizer Kantonen gegründet; die Tessiner waren eindeutig in der Minderheit.
Die Granitindustrie erreichte ihren Höhepunkt in den Jahren 1897-1990, dank des Baubooms in der deutschen Schweiz. Die Tessiner Steinbrüche lieferten auch Granit nach Italien, aber die nach Süden transportierten Mengen waren gering im Vergleich zu denen für die Kantone in der Nordschweiz.
Ab 1905 geriet die Branche aber wegen der abnehmenden Bautätigkeit in eine Krise. Man versuchte die Situation zu retten, indem die Unternehmen dank Kapital aus der Nordschweiz konzentriert wurden, zuerst durch die Schaffung eines Konsortiums, dann durch einen Trust. Trotzdem war aber keine echte Verbesserung in der Branche sichtbar und 1929 nahm der Export von Granit drastisch ab.

Von der Kohle zur «weissen Kohle»

Texte von Fabrizio Viscontini

Die Elektrifizierung der Bahnlinie und die Folgen	140
Die Elektrolokomotiven der Schweizerischen Bundesbahnen	142
Sicherheitsanlagen	147

Plakat zur Elektrifizierung der Gotthardbahn, von Daniele Buzzi, 1924

SWITZERLAND

THE St. GOTHARD ELECTRIC RAILWAY

Die Elektrifizierung der Bahnlinie und die Folgen

Die Elektrifizierung der Gotthardbahnlinie würden wir heute als «Rationalisierungsmassnahme» bezeichnen. Sie wurde von der Geschäftsführung beschlossen, um die schwierige Konjunkturphase der Nachkriegszeit nach dem Ersten Weltkrieg zu meistern. Während auf der Gotthardlinie vorher fast ein Monopol bestand, gab es nun die Konkurrenz anderer Linien sowie die in der Nachkriegszeit durch die Währungskrise in den Nachbarstaaten verursachte Geldentwertung. Die SBB mussten deshalb die Transporttarife senken, um mit denen in Österreich und Deutschland konkurrenzfähig zu bleiben.

Um die Betriebskosten zu reduzieren, wurde Ende 1920 die Strecke Erstfeld–Biasca und ab 1922 die gesamte Strecke Luzern–Chiasso elektrifiziert, das Personal in den Bahnhöfen drastisch reduziert und die Dienstleistungen zentralisiert. Für den elektrischen Antrieb war natürlich eine weitaus kleinere Zahl von Angestellten nötig als für den Dampfbetrieb. Für einige grössere Tessiner Bahnhöfe hatte dies beträchtliche Folgen.

Die Tabelle auf Seite 141 zum Abbau des Bahnpersonals an den Bahnhöfen der Gotthardlinie zeigt, dass im Tessin besonders das Bahnzentrum Biasca betroffen war.

Hier hatte die Gotthardgesellschaft eine grosse Kolonie von Deutschschweizer Bahnangestellten angesiedelt und für deren Kinder sogar eine deutschsprachige Schule sowie eine protestantische Kirche an der Strasse vom Bahnhof in den Ortskern errichten lassen.

1914 lebten in Biasca 310 Bahnangestellte mit ihren Familien, die eine Gruppe von insgesamt

Oben: Arbeiter, die für die Elektrifizierung zuständig sind, an einem Tunneleingang

Unten: Konvoi für die Verlegung der Kabel zur Stromversorgung

Nächste Seite: Werbeplakat für die Elektrifizierung der Gotthardlinie

Bahnpersonalabbau bei den Bahnhöfen

Bahnhöfe	1909	1914	1920	1923	In % 1923 in Vergleich zu 1909
Luzern	157	144	127	114	27.4 %
Arth-Goldau	56	56	65	48	14.3 %
Erstfeld	114	108	104	100	12.3 %
Göschenen	31	32	28	24	22.6 %
Airolo	52	53	44	42	15.4 %
Biasca	50	49	54	34	32 %
Bellinzona	188	170	150	154	18.1 %

zirka 1'500 Personen waren – eine beträchtliche Zahl, wenn man bedenkt, dass der Ort damals nur 3'299 Einwohner hatte.

Die Situation verschlechterte sich 1921, als der wichtigste Warenumschlagbahnhof der Linie auf der Gotthardsüdseite von Biasca nach Bellinzona-San Paolo verlegt wurde. Die Bahnhöfe von Biasca und Bellinzona liegen nur 20 Kilometer voneinander entfernt, aber Bellinzona setzte sich gegenüber Biasca durch, dem Ort, wo drei Täler zusammentreffen.

1924 blieben in Biasca nach der Elektrifizierung, bei einer Reduktion um 195, nur 115 Bahnangestellte, was sehr negative Folgen für die gesamte Wirtschaft des Ortes hatte.

Diverse Faktoren veranlassten die SBB, die gesamtschweizerische Elektrifizierung ihrer wichtigsten Strecken voranzutreiben: die unaufhaltsame Entwicklung der Technik, die voraussichtliche Rationalisierung und Produktivitätssteigerung (durch leistungsfähigere Elektrolokomotiven), die andauernde Verkehrszunahme, der steigende Kohlepreis sowie die Mitarbeiterbeschwerden gegen den von der Kohle verursachten Rauch.

Die 1909 von den SBB übernommene Gotthardlinie wurde wie gesagt zwischen 1921-1922 elektrifiziert, wobei auch neue Anlagen und Wasserkraftwerke gebaut werden mussten, um den benötigten Strom zu erzeugen. So entstanden an der Gotthardlinie auf der Südseite das Kraftwerk Ritom bei Piotta (44 MW) und auf der Nordseite dasjenige von Amsteg (55 MW).

Die Schweizerischen Bundesbahnen rüsteten folglich auf elektrisch angetriebene Lokomotiven auf. Die erste Serie von Lokomotiven war die BE 4/6, mit einer Höchstgeschwindigkeit von 65 km/h. Sie wurde ab 1919 gebaut, der mechanische Teil von der Schweizerischen Lokomotiv- und Maschinenfabrik (SLM) in Winterthur, der Elektroantrieb von der Maschinenfabrik Oerlikon (MFO). Die neuen Elektroloks wurden also komplett in der Schweiz hergestellt.

Die Elektrolokomotiven der Schweizerischen Bundesbahnen

Zwei «Krokodil»-Lokomotiven Ce 6/8 III mit 2'240 PS

Rechts: die erste elektrische Lokokomotive Be 4/6 von 1920 mit 2'040 PS

Nächste Seite oben links: Die Firma Oerlikon wirbt für die stärkste Lokomotive der Welt mit 12'000 PS

Oben rechts: die Lokomotive Ae 4/7 geschmückt für die Eröffnung der Elekrifizierung der Strecke Bellinzona-Locarno 1937

Unten links: eine Lokomotive Ae 4/6 mit 5'540 PS

Unten rechts: eine Lokomotive Re 6/6 mit 10'600 PS

Die berühmte «SBB-Krokodil Ce 6/8 II» wurde speziell für die schweren Güterzüge auf der Bergstrecke entwickelt. Die ersten 33 dieser 1919 gebauten Lokomotiven erreichten eine Geschwindigkeit von 65 km/h. Ein Dutzend von diesen wurde nach 1942 umgebaut, um bis zu 75 km/h erreichen zu können. Sie wurden danach von den neuen Gotthardlokomotiven Ae 6/6 ersetzt. Die 40 Elektrolokomotiven Be 4/6 wurden 1920-1923 für die Schnellzüge auf

der Gotthardlinie in Betrieb genommen. Sie konnten bei einer Steigung von 26‰ Passagierzüge von 300 Tonnen mit einer Geschwindigkeit von 50 km/h ziehen oder gleich schwere Güterzüge mit 25 km/h. Die Höchstgeschwindigkeit in der Ebene betrug 75 km/h. Ab 1930 waren die vielseitig verwendbaren Lokomotiven Ae 4/7 im Einsatz, die in der Ebene eine Geschwindigkeit von 100 km/h erreichten.
Die Ae 6/6 wurden Ende der 1950er Jahre für den allgemeinen Gebrauch konzipiert.
Als Ersatz und Weiterentwicklung im schweren Gütertransport wurde die Re 6/6 (Re 620) angeschafft.

Der rote Zug «Churchill-Pfeil» wurde 1939 an der Schweizerischen Landesausstellung präsentiert, um die hohe Qualität der Schweizer Technologie zu zeigen. Am 2. Juni 1957 begann die Zeit des «Trans Europ Express», ein Schnellzug nur mit Erstklasswagen, der in den 1960er und 1970er Jahren einen maximalen Luxus bot.

Oben: *die berühmte Lok «Roter Pfeil Churchill 1021»*
Unten: *der Luxuszug «Trans Europ Express»*

Nächste Seite: *eine neue Ära: der Hochgeschwindigkeitszug «Giruno» in der Nähe von Wassen 2018*

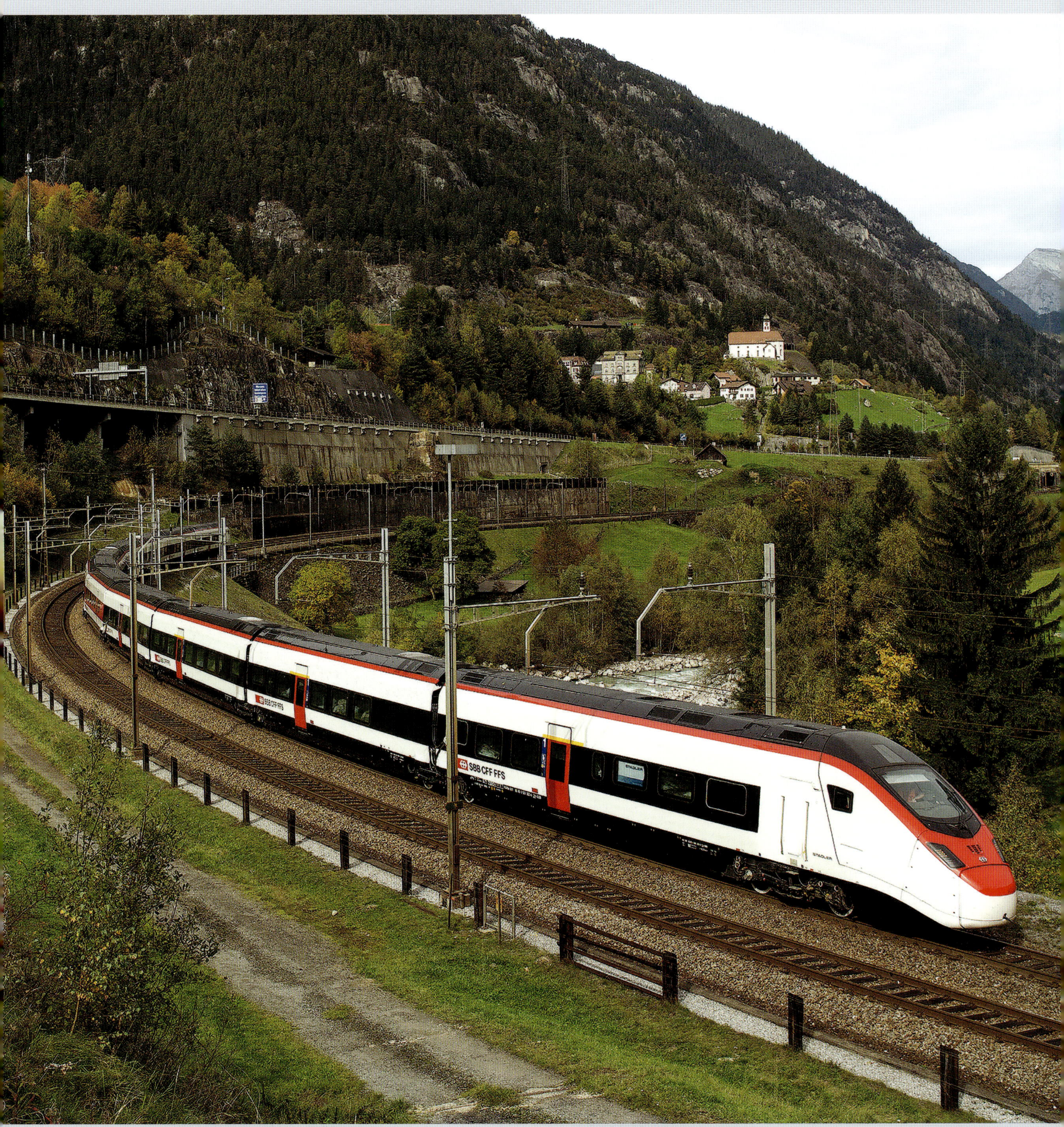
SBB CFF FFS

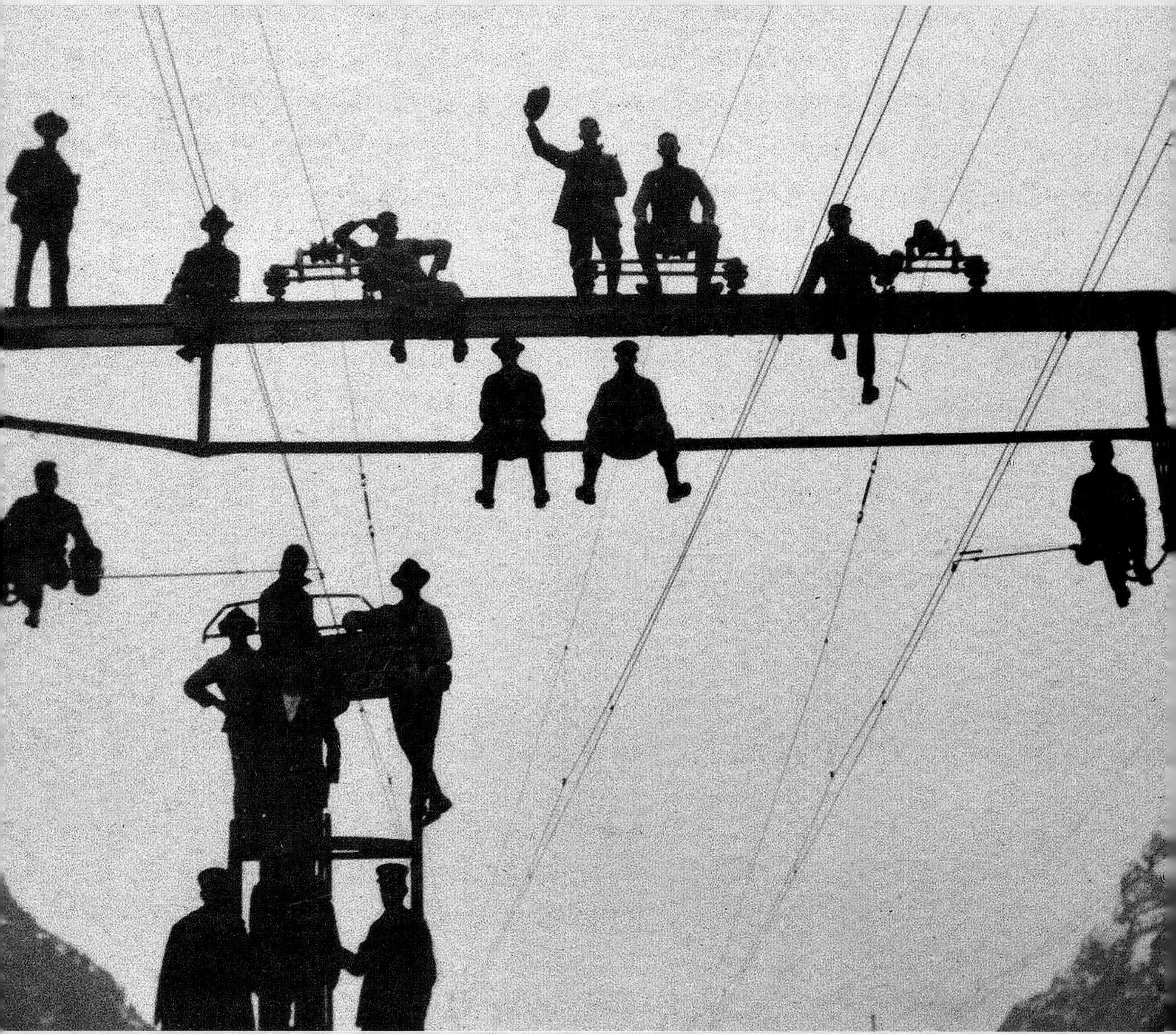

Sicherheitsanlagen

Um einen möglichst gefahrlosen Betrieb zu gewährleisten (z. B. um Kollisionen und Unfälle auf den Bahnübergängen zu verhindern), rüstete die Gotthardbahn die meisten Bahnhöfe mit den Sicherheitseinrichtungen aus, die bereits bei anderen europäischen Bahnen in Gebrauch waren. Die Ampeln gaben den Zügen die Signale «Halt» oder «freie Fahrt» und wurden gemeinsam mit den Weichen mit Seilzügen von einem Stellwerk aus betätigt.

Die Stellwerke funktionierten rein mechanisch und wurden von Hand betätigt.

Die meisten dieser Mechanismen verfügten bereits über einen für die Sicherheit wichtigen «Verriegelungsmechanismus».

Dieser erlaubt, dass nur sichere Durchfahrten für die Züge freigegeben werden können. Sobald eine Strecke festgelegt worden ist, kann die Strecke nicht für weitere Fahrten freigegeben werden. Diese Mechanismen sind wahre mechanische Meisterwerke. In den folgenden Jahren kam es auch bei den Sicherheitsanlagen zu einer eindrücklichen Entwicklung. Zuerst wurde die Muskelkraft durch Elektromotoren ersetzt, dann die mechanischen Anlagen durch Stromkreisläufe. In unserem digitalen Zeitalter sind die Hebel und Schaltknöpfe gänzlich verschwunden. Heutzutage kontrolliert das Leitstellenpersonal die Züge nicht mehr durch ein Fenster, sondern über einen grossen Bildschirm.

Zur Leistungssteigerung wurde nach und nach die Strecke in Blockstrecken eingeteilt und Gleiswechsel eingeführt. Die Strecke wurde ausserdem «banalisiert»: Dank dieser Technik kann ein Zug auf beiden Gleisen in beide Richtungen fahren. Diese Innovationen erlaubten höhere Durchfahrtfrequenzen und grössere Flexibilität in kritischen Situationen.

Die neuesten Impulse gab die rasante Entwicklung des kombinierten Schienen-Strassengüterverkehrs, da man Ladekapazitäten bereitstellen musste, um Waren von der Strasse auf die Bahn zu verlagern. Ende der 1970er und Anfang der 1980er Jahre wurden die Lichtraumprofile des Gotthardtunnels und der Kehrtunnels ausgebaut, um den Transport von Lastwagen mit 3.80 m Eckhöhe zu ermöglichen.

Bis 1994 wurde dank dem Finanzierungsprogramm «Huckepack-Korridor», welches vom Bund im Zusammenhang mit dem Transitabkommen EU, mit Deutschland und Italien finanziert wurde, der Leistungsausbau der Strecke vorangetrieben. Danach begann die Zeit der AlpTransit.

Oben: mechanisches, von Hand betätigtes Stellwerk, zirka 1900

Unten: die automatisierte Ausführung nach der Modernisierung der Technik

Die Regionalbahnen
südlich und nördlich des Gotthards

Texte von Adriano Cavadini

Eisenbahnen, Standseil - und Strassenbahnen 150
im Tessin und in der Regio Insubrica[1]

Eisenbahnen, Standseil - und Strassenbahnen 162
nördlich des Gotthards

[1] Regio Insubrica:
Grenzüberschreitende Region der italienisch-schweizerischen voralpinen Seen

Die Pilatus-Zahnradbahn, die steilste der Welt, 1899

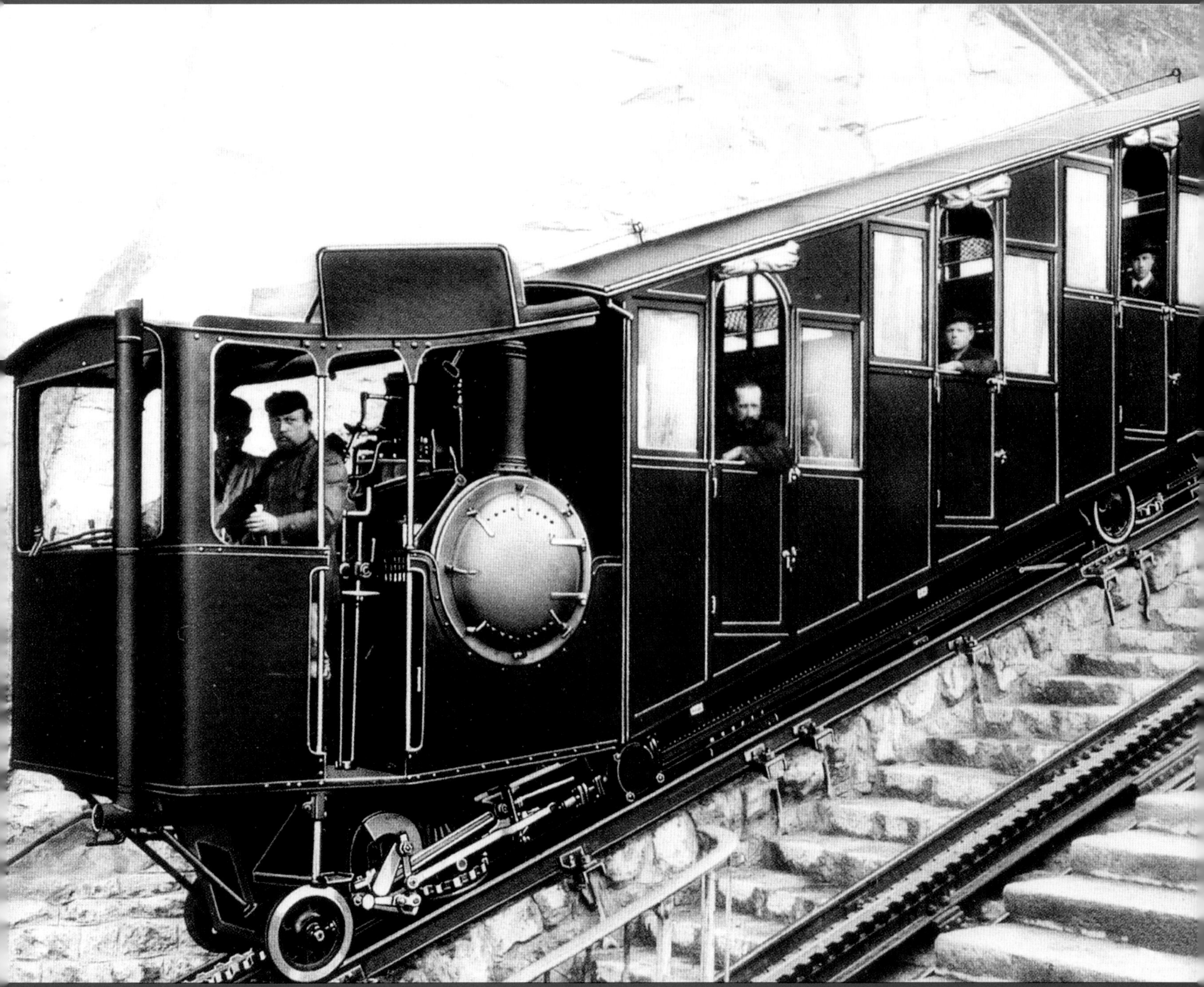

Eisenbahnen, Standseil- und Strassenbahnen im Tessin und in der Regio Insubrica

Die Erfindungen im frühen 19. Jahrhundert führten zur ersten grossen industriellen Revolution und 1825 in England zur Inbetriebnahme der ersten Dampfeisenbahnstrecke.
Die kontinuierliche Verbesserung dieses neuen Waren- und Personentransportmittels brachte eine Reihe zukunftsweisender Eisenbahnnetze hervor.

Bereits 1871 wurde auf einer Länge von 13.6 km mit doppeltem Gleis in einer einzigen Röhre der erste Eisenbahntunnel durch den Mont Cenis zwischen Modane und Bardonecchia verwirklicht, womit ab Januar 1872 eine schnellere Verbindung zwischen London und Brindisi ermöglicht wurde.

Der Eisenbahntunnel am Gotthard wurde also ein Werk von europäischer Bedeutung und hatte nach der Einweihung am 22.-23. Mai 1882 auch bedeutende Auswirkungen auf die nördliche Gotthardregion, noch mehr aber auf die Tessiner Täler. Die neue Bahninfrastruktur hatte somit Einfluss auf die Landschaft und war Auslöser für die Entstehung und Weiterentwicklung von wichtigen wirtschaftlichen und touristischen Unternehmen. Unter anderem wurden auch zahlreiche Regionalbahnen, lokale Strassen- und Standseilbahnen errichtet.

Diese Veränderung erfolgte innerhalb kurzer Zeit, denn Ende des 19. Jahrhunderts waren die Strassen noch wenig ausgebaut, auch die für den internationalen Verkehr benutzten Hauptstrassen.
Die Menschen gingen meistens zu Fuss, da nur die Privilegierten es sich leisten konnten, mit eigenem Pferd oder eigener Kutsche zu reisen oder eine der wenigen lokalen Postkutschen zu benutzen.

Oben: die erste Dampfbahn, die 1825 von Darlington nach Stockton fuhr, auf einem Druck von J.R. Brown

Unten: ein Ford Modell T von 1908

Nächste Seite: das erste elektrische Tram in Lugano

Neue Bedürfnisse im Personen- und Güterverkehr im Tessin

Bei einer Bevölkerung von zirka 146'000 Einwohnern im Jahr 1900 (160'000 im Jahr 1940) war der Fahrzeugbestand wirklich sehr klein, da das Auto noch ein experimentelles Transportmittel war. Dessen Massenproduktion begann erst 1908 das US-amerikanische Unternehmen Ford.

Die finanziellen Mittel für den Kauf eines Autos waren stark begrenzt, und das erklärt auch, warum 1920 im ganzen Kanton Tessin nur 237 Autos und sehr wenige Lastwagen zirkulierten. 1929 stieg der Bestand auf 1'619 Autos und 544 Lastwagen an. Auch die Anzahl der für den öffentlichen Verkehr zugelassenen Fahrzeuge war damals noch sehr niedrig. Erst 1950 gab es im Tessin fast 6'000 zugelassene Autos sowie 2'300 Lastwagen. Das zunehmende Mobilitätsbedürfnis der Bevölkerung konnte daher nur vom öffentlichen Verkehr und vor allem von der Eisenbahn befriedigt werden.

Der erste grosse Touristenstrom kam vorwiegend aus dem Norden. Er führte nicht nur zum Bau von Hotels in den Tourismusorten Lugano, Locarno und in kleinerem Ausmass auch in Faido, sondern trug auch massgeblich zur gesamten Entwicklung dieser Zentren bei. Als Folge entstand auch bei den Bewohnern der abgelegeneren Ortschaften der Wunsch, in den wachsenden Tourismusorten Arbeit zu finden oder ihre landwirtschaftlichen und handwerklichen Produkte regelmässig auf den Wochenmarkt zu bringen. Der Warentransport auf den oft von Ochsen gezogenen Wagen war sehr langsam und man konnte keine zu schweren Waren transportieren; die Idee von regionalen und lokalen Bahnverbindungen fand in vielen Tälern im Tessin daher grossen Anklang.

Regionalbahnen, Standseil- und Strassenbahnen

In den 41 Jahren nach der Eröffnung der Gotthardlinie von 1882 bis 1923 wurden folglich im Tessin und in der italienischen Grenzregion 30 neue Transportlinien gebaut: 9 Standseilbahnen, 4 Strassenbahnen und 17 Eisenbahnen, die einerseits die Bedürfnisse der Dorfbewohner befriedigten und dem Warentransport dienten, andererseits aber auch immer mehr für die Touristen gedacht waren, die auf diese Weise die Umgebung der Tourismusorte bequemer auskundschaften konnten.

Im gleichen Zeitraum versuchten auch die drei Schifffahrtsgesellschaften am Lago Maggiore, am Luganersee und am Comersee, die bereits Personen- und Warentransport anboten, von den neuen Möglichkeiten der Eisenbahn zu profitieren und ihr Angebot zu erweitern, oft mit einem kombinierten Zug-Schiff-Transport.

Oben: *der Bahnhof Menaggio an der Strecke nach Porlezza sowie das 1910 in Dienst gestellte Schiff «Lugano 1»*
Unten: *die Standseilbahn Santa Margherita-Lanzo d'Intelvi (Italien)*

Nächste Seite, im Uhrzeigersinn: *Standseilbahnen in Lugano: zum Bahnhof, zum Monte Brè, zum Monte San Salvatore und diejenige «degli Angioli»*

Die Schifffahrtsgesellschaft am Luganersee änderte bereits 1882 ihren Namen auf Schifffahrts- und Eisenbahn-Gesellschaft für den Luganersee, weil sie zwei Eisenbahnstrecken bauen wollte, die den Comersee über den Luganersee mit dem Lago Maggiore verbanden. 1884 wurde die Dampfeisenbahn von Menaggio nach Porlezza eröffnet und 1885 diejenige von Ponte Tresa nach Luino.
An der Endstation von Porlezza wartete ein Dampfschiff und brachte die Reisenden zum Bahnhof Ponte Tresa, von wo man mit dem Zug bis Luino weiterfahren konnte. Die Schifffahrtsgesellschaft konnte somit einer stets zunehmenden touristischen Kundschaft eine direkte Verbindung zwischen den beiden grossen Seen anbieten.
Als weiteres Beispiel für die Bedeutung der neuen Verbindungen galt die Standseilbahn von Santa Margherita nach Lanzo d'Intelvi (Italien) hinauf. Sie war die einzige moderne Verbindung zu diesem Grenzort auf 900 m Höhe, welcher nur dank der Schifffahrtsgesellschaft und einer regelmässigen Haltestelle bei Santa Margherita zugänglich wurde.

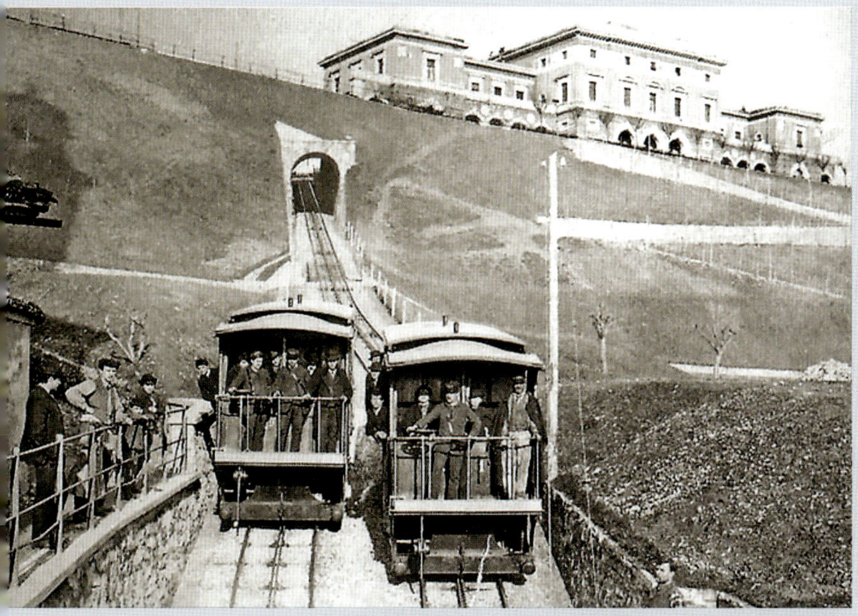

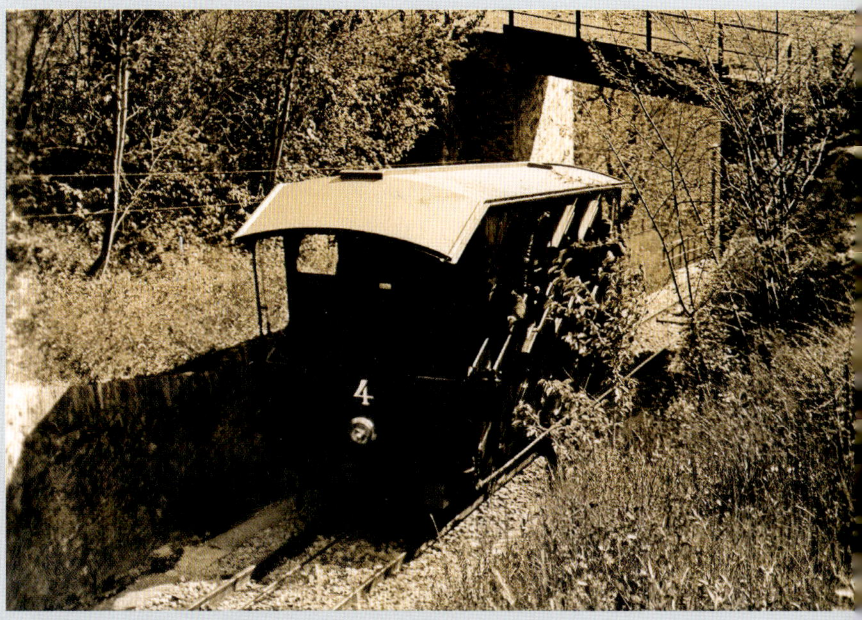
4

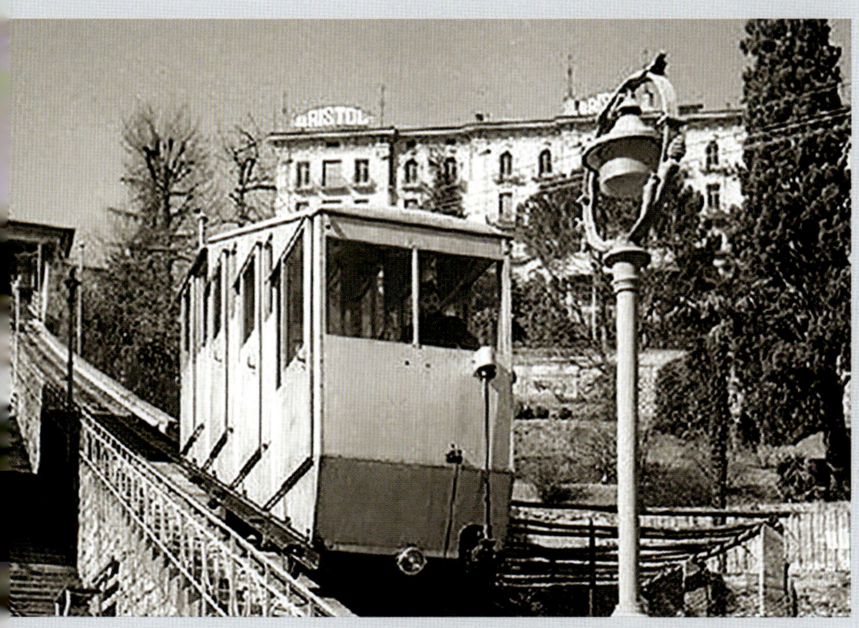
BRISTOL

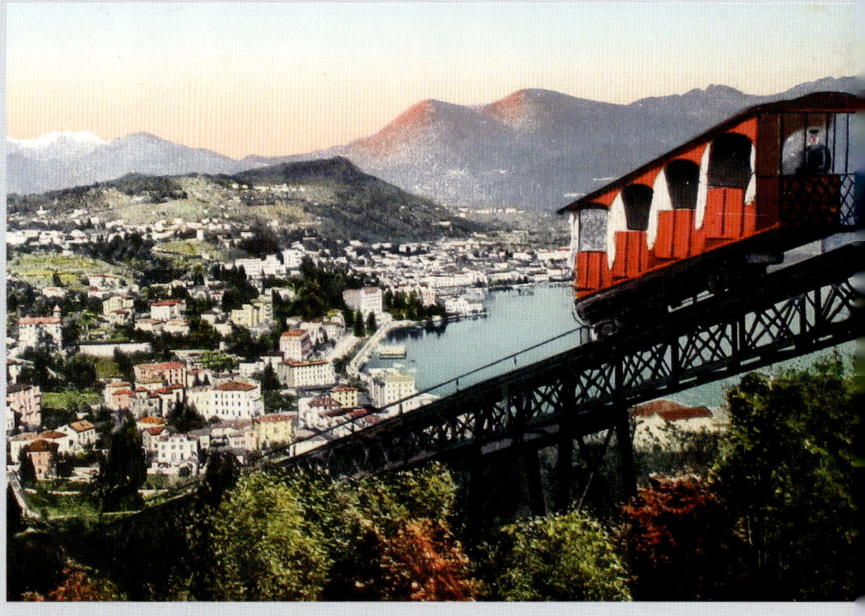

MONTE GENEROSO
HÔTEL ET RESTAURANT
GENEROSO-KULM
HÔTEL Mt GENEROSO
CHEMIN DE FER À CRÉMAILLÈRE
(SYSTÈME ABT)
Chemin de fer du Monte Generoso. • HORAIRE DU 15 JUIN 1903
POINT DE DÉPART: CAPOLAGO
MONTÉE
DESCENTE
STATIONS
Generoso-Kulm
Bellavista
Capolago - Gare du Lac
FREY & FILS, ZÜRICH

Oben, im Uhrzeigersinn: *Strassenbahn Chiasso-Riva San Vitale, Regionalbahnen Lugano-Cadro-Dino, Lugano-Tesserete und Lugano-Ponte Tresa, die einzige heute noch in Betrieb*
Vorherige Seite oben: *Plakat der Monte Generoso Zahnradbahn aus dem Jahre 1909*
Unten: *die Monte Generoso-Bahn an der Talstation Capolago*

Seite 156 oben: *Plakat der Standseilbahn Locarno-Madonna del Sasso*
Unten: *Abnahmeprüfung der Standseilbahn Locarno-Madonna del Sasso 1906*

Seite 157: *die Centovalli-Bahn Locarno-Domodossola im Winter*

ORARIO ESTIVO
FUNICOLARE
LOCARNO
MADONNA DEL SASSO
LAC MAJEUR-SUISSE

In Como konnten dank dem Bau der Standseilbahn Como-Brunate nicht nur die Bewohner schneller in die Stadt hinuntergelangen, sondern sie wurde zugleich zur touristischen Attraktion.

In der Tessiner Region Sopraceneri wurde die neue Standseilbahn Ritom einige Jahre lang vor allem zum Waren- und Personentransport beim Bau des Staudamms des Ritomsees verwendet.

Die Eisenbahn Biasca-Acquarossa erleichterte die Arbeit der Schokoladefabrik Cima Norma von Dangio. 1936 wurden 4'553 Tonnen Waren in fabrikeigenen Waggons transportiert.

Die Eisenbahn im Misoxtal blieb nur für die Industrietätigkeit des südlichen Teils des Misox in Betrieb, während die Bahn Locarno-Bignasco Granit oder Marmor aus den Steinbrüchen der Täler transportierte. Die wichtige internationale Linie Locarno–Domodossola etablierte sich als die schnellste Verbindung vom Tessin ins Wallis und zur Genferseeregion.

Die Linie ins Valmoreatal blieb 1926-1928 nur bis Mendrisio in Betrieb, da die faschistische Regierung in Italien beschlossen hatte, das Gleis in Santa Margherita di Stabio mit einem Grenztor zu verschliessen. In Italien wurde die Linie später deklassiert, als 1952 der Passagierverkehr und 1977 nach Schliessung der grossen Papierfabrik von Cairate auch der Warenverkehr eingestellt wurde.

Die Bevölkerungszunahme der Städte Lugano, Locarno und Como führte auch zum Bau eines Tramnetzes in den Stadtzentren, einerseits für die Bevölkerung und andererseits für die Touristen, während einige Standseilbahnen nur gebaut wurden, um Touristen zu den schwer erreichbaren Hotels zu bringen. Dasselbe galt für die Bahn Capolago-Monte Generoso, die von den Besitzern des Hotels Bellavista unterstützt wurde, oder die kleine Standseilbahn degli Angioli von Lugano, mit der man zuerst nur zum Hotel Bristol im oberen Stadtteil gelangen konnte und später auch zu weiteren Hotels.

Die Standseilbahn vom Zentrum in Lugano zum Bahnhof hatte zum Ziel, den Zugang der Gotthardbahn zu erleichtern. Dagegen verbanden die Bahnen Lugano-Tesserete und Lugano-Cadro-Dino das Stadtzentrum mit den umliegenden Gemeinden, während die Strecke Lugano-Ponte Tresa bis heute auch die italienische Grenze erreicht.

Die Standseilbahn Locarno-Madonna del Sasso wurde gebaut, um mit geringerem Aufwand die berühmte Pilgerkirche sowie Orselina zu erreichen, indem sie direkt mit dem Bahnhof Locarno verbunden wurden. Nach dem Ersten Weltkrieg hatten einige dieser Bahnen so grosse finanzielle Probleme, dass die Unternehmen geschlossen werden mussten. Leider dauerte diese Notlage auch wegen der Umwälzungen und Gefahren während des Zweiten Weltkriegs an.

Postauto und Eisenbahn Biasca-Acquarossa 1911

Rechts: Plakat der Bahn Bellinzona-Mesocco

Nächste Seite im Uhrzeigersinn: die Bahnen Bellinzona-Mesocco, Locarno-Bignasco - die so genannte «Valmaggina»-, eine der ersten Standseilbahnen am Ritomsee, am Bahnhof Locarno: die Centovalli-Bahn, die Valmaggia-Bahn und zwei städtische Trams

Aufgrund der zunehmenden Anzahl von Autos im Kanton wurde das Strassennetz in den 1930er Jahren durch den Bau von asphaltierten Straßen verbessert. Die Anzahl der Autos stieg von 6'000 Fahrzeugen im Jahr 1950 auf 64'000 in den 1960er Jahren.

Die Schliessung der meisten Bahnlinien, mit Ausnahme der Linien Locarno-Domodossola, Lugano-Ponte Tresa und Cadenazzo-Luino, erfolgte insbesondere aufgrund sinkender Passagierzahlen und damit verbundener zu hoher Betriebskosten, der zunehmenden Zahl von Privatautos und dem Ausbau des öffentlichen Verkehrs mit Autobus- und Strassenbahnverbindungen. Heute, im Jahr 2018, fast 140 Jahre nach der Eröffnung der Gotthardlinie, befinden sich die meisten Standseilbahnen sich noch in Betrieb. Sogar die Bahn von Santa Margherita nach Lanzo d'Intelvi soll bis 2023 wieder in Betrieb genommen werden. Die Tramlinien südlich des Gotthards sind nach und nach verschwunden oder durch Autobusse ersetzt worden, aber sie werden vor allem im Raum Lugano als innerstädtisches Transportmittel wieder aktuell.

Anders verlief es in den Städten Basel, Bern und Zürich, wo die Tramlinien im Stadtzentrum erhalten und immer weiter ausgebaut wurden.
Ein Fall für sich bleibt Genf: In den 1960er Jahren waren ausser einer Linie keine Trams mehr in Betrieb, jedoch wurden sie seit Ende der 1990er Jahre wieder eingeführt und das Liniennetz seither kontinuierlich ausgebaut.

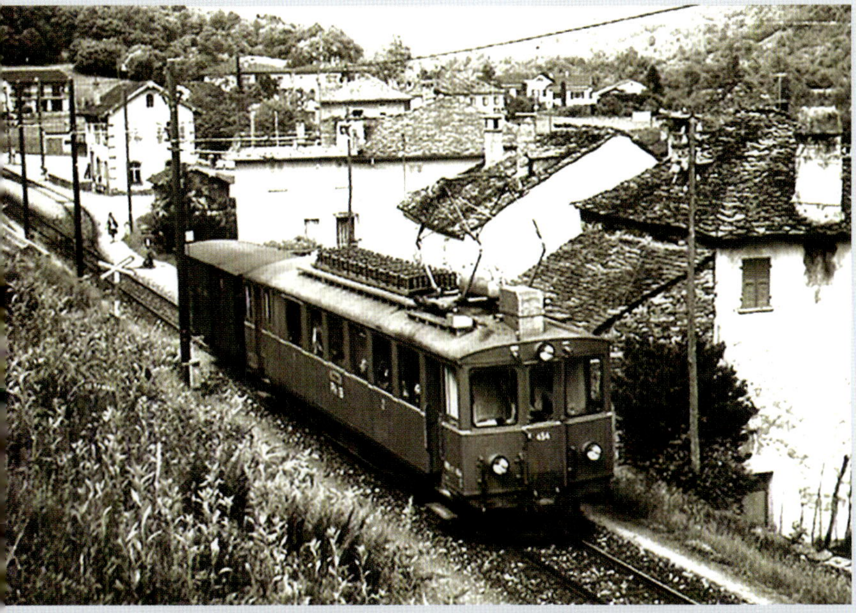

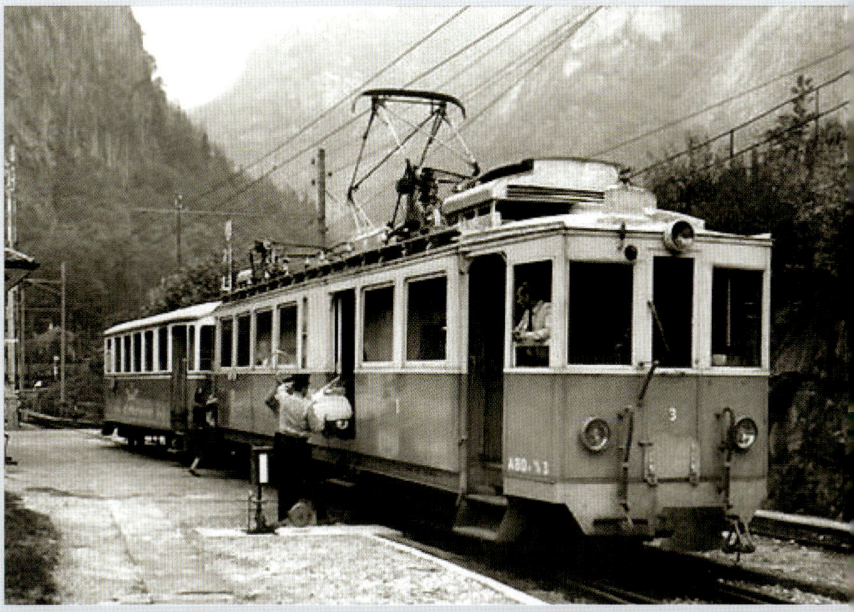

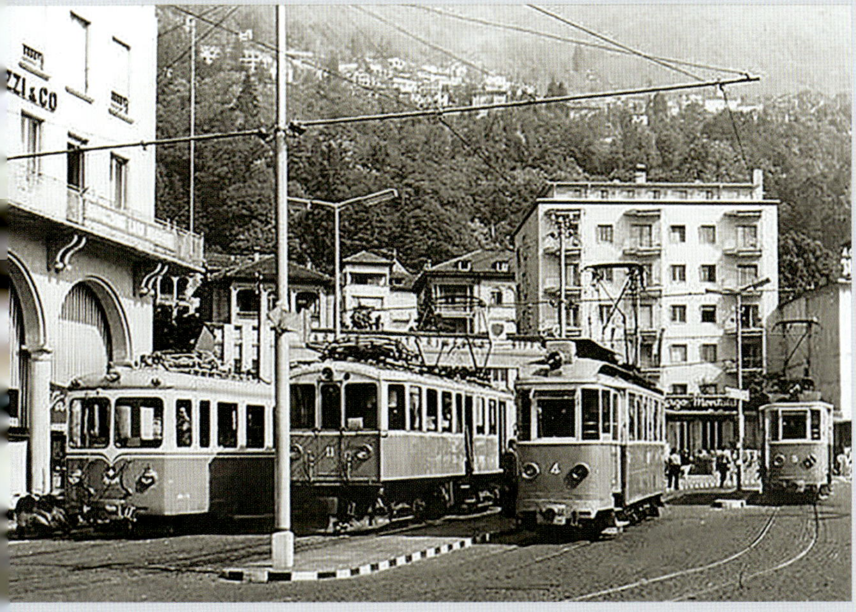

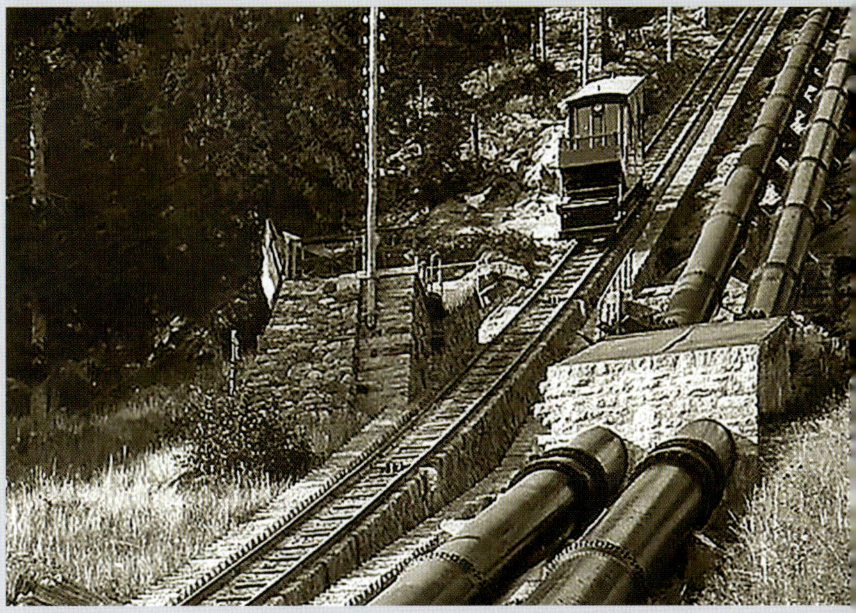

Eisenbahnen, Standseil- und Strassenbahnen im Tessin und in der Regio Insubrica

	Betriebsbeginn	Betriebsende	Länge der Linie Km
Funicolare del Ritom	1917 / 1921	in Betrieb	1.369
Funicolare Locarno-Madonna del Sasso	1906	in Betrieb	0.825
Funicolare Lugano-Stazione[1]	1886	in Betrieb	0.220
Funicolare degli Angioli Lugano	1913	1986	0.145
Funicolare Monte San Salvatore	1890	in Betrieb	1.660
Funicolare Monte Brè (Cassarate-Suvigliana)	1908	in Betrieb	0.208
Funicolare Monte Brè (Suvigliana-Monte Brè)	1912	in Betrieb	1.413
Ferrovia Biasca-Acquarossa	1911	1973	13.8
Ferrovia Bellinzona-Mesocco [2]	1907	1972 / 2013	31.3
Ferrovia Gambarogno-Bellinzona-Luino	1882	in Betrieb	30
Ferrovia Locarno-Bignasco	1907	1965	27
Ferrovia Locarno-Domodossola	1923	in Betrieb	52
Tramvie di Locarno	1908	1960	4.1
Tramvie di Lugano	1896	1959	4.7
Ferrovia Lugano-Tesserete	1909	1967	8
Ferrovia Lugano-Cadro-Dino [3]	1911	1970	8
Ferrovia Lugano-Ponte Tresa	1912	in Betrieb	12.2
Tramvia Chiasso-Mendrisio-Riva S. Vitale	1910	1951	12
Ferrovia Capolago-Monte Generoso	1890	in Betrieb	8.99
Ferrovia Chiasso-Milano	1876	in Betrieb	51
Ferrovia Mendrisio-Castellanza-Valmorea [4]	1904 / 1926	1952 / 1977	36
Funicolare S. Margherita-Lanzo d'Intelvi [5]	1907	1977	1.475
Ferrovia Porlezza-Menaggio	1884	1939	12
Ferrovia Ponte Tresa-Luino	1885	1944 / 1948	12.2
Ferrovia Ghirla-Ponte Tresa	1914 / 1915	1953	9.9
Ferrovia Porto Ceresio-Varese [6]	1894 / 2017	2009	14
Tramvia Como-Cernobbio-Maslianico-Ponte Chiasso	1910 / 1913	1922	11.5
Funicolare di Brunate (Como)	1894	in Betrieb	1.074
Ferrovia Como-Varese	1885	1966	18
Ferrovia Varese-Luino	1905	1955	25

Antrieb	Art der Bahn	Zweck	Bemerkungen
elektrisch	Standseilbahn	Staudammbau	Tourismus
elektrisch	Standseilbahn	Lokaltransport	Tourismus
Wasser/elektrisch	Standseilbahn	Lokaltransport	Tourismus
elektrisch	Standseilbahn	Tourismus	Hotel
elektrisch	Standseilbahn	Tourismus
elektrisch	Standseilbahn	Lokaltransport	Tourismus
elektrisch	Standseilbahn	Lokaltransport	Tourismus
elektrisch	Eisenbahn	Gütertransport	Lokaltransport	Tourismus
elektrisch	Eisenbahn	Gütertransport	Lokaltransport	Tourismus
elektrisch	Eisenbahn	Gütertransport	Lokaltransport	Tourismus
elektrisch	Eisenbahn	Gütertransport	Lokaltransport	Tourismus
elektrisch	Eisenbahn	Gütertransport	Lokaltransport	Tourismus
elektrisch	Tram	Lokaltransport	Tourismus
elektrisch	Tram	Lokaltransport	Tourismus
elektrisch	Eisenbahn	Lokaltransport	Tourismus
elektrisch	Eisenbahn/Tram	Lokaltransport	Tourismus
elektrisch	Eisenbahn	Gütertransport	Lokaltransport	Tourismus
elektrisch	Tram	Lokaltransport	Tourismus
Dampf/elektrisch	Zahnradbahn	Tourismus	Hotel
Dampf/elektrisch	Eisenbahn	Lokaltransport	Tourismus
elektrisch	Eisenbahn	Gütertransport	Lokaltransport	Tourismus
elektrisch	Standseilbahn	Gütertransport	für Tourismus
Dampf/elektrisch	Eisenbahn	Gütertransport	Lokaltransport	Tourismus
Dampf/elektrisch	Eisenbahn	Gütertransport	Lokaltransport	Tourismus
Dampf/elektrisch	Eisenbahn	Gütertransport	Lokaltransport	Tourismus
Dampf/elektrisch	Eisenbahn	Gütertransport	Lokaltransport	Tourismus
elektrisch	Tram	Gütertransport	Lokaltransport	Tourismus
Wasser/elektrisch	Standseilbahn	Gütertransport	Lokaltransport	Tourismus
Dampf/elektrisch	Eisenbahn	Lokaltransport	Tourismus
Dampf/elektrisch	Eisenbahn	Lokaltransport	Tourismus

1) Von 1886 bis 1954 erfolgte der Antrieb mit Wasserballast: Der obere Wagen wurde mit Wasser beladen und zog den anderen Wagen am Seil hinauf. Unten angekommen wurde das Wasser entladen. 1954 elektrifiziert

2) 1972 garantierte die Bahn einen Gütertransport nur von Castione-Arbedo, der 1978 von Cama nach Mesocco aufgehoben wurde. 1993-2013 gab es Passagiertransport für Tourismus

3) Zirkuliert auch als Tram zwischen Lugano und Viganello

4) 1952 Ende des Passagiertransports, 1977 Ende des Gütertransports, teilweise Wiederinbetriebnahme 2007 zwischen Santa Margherita di Stabio und Malnate mit historischen Dampfzügen, auf Anfrage vom Club San Gottardo in Mendrisio angeboten

5) Wurde für den Tourismus eröffnet, mit Anschluss an die Schiffe der «Società di navigazione del Lago di Lugano», aber auch für die Einheimischen. Mögliche Wiederinbetriebnahme 2023

6) Linie in Betrieb bis 2009, komplett erneuert und seit Dezember 2017 wieder in Betrieb genommen

Eisenbahnen, Standseil- und Strassenbahnen nördlich des Gotthards

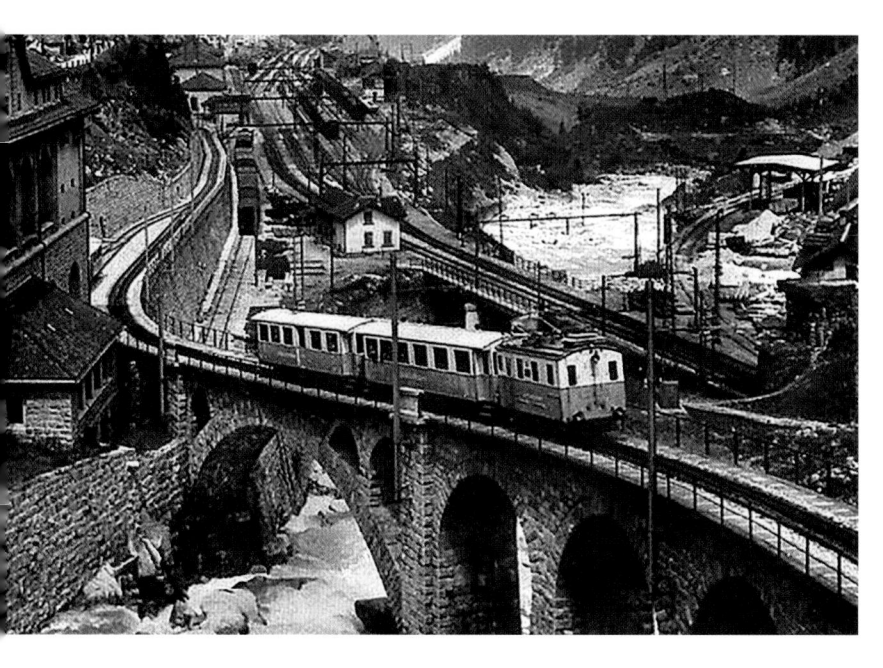

Auch nördlich der Alpen führte der Bau des Gotthardtunnels zum Ausbau des Schienennetzes, um die Bedürfnisse des Lokalverkehrs und der Touristen zu erfüllen.

Viele Linien wurden hauptsächlich gebaut, um die Städte Luzern und Zürich mit der Gotthardlinie zu verbinden und die Erreichbarkeit dieser Zentren von und in die restliche Schweiz zu verbessern. Zu diesem Zweck wurde 1882 die Strecke zwischen Erstfeld und Immensee gebaut, mit der 1897 fertiggestellten Fortführung bis Luzern. Im gleichen Jahr wurde auch die Strecke Arth-Goldau–Zug–Thalwil–Zürich eingeweiht, während eine Verbindung zwischen Arth-Goldau und Rapperswil schon 1878 geplant und ab 1891 mit der Südostbahn umgesetzt wurde.

Schöllenen-Bahn in der Nähe des Nordportals des Gotthardtunnels

Nördlich des Gotthardmassivs wurden grosse Summen in den Bau von Linien mit besonders schwieriger Streckenführung investiert, um die westlichen Regionen der Schweiz mit den östlichen zu verbinden.

So entstand 1915 die Furkalinie, welche vor allem die Stadt Brig im Oberwallis mit Andermatt und mit Disentis verband und am Oberalppass von der Rhätischen Bahn befahren wurde, einer 1888 im Graubünden gegründeten Bahngesellschaft. Zu Beginn war die Strecke 97 km lang und es gab darin vier Teilstrecken mit Zahnradantrieb. Die ersten Unternehmen stiessen auf erhebliche Schwierigkeiten.

Insbesondere stellte sich heraus, dass der Durchbruch des Furkatunnels schwieriger und teurer als geplant war. 1924 übernahm eine neue Gesellschaft alle bisher erstellten Bauten für eine symbolische Summe und konnte ab 3. Juli 1926 mit Unterstützung des Bundes und der interessierten Kantone endlich die Strecke von Brig nach Disentis mit Dampfeisenbahn anbieten, welche später elektrisch betrieben wurde.

Nächste Seite links: die Furkabahn in Gletsch; im Hintergrund der Rhonegletscher

Rechts: ein Personenzug der FOB auf dem Oberalppass

Unten: die Erlebniswelt der Dampfbahn Furka-Bergstrecke im Gotthardgebiet

Einige Jahre später, 1930, wurde ein weiteres Abkommen mit dem Unternehmen getroffen, das die Bahn zwischen Brig und Zermatt betrieb, sodass man 1933 der Öffentlichkeit direkte Bahnverbindung zwischen St. Moritz in Graubünden und Zermatt im Wallis bieten konnte. In den Wintermonaten blieb die Furkalinie immer eine unsichere Verbindung, da sie am Oberalppass bis auf 2'000 Meter und am Furkapass bis auf über 2'150 Meter stieg. Eine Teilstrecke musste somit im Winter immer gesperrt werden.

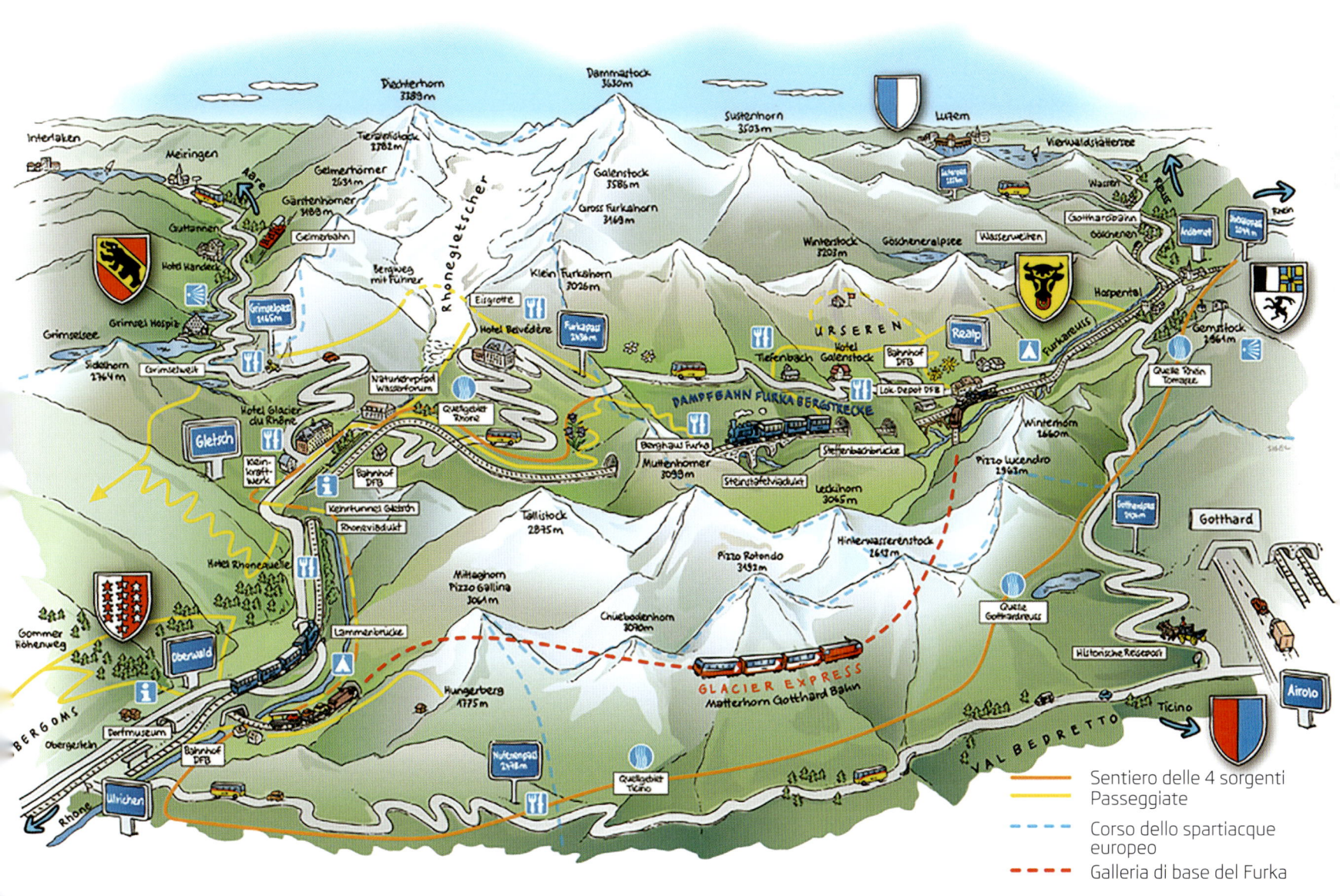

Sentiero delle 4 sorgenti
Passeggiate
Corso dello spartiacque europeo
Galleria di base del Furka

Die Haltestelle am Brünigpass der Bahn Luzern-Interlaken, gegen 1900

Nächste Seite: *Plakat der Furka-Oberalp-Bahn, von Daniele Buzzi, 1926*

Deshalb wurde unter dem Furkapass ein Tunnel von 15.4 Kilometern Länge gebaut und 1982 eröffnet, damit endlich eine ganzjährige Fahrt zwischen dem Kanton Uri und dem Wallis ohne Wintersperre möglich wurde – sogar mit Autoverlad zwischen Realp und Oberwald.
Auf die Gesellschaft, die 1961 das kleine Privatunternehmen von der Schöllenenbahn Göschenen-Andermatt übernommen hatte, folgte 2002 die Matterhorn-Gotthard-Bahn.
Die alte Furka-Bergstrecke mit Dampfbahn und Zahnradantrieb wurde 1987 vom Verein Dampfbahn Furka Bergstrecke (DFB) übernommen, die im Sommer erlebnisreiche Reisen bietet.
Für die Strecke zwischen Zermatt und St. Moritz braucht der schnellste Zug etwas mehr als sieben Stunden und man fährt dabei über 291 Brücken, durch 91 Tunnels, steigt bis auf 2'033 Meter am Oberalppass und kommt via Tunnel über den Furka- und den Albulapass.

Ein weiterer grossartiger Bau ist die 74 Kilometer lange Brünigbahn, die Luzern und Interlaken im Kanton Bern verbindet. Diese Bahn wurde zwischen 1888 und 1916 etappenweise fertiggestellt.
Die Linie war in der Öffentlichkeit sofort sehr beliebt und wurde zu Beginn des Zweiten Weltkriegs elektrifiziert, wobei 16 Elektroloks angeschafft wurden, die sowohl auf den normalen Gleisen als auch auf der Zahnradstrecke fahren konnten. Die der SBB gehörende Bahn wurde im Jahre 2005 mit der Luzern-Stans-Engelberg-Bahn zur heute bestehenden Zentralbahn, als Tochtergesellschaft der SBB, fusioniert. Damals wurden noch andere wichtige Bahnverbindungen gebaut: die Aargauische Südbahn, die Bahn zwischen Bern und Luzern (um mit einer zusätzlichen Linie auch die französischsprachige Schweiz mit der Zentralschweiz und dem Süden der Schweiz zu verbinden), eine Linie zwischen Jura und Bern sowie weitere Nebenlinien.

In einigen Städten begannen auch die ersten Trams zu fahren: ab 1882 in Zürich und ab 1899 in Luzern. Auch lokale Verbindungen entstanden, wie das Tram zwischen Altdorf und Flüelen, das von 1906 bis 1951 in Betrieb war, das Tram zwischen Kriens und Luzern von 1886 bis 2009, in Stans ab 1898 und das Tram zwischen Schwyz und Seewen, das von 1900 bis 1912 in Betrieb war.
Noch eindrücklicher sind die vielen Standseilbahnen, die rund um die Gotthardlinie gebaut wurden, vor allem um den Bedarf eines rasch wachsenden Tourismussektors zu befriedigen.

SCHWEIZ VON DER RHONE zum RHEIN
FURKA · OBERALP · BAHN

Oben: Plakat und Fahrplan von 1898 mit dem grossen Hotel am Bürgenstock

Unten: die Standseilbahn auf den Bürgenstock mit dem Pilatus im Hintergrund

Nächste Seite links: zwei Plakate der Standseilbahn auf die Rigi für den Sommer- und Winterbetrieb

Rechts: allegorische Lithografie der Rigibahn

Eine besondere Geschichte zeigt sich bei der Erschliessung der Rigi. Ab 1871 hätte eine erste Bahn von Vitznau auf den 1'798 m hoch gelegenen Gipfel der Rigi führen sollen.
Die Bauarbeiten wurden jedoch an der Luzerner Kantonsgrenze gestoppt, weil auch eine Bewilligung des Kantons Schwyz für die Weiterführung nötig war.

Die Baubewilligung der letzten Teilstrecke ab Staffelhöhe wurde aber erst erteilt, als auch eine Strecke von Arth (heute Bahnhof Arth-Goldau) fertiggestellt war, denn einige Bürger von Arth fürchteten, dass sie vom Tourismusstrom auf die Rigi ausgeschlossen würden, wenn es nur die Linie Vitznau-Rigi mit dem Zugang vom Kanton Luzern gäbe. Die beiden Linien wurden 1873 gleichzeitig in Betrieb genommen und verliefen parallel auf der letzten Strecke bis zur Gipfelstation Rigi Kulm. Anfangs war es eine Dampfbahn mit Zahnradgleis. 1907 wurde die Linie von Arth elektrifiziert, während diejenige von Vitznau her bis 1937 warten musste, bis sie auf den neuen Elektroantrieb umgestellt wurde. Während die eine Zahnradbahn von Arth den Vorteil geniessen konnte, dass sie direkt an der Gotthardlinie startete, nutzte die andere von Vitznau die Anschlussmöglichkeiten zu den Schiffen auf dem Vierwaldstättersee.

Eine Zahnradbahn mit maximaler Steigung von 48% führt auch von Alpnach hinauf zur Spitze des Pilatus, also auf 2'132 m, und ist eine wichtige Tourismusattraktion für die Stadt Luzern und die Kantone Nidwalden und Obwalden, denn von diesem Gipfel hat man eine herrliche Aussicht auf die wunderbare Region um den Vierwaldstättersee.

Eine weitere Standseilbahn führt von der Schiffsstation Kehrsiten auf den Bürgenstock. Sie wurde vom Hotelpionier und Besitzer Josef Bucher-Durrer initiiert. Er erhielt 1886 die Baubewilligung für eine elektrische Standseilbahn, damit seine Gäste die Hotels auf 874 Metern leichter erreichen konnten. Diese Standseilbahn war bis 2011 jeweils im Sommer in Betrieb, blieb dann einige Jahre geschlossen und wurde 2017 mit erneuerter Anlage und komplett neuen Wagen für den ganzjährigen Betrieb wiedereröffnet.

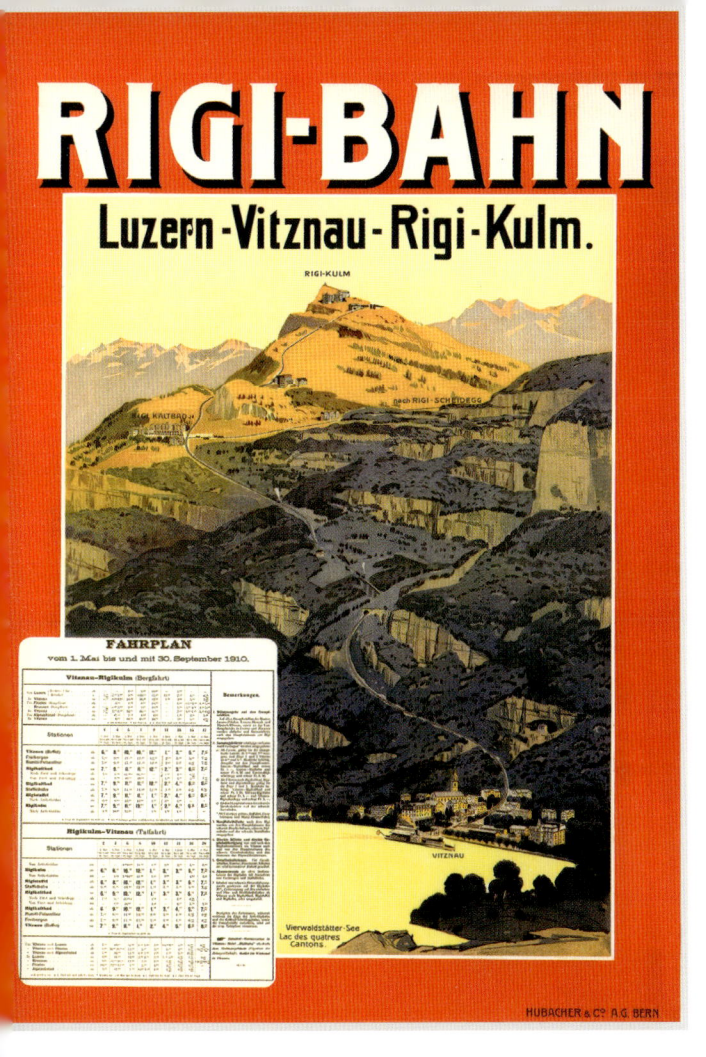

Zu guter Letzt soll noch auf die Stanserhorn-Bahn hingewiesen werden, die 1893 eingeweiht wurde und zu einem Gipfelhotel bei der Bergstation führte. Sie war wegen der extrem langen Strecke von vier Kilometern in drei Sektionen unterteilt.

Die erste Sektion begann bei der Station Stans (450 m) mit einer maximalen Steigung von 27.5%; die zweite Sektion führte bis zur Alp Blumatt (1'220 m) mit einer maximalen Steigung von 60%; die dritte Sektion stieg zur Bergstation auf 1'850 m.

Im Oktober 1970 führte ein Blitzschlag zum Brand und zur völligen Zerstörung des Berghotels und der Bergstation.

Die zweite und dritte Sektion wurden durch eine Luftseilbahn ersetzt, wobei seit 2012 auch auf der 3. Sektion die so genannte Cabrio-Bahn mit doppelstöckigen Kabinen fährt, wo man via Wendeltreppe auf das offene Oberdeck für 30 Personen gelangt und einen herrlichen Rundblick auf die Umgebung geniesst.
Anstelle des Hotels befindet sich heute auf dem Gipfel ein Drehrestaurant mit Panoramablick.

Eisenbahnen, Standseil- und Strassenbahnen nördlich des Gotthards

	In Betriebnahme	Ausser Betrieb	Länge in Km	Technisches System	Typ der Bahn
Altdorf-Flüelen	1906	1951	3.1	elektrisch	Tram/Bus
Arth-Rigi-Bahn	1873	1992	8.55	dampf/elektrisch	Zahnradbahn
Rigibahn	1871	1992	6.975	dampf/elektrisch	Zahnradbahn
Rigi-Kaltbad-Scheidegg-Bahn	1875	1931	6.747	dampf	Schmalspur
Rigibahnen	1992	in Betrieb	15.4	elektrisch	Zahnradbahn
Bürgenstockbahn	1888	1966	0.94	elektrisch	Standseilbahn
Bürgenstockbahn	1966	in Betrieb	0.944	elektrisch	Standseilbahn
Brig-Furka-Disentis	1915	1925	97	dampf	Schmalspur
Schöllenenbahn	1917	in Betrieb	3.8	elektrisch	Schmalspur
Furka-Oberalp	1925	2003	100.65	dampf/elektrisch	Schmalspur
Bötzbergbahn	1875	1902	65.9	dampf	Normalspur
Visp-Zermatt-Bahn	1890	1961	35.08	dampf/elektrisch	Schmalspur
Brig-Visp-Zermatt	1961	2003	43.985	elektrisch	Schmalspur
Dampfbahn Furka-Bergstrecke	1987	in Betrieb	17.838	dampf	Schmalspur
Gütschbahn (Luzern)	1884	in Betrieb	0.173	Wasser/elektrisch	Schmalspur
Drahtseibahn Schwyz-Stoos	1933	in Betrieb	1.74	elektrisch	Standseilbahn
Engelberg-Gerschnialp-Bahn	1913	in Betrieb	0.512	elektrisch	Standseilbahn
Engelberg-Hotel Terrasse	1905	1993	0.133	elektrisch	Standseilbahn
Forchbahn	1912	in Betrieb	13.06	elektrisch	Strassenbahn
Fürigenbahn (NW)	1927	2005	0.276	elektrisch	Standseilbahn
Kriens-Luzern-Bahn	1886	2009	ca. 4	dampf	Normalspur
Dietschibergbahn (Luzern) [1]	1912	1978	1.24	elektrisch	Standseilbahn
Trambahn der Stadt Luzern	1899	1942	ca. 11	elektrisch	Tram
Sonnenberg-Bahn (Kriens-Sonnenberg)	1902	in Betrieb	0.839	elektrisch	Standseilbahn
Strassenbahn Luzern	1899	1961	ca. 11	elektrisch	Tram
Strassenbahn Stansstad-Stans	1893	1903	3.47	elektrisch	Schmalspur
Stansstad-Engelberg-Bahn	1898	1964	ca. 21.5	elektrisch	Schmalspur
Luzern-Stans-Engelberg-Bahn	1964	2005	24.78	elektrisch	Schmalspur
Pilatus-Bahn (Alpnachstad-Pilatus)	1889	in Betrieb	4.27	dampf/elektrisch	Zahnradbahn
Brünigbahn (Abschnitt Luzern-Alpnachstad)	1889	in Betrieb	13.2	dampf	Schmalspur/Zahnrad
Strassenbahn Schwyz-Seewen	1900	1912	7.1	elektrisch	Schmalspur
Schwyzer Strassenbahnen	1912	1922	7.1	elektrisch	Schmalspur
Seethalbahn	1883	1922	41.56	elektrisch	Normalspur
Stanserhornbahn	1893	in Betrieb	3.9	dampf/elektrisch	Standseilbahn
Aargauische Südbahn	1874	1902	61.96	dampf	Normalspur
Aargauische Südbahn [2]	1882	1902	7.5	dampf	Normalspur
Bern-Luzern-Bahn	1875	1884	83.959	dampf	Normalspur
Jura-Bern-Luzern	1884	1886	123	dampf	Normalspur
Erstfeld-Immensee	1882	1909	41.58	dampf	Normalspur
Immensee-Luzern	1897	1909	19.20	dampf	Normalspur
Arth-Goldau-Zug-Thalwil	1897	1909	32.89	dampf	Normalspur
Zürichsee-Gotthardbahn [3]	1878	1890	3.5	dampf	Normalspur
Schweizerische Nationalbahn	1875	1889	Netz	dampf	Normalspur

Nutzung	Hinweise
Lokalverkehr
Tourismus
Tourismus	heute Vitznau-Rigi-Bahn
Tourismus	Teil Rigi-Kaltbad bis Unterstetten am 14.7.1874 in Betrieb genommen
Tourismus	Fusion aus Arth-Rigi-Bahn und Vitznau-Rigi-Bahn
Tourismus
Tourismus	im Rahmen Hotelprojekt Bürgenstock ab 2017 erneuert
Tourismus	Lokalverkehr
Tourismus	Lokalverkehr	Verbindung Göschenen-Andermatt
Tourismus
Normalbetrieb Personen	Güter
Tourismus	Lokalverkehr
Tourismus	Lokalverkehr	später Matterhorn-Gotthardbahn
Tourismus	hervorgegangen aus Furka-Operalp nach Tunnelbau 1981
Tourismus	1884 Wasserballast	ab 1961 elektrisch	ab 2015 Umbau zu Schrägaufzug
Turismus	2017 erneuert
Tourismus	heute Teil der ausgebauten Titlisbahn
Tourismus
Lokalverkehr	heute verbunden mit VBZ (Verkehrsbetriebe Zürich)
Tourismus	Zufahrt zu Hotel (Projektüberlegungen zur Wiederbelebung)
Lokalverkehr	war Teil der Verkehrsbetriebe Luzern
Tourismus
Lokalverkehr	Verbindung Dietschibergbahn	Sonnenbergbahn
Tourismus
Lokalverkehr [4]
Tourismus	Lokalverkehr	ursprünglich Anschluss von Schifflände an Stanserhornbahn
Personen	Güter	Tourismus
Personen	Güter	Tourismus
Tourismus
Personen	Güter	Tourismus [5]
Lokalverkehr
Lokalverkehr	Anschluss an Gotthardbahn in Seewen
Personen	Güter	Anschlüsse in Luzern Gotthardbahn und Lenzburg Nordostbahn
Tourismus	urspünglich in 3 Sektionen	heute modernisiert [6]
Personen	Güter	Anschluss in Immensee an Gotthardbahn	heute v.a. Güterverkehr
Normalbetrieb Personen	Güter
Normalbetrieb Personen	Güter	heute SBB, Betrieb durch BLS
Normalbetrieb Personen	Güter	komplexe Fusionsgeschichte
Verbindung	Anschlusslinie Gotthardbahn
Verbindung	Anschlusslinie Gotthardbahn
Verbindung	Anschlusslinie Gotthardbahn inkl. Teilstrecke Zug-Arth-Goldau
Personen	Güter	Verbindung zu Gotthardbahn
Personen	Güter	Nachfolge Nordostbahn

Die Tabelle beinhaltet – in Darstellung eines Zeitabschnittes mit dichter Entwicklung - eine Übersicht von Bahnanlagen, welche um die Wende vom 19. zum 20. Jh. in Zusammenhang oder in Vernetzung mit der Gotthardbahn, im Umfeld des aufkommenden Tourismus oder von regionalen und lokalen Bedürfnissen entstanden. Die Aufstellung erhebt keinen Anspruch auf Vollständigkeit.

Recherchen und Bearbeitung durch Toni Häfliger und Erich Schmied mit Verwendung von Hans G. Wägli, *Schienennetz Schweiz* 3. Auflage 2010 und weiteren Quellen

Nördlich der Alpen wurden verschiedene Eisenbahnstrecken realisiert, um die Gotthardeisenbahnlinie mit dem bereits bestehenden Eisenbahnnetz zu verbinden

1) Die Verbindung zwischen der Dietschibergbahn und der Sonnenbergbahn wird später Teil des Luzerner Strassenbahnnetzes
2) Verbindung Immensee-Rotkreuz
3) Arth-Goldau-Rapperswil. Die ursprüngliche Strecke war 3.5 km lang zwischen Pfäffikon und Rapperswil. Seit 1891 ist sie Teil der Südostbahn
4) In weiten Teilen identisch mit der Trambahn der Stadt Luzern; sukzessive Ersatz durch Trolleybusse
5) 74 km 1888 Brienz-Alpnachstad
   1989 Brienz-Interlaken | Alpnachstad-Luzern
6) Seit 2012 bleibt die erste Strecke Standseilbahn, die beiden anderen sind durch Luftseilbahnen ersetzt

Schweizerische Bundesbahnen
Neue Zeiten

Texte von Fabrizio Viscontini

Die technischen Erneuerungen und der Autoverlad	172
Der Rangierbahnhof Chiasso und das Zollfreilager Punto Franco	176
Die Wirtschaftskrise der 1970er Jahre und die Konkurrenz des Strassenverkehrs	177
Die Eröffnung des Gotthard-Strassentunnels und die geplante doppelte Röhre	178

Verladen der Autos auf die Autozüge in Airolo

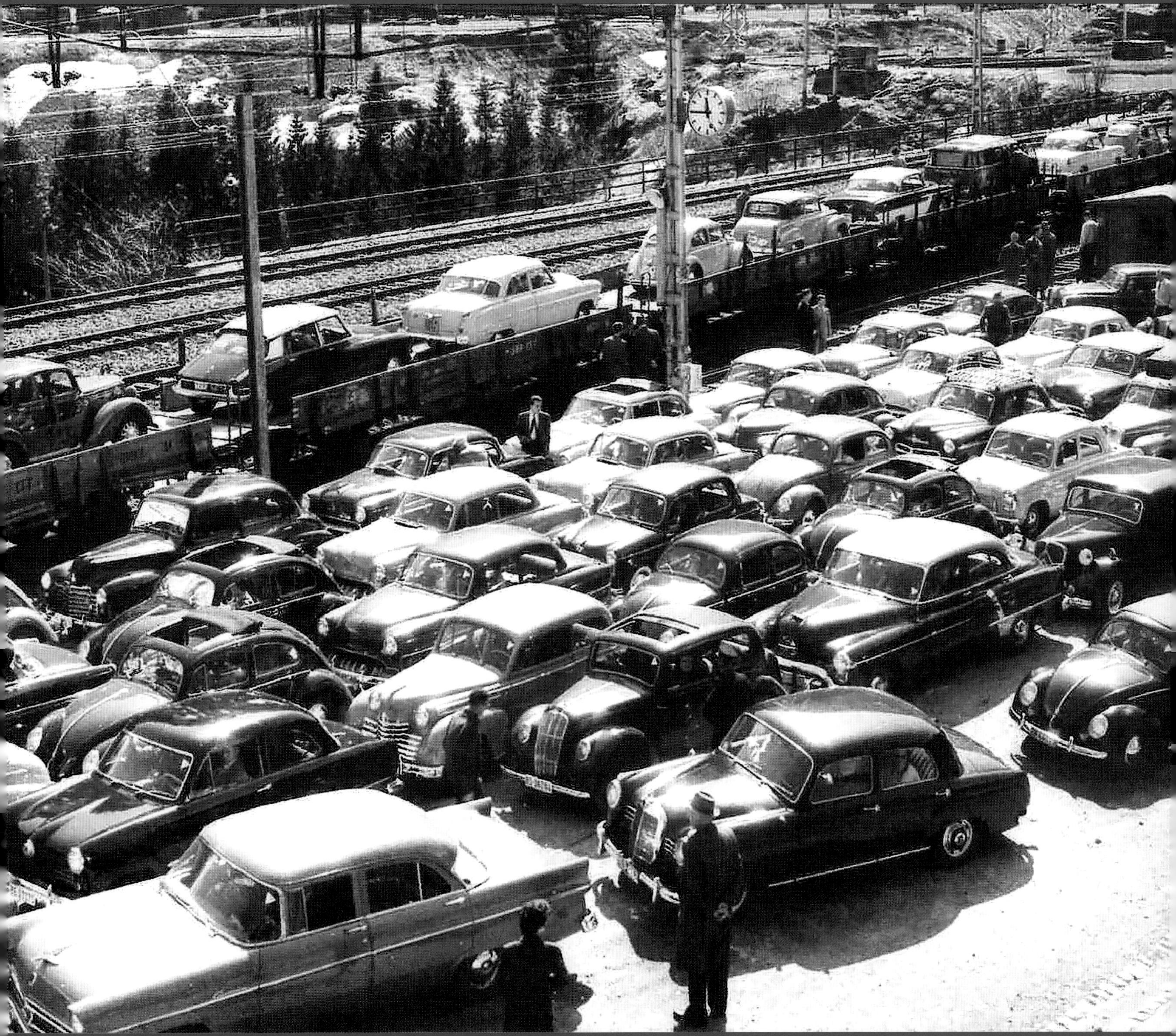

Die technischen Erneuerungen und der Autoverlad

Die Schweizerischen Bundesbahnen hatten in den 1930er Jahren wegen der Wirtschaftskrise nur beschränkten Spielraum, um den Bahnverkehr auf den damals noch eingleisigen Strecken der Gotthardlinie zu verbessern und flüssiger zu gestalten.
Einige infrastrukturelle Massnahmen wurden dennoch ausgeführt: Zwischen 1929 und 1933 wurde ein neuer Tunnel durch den Monte Ceneri gegraben, um die Linie auf Doppelspur auszubauen. Auch die Einspurstrecken Torricella–Lugano und Sisikon–Flüelen wurden zweigleisig. Zahlreiche Eingriffe wurden dann 1953-1966 vorgenommen, um das gesamte Netz auf beiden Seiten des Gotthards mit Doppelspurstrecken auszubauen. Ab 1952 wurde ein Programm zum Ersatz der Eisen-brücken gestartet, das 1977 vollendet wurde. Der Grund dafür war vor allem das Gewicht der neuen Elektrolokomotiven, aber auch die Tatsache, dass das verwendete Eisen leicht verformbar und die Instandhaltung der mit Nieten verbundenen Fachwerkkonstruktionen enorm aufwändig war.

Die neuen Brücken waren im Allgemeinen Bogenbrücken, deren Träger mit Granit verkleidet waren wie zum Beispiel die von Stalvedro in der Nähe von Airolo. Bei den Ersatzbrücken neueren Datums wurden vorgespannte Betonträger verwendet wie bei der Brücke von Giornico.

Die Brücke über den Rohrbach bei Wassen, die mehrmals von der gleichnamigen berüchtigten Lawine zerstört worden war, die auch die Züge bedrohte, wurde 1984 endlich durch eine Tunnel-Brücke ersetzt. Vermutlich handelt es sich um eine einmalige Bauweise, denn es ist eine Betonröhre, die ohne Pfeiler den Bach überquert.

Der Brücken-Tunnel über den Rohrbach ist ein einzigartiges Bauwerk

Nächste Seite: Die gemauerten Brücken in der Biaschina-Schlucht bieten in der Nacht ein faszinierendes Schauspiel

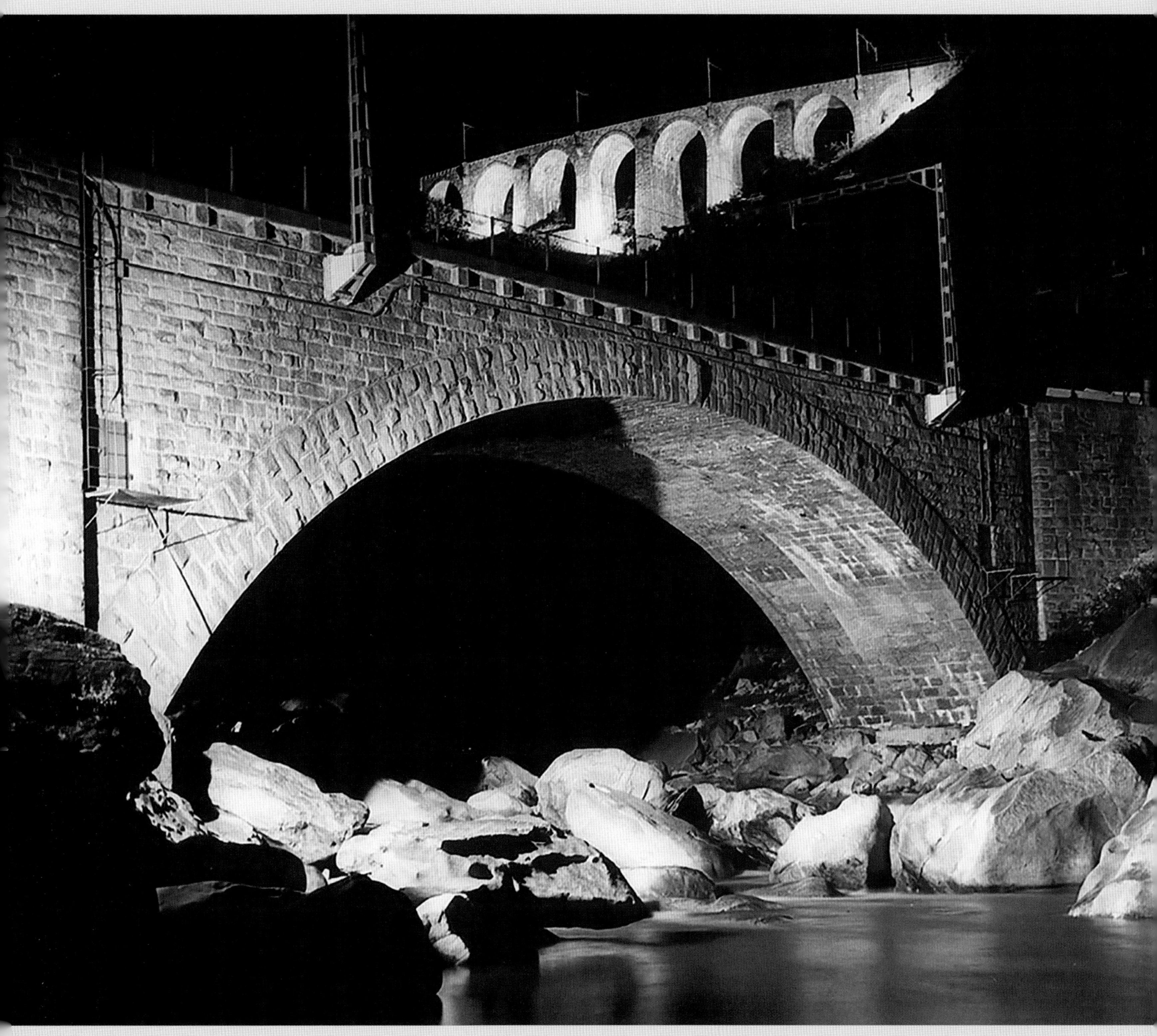

Die alte Eisenbogenbrücke vom Tassino, etwas südlich vom Bahnhof von Lugano, wurde 1984 ersetzt. Das Auswechseln dieser Brücke war eine technische Meisterleistung. Da es eine einzige Brücke für doppelspurige Gleise war, konnte man nicht ein Gleis nach dem anderen ersetzen.
Man baute also eine neue Brücke aus Beton neben der existierenden, sperrte die Linie nur während einer einzigen Nacht und verschob beide Brücken seitwärts, bis die neue Brücke in der endgültigen Position war. Am folgenden Morgen war die Linie wieder funktionstüchtig und konnte befahren werden. Insgesamt wurden beidseits der Alpen auf der Gotthardstrecke je sechs Brücken erneuert.
Zur gleichen Zeit wurden alle Bahnübergänge, die offensichtlich gefährlich waren, durch Unter- oder Überführungen ersetzt. Seit 1980 gibt es auf der ganzen Gotthardlinie keine Bahnübergänge mehr, mit Ausnahme von einem direkt beim Bahnhof von Lugano.

Mit der zunehmenden Motorisierung stieg auch die Zahl des Autoverlads durch den Gotthardtunnel: 1950 waren es 31'000 Autos, nur vier Jahre später, als richtige Autoverladezüge zum Einsatz kamen, bereits fast 250'000. 1967 wurde die Maximalmenge von 600'000 transportierten Autos erreicht. Der Bahnhof von Airolo wurde daher ausgebaut, um das Verladen einer solchen Masse von Fahrzeugen zu gewährleisten. Man baute weitere längere Gleise mit Bahnsteigen dazwischen, eine Fussgängerunterführung und eine Schaltzentrale.
Die neuen Anlagen in Airolo wurden im Herbst 1957 eingeweiht.

Links: *Die Eisenbrücke Meienreuss, während sie durch eine gemauerte Brücke ersetzt wird*

Rechts: *einer der vielen Bahnübergänge auf der Gotthardlinie, hier in der Piottino-Schlucht*

Nächste Seite oben: *die neue gemauerte Brücke von Stalvedro, vor Airolo*

Unten: *beim Verladen der Autos auf den Autozug in Göschenen*

Auch auf der Nordseite des Tunnels in Göschenen war es natürlich notwendig, die Infrastrukturen für den Autoverlad auszubauen. Die Arbeiten begannen 1957 und wurden 1960 beendet.
1965 teilte das Bundesamt für Strassen seinen Beschluss mit, einen Strassentunnel durch den Gotthard zu bauen. Die praktischen Autoverladezüge waren bis 5. September 1980 in Betrieb, als der neue Tunnel für den Strassenverkehr eröffnet wurde. Danach wurden sie gestrichen und die Verladebahnhöfe in Airolo und Göschenen wurden zu einfachen Stationen deklassiert.

Der Rangierbahnhof Chiasso und das Zollfreilager Punto Franco

Der neue Rangierbahnhof Chiasso wurde als Antwort auf den boomenden Güterbahntransport in den 1960er und 1970er Jahren gebaut. Eine riesige Anlage entstand: In wenigen Jahren hatte Chiasso auf einmal 120 Kilometer Gleise. Ein ganzes Sumpfgebiet war trockengelegt und die Umgebung radikal verändert worden. 1989 waren fast 1'900 Personen bei den behördlichen Diensten und den Speditionsfirmen angestellt, was die lokale Wirtschaft aufblühen liess. Später wurde der Rangierbahnhof Chiasso jedoch wegen der schlankeren bürokratischen Abläufe bei Verwaltung und Zoll und wegen des rationalisierten Güterverkehrs in Frage gestellt. Im Güterverkehr konzentrierte sich die Bahn nun auf die so genannten «Blockzüge», die jeweils Wagen mit dem gleichen Herkunftsort und dem gleichen Ziel haben, sodass die Neu-Formation der Züge im Rangierbahnhof überflüssig wurde. Seit einigen Jahren scheint nun ein Wiederaufschwung in Sicht. Der Bahnhof Chiasso SM soll eine Dienstleistungsplattform am Nordportal von Italien werden, wobei die Abwicklung von einzelnen Waggons und die ursprünglichen Rangierstationen abgebaut werden. 2017 kündigten die SBB neue Investitionen auch für den Güterbahnhof an. Eine Gruppe von Vertretern der lokalen Wirtschaft und der Gemeinde Chiasso gründete 1920 eine Gesellschaft, um das Zollfreigebiet in Chiasso einzurichten, und erhielt bald die Konzession des Bundes als Zollamt. Auf einem Gebiet von 35'000m² baute sie die Bahnanlagen mit dem internationalen Grenzbahnhof von Chiasso. Die wichtigsten Benutzer waren die Zigarrenfabriken, von denen es im Tessin zirka 20 gab, die Wein- und Getreidehändler sowie die Speditionsfirmen. 1943 wurde ein Getreidesilo für Weizen errichtet. Durch den gemeinsamen europäischen Markt nahm der internationale Warenaustausch zu. 1961 wurde die Filiale von Stabio geschaffen, die heute eine Fläche von 82'000m² hat. Seit den 1970er Jahren veränderten sich die Handelsaktivitäten immer rascher und passten sich laufend der wirtschaftlichen und politischen Entwicklung und den europäischen und weltweiten Handelsabkommen an.

Die Wirtschaftskrise der 1970er Jahre und die Konkurrenz des Strassenverkehrs

Die Wirtschaftskrise Mitte der 1970er Jahre, die schwerste nach derjenigen in den 1930er Jahren, und die Konkurrenz des Strassenverkehrs hatten wesentliche Folgen für die Schweizerischen Bundesbahnen. Im Tessin führte diese Wirtschaftskrise aufgrund der Konjunkturüberhitzung, die 1974 eine Erhöhung der Inflationsrate von 3.6% im Jahre 1970 auf 11% verursachte, zur Rezession von 1975-76. Wegen dieser Krise wurden die Industrie und die Baubranche redimensioniert. Viele Arbeitskräfte wurden zum Dienstleistungssektor verschoben. Es kam aber weder im Kanton Tessin noch in der restlichen Schweiz zu einer grösseren Zunahme der Arbeitslosigkeit, weil die ausländischen Arbeitskräfte eine Art Überdruckventil bildeten: Viele dieser Zugewanderten kehrten in ihr Ursprungsland zurück.
Ab 1971 nahm der Güterverkehr durch die Schweiz ab. Es gibt diverse Gründe für diese Verkehrsabnahme.
1971 wurde die nominale Goldbindung des Dollars gestoppt und schliesslich brach das 1944 beschlossene Bretton-Woods-System zusammen. Vom System mit festen Wechselkursen der jeweiligen Landeswährungen ging man zu einem System mit flexiblen Wechselkursen über, was zu einer realen Wertzunahme des Schweizer Frankens führte. Es kam folglich zu einer Erhöhung der Schweizer Bahntarife und der Kosten der Schweizer Speditionsfirmen. Auch die Konkurrenz des Strassenverkehrs machte anfangs der 1970er Jahre zu schaffen. Das Transportvolumen des Güterverkehrs, das 1965 70% der gesamten Verkehrsbewegungen zwischen Nordeuropa und Italien ausmachte, wurde reduziert. 1970 waren es 57% und 1980 nur noch 38%.
Für diese dramatische Abnahme gab es folgende Hauptursachen: die fehlenden italienischen Investitionen in die Bahninfrastruktur für die Zufahrt zu den Linien am Gotthard und am Brenner; die Erweiterung des Strassennetzes in ganz Europa und der Bau zahlreicher Alpentunnels; der zunehmende Konkurrenzdruck durch die Strasse auch wegen der Kühllastwagen, denn Mitte der 1970er Jahre erfolgte paradoxerweise trotz der herrschenden Wirtschaftskrise eine Zunahme des Gütertransports auf der Strasse verglichen mit dem Bahntransport. Ausserdem gab die EU dem Transitverkehr Italien-Frankreich am Mont Cenis auf Kosten des Gotthards den Vorzug, indem sie ersteren gezielt unterstützte.

Diese Faktoren trugen zum Defizit der SBB bei, welches das damals noch staatliche Unternehmen durch kostensenkende Rationalisierungsmassnahmen zu verringern versuchte. Im Tessin wurde zwischen 1975-1984 versucht, die Waggon-Reparaturwerkstatt in Biasca zu schliessen, wo 45 Arbeiter beschäftigt waren, aber man stiess auf den Widerstand der starken politischen Opposition und der Gewerkschaften. Die Werkstatt musste aber Mitte der 1990er Jahre trotzdem geschlossen werden.

Die Zahl der Lastwagen nimmt kontiuierlich zu und macht den SBB beim Güterverkehr Konkurrenz

Vorherige Seite oben: der Rangierbahnhof von Chiasso mit dem Turm des Zollfreilagers

Unten: Gesamtübersicht der Bahnhofserweiterung Chiasso

Die Eröffnung des Gotthard-Strassentunnels und die geplante doppelte Röhre

Zur Gesamtplanung des Schweizer Strassennetzes setzte das Eidgenössische Departement des Innern 1954 eine Kommission ein.
Der 1958 von dieser Kommission verfasste Bericht diente als Grundlage für die Botschaft des Bundesrates an das Parlament. National- und Ständerat nahmen im März 1960 das Bundesgesetz über die Nationalstrassen an. Der oben genannte, 1958 vorgelegte Bericht enthielt also auch die Lösungsvorschläge für die N2 im Kanton Tessin. Aber für das ganze Tessin war es ein enttäuschender Bericht, denn der Bau einer zweispurigen Nationalstrasse war nur auf zwei Teilstrecken vorgesehen, nämlich von Lugano-Paradiso bis zur italienischen Grenze und von Giubiasco nach Castione.
Alle anderen Teilstrecken aber blieben in jeder Fahrtrichtung nur einspurig. In diesem Bericht wurde der eventuelle Bau eines Tunnels durch den Gotthard gar nicht erwähnt, auch wenn die Idee eines Tunnels bereits 1938 in den Tessiner Forderungen an den Bundesrat formuliert worden war.
Daher wandte sich der Tessiner Regierungsrat 1959 an den Bundesrat und drückte mit klaren Worten aus, dass er nicht mit der Planung des Strassennetzes im Tessin einverstanden sei. Er verlangte den Bau einer zweispurigen Nationalstrasse und des Gotthard-Strassentunnels, was vor allem für die wirtschaftliche Entwicklung des Tessins unerlässlich war. Aber erst ab 1962 konnte die Bauphase einer neuen Nationalstrasse beginnen, die den nachdrücklichen Tessiner Vorschlägen entsprach. Der Beschluss zum Bau des Gotthard-Strassentunnels wurde erst 1965 im Parlament gefasst. Nach langer, fast 10-jähriger Bauzeit von 1969 bis 1978 wurde der Tunnel im September 1980 für den Strassenverkehr eröffnet. Die zweispurige Autobahn auf der gesamten Strecke im Tessin wurde erst 1985 fertiggestellt.

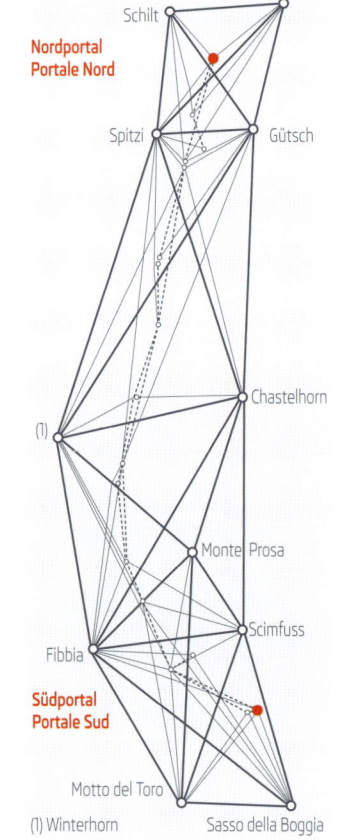

Zwischen den 1980er und 1990er Jahren war eine bemerkenswerte, besorgniserregende Zunahme der Transit-Lastwagen auf der Gotthardachse festzustellen, mit häufigen langen Staus am Nord- und Südportal.
Daher wurde der Bau einer zweiten Röhre erwogen.
Dieses Projekt wurde jedoch vehement durch die *Alpeninitiative* gebremst, welche die Bevölkerung im Februar 1994 angenommen hatte.

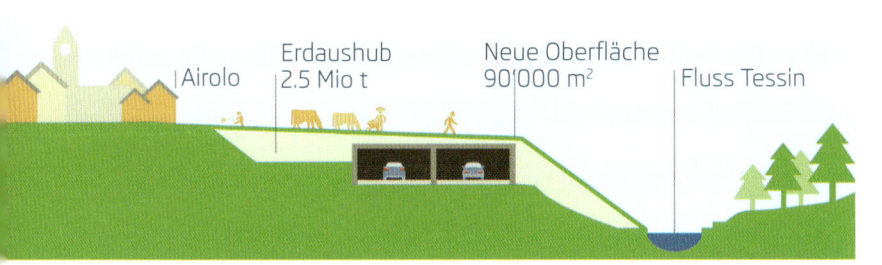

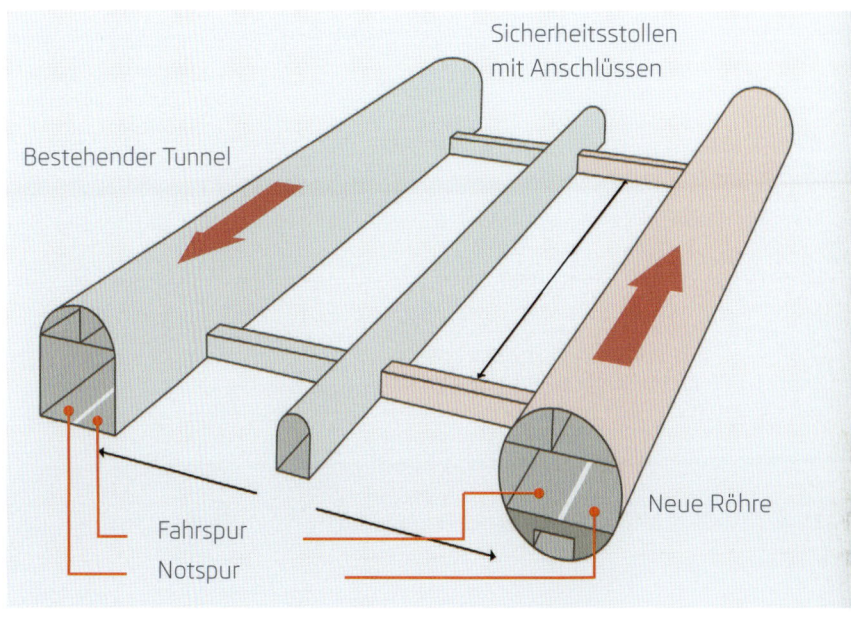

Oben: grafische Darstellung der unterirdisch geführten Autobahn bei Airolo, um das Wohngebiet von Airolo aufzuwerten

Unten: Rendering des Geländes um Airolo nach Beendigung der Arbeiten

Rechts: Ansicht des Projekts mit der neuen Autobahntunnelröhre

Vorherige Seite oben: die Einweihung des Gotthard-Strassentunnels am 5. September 1980

Unten: Die Geomatik diente für die Streckenführung des Autobahntunnels, in schwarz die Dreiecksmessungen, gestrichelt die Polygonzüge

Die Initiative besagte, dass die Transitstrassen durch die Alpen nicht mehr ausgebaut werden durften und hatte zum Ziel, die Güter schrittweise von der Strasse auf die Schiene zu verlagern. Dies sollte dank einer zukunftsweisenden neuen Transitachse möglich werden, der späteren AlpTransit mit einem Tunnel der weltweit einmaligen Länge von 57 Kilometern.

Im Jahr 2000 wurde die *Avanti-Initiative* lanciert, die aus Sicherheitsgründen den Bau der zweiten Röhre verlangte.

Die Initiative wurde 2004 von der Schweizer Bevölkerung verworfen. 2009 stimmte das Tessiner Kantonsparlament einer kantonalen Initiative zur Verdoppelung des Strassentunnels durch eine zweite Röhre zu.

Beide Tunnels sollen nur eine einspurige Fahrbahn und eine Notspur haben. So wären die Auflagen der *Alpeninitiative* eingehalten, die den Autobahnausbau verbot. Im Juni 2012 erklärte sich der Bundesrat schliesslich mit dem Bau der zweiten Röhre am Gotthard einverstanden. Dieser Beschluss wurde durch die Volksabstimmung im Februar 2016 bekräftigt, als das Projekt der zweiten Gotthard-Röhre mit 57% Ja-Stimmen angenommen wurde.

Der Anteil der Ja-Stimmen betrug im Tessin sogar 57,8% und 53% im Kanton Uri. Als Projektleiterin für dieses wichtige Bauwerk wurde die junge Tessiner Ingenieurin Valentina Kumpusch-Orsenigo ernannt, die dank ihrer Mitwirkung an der AlpTransit sowie bei der Zufahrtsrampe zum Brennerbasistunnel in Innsbruck grosse Erfahrung in diesem Bereich hatte.

Die Bauarbeiten sollten 2020 beginnen.

Der Bau der AlpTransit
Das Werk des 21. Jahrhunderts

Texte von Adriano Cavadini	**Die Basistunnel der Bahn** Erste Visionen und Pläne	182
	Der Gotthard-Basistunnel Der Bau	184
Text von Renzo Ghiggia	**Die Geomatik** für die Alptransit-Streckenführung	192
Texte von Adriano Cavadini	**Die Eröffnungsfeier** am 1. Juni 2016	194
	Der Ceneri-Basistunnel Der Bau	196
Text von Fabrizio Viscontini	**Die Betriebszentrale** der Nord-Süd-Achse in Pollegio	201
Texte von Adriano Cavadini	**AlpTransit** Ein umweltverträgliches Bauwerk	202
	Eine einzigartige wertvolle Bahnstrecke über die Alpen	206

Durchschlag der Oströhre im Gotthardtunnel, Sedrun 15. Oktober 2010

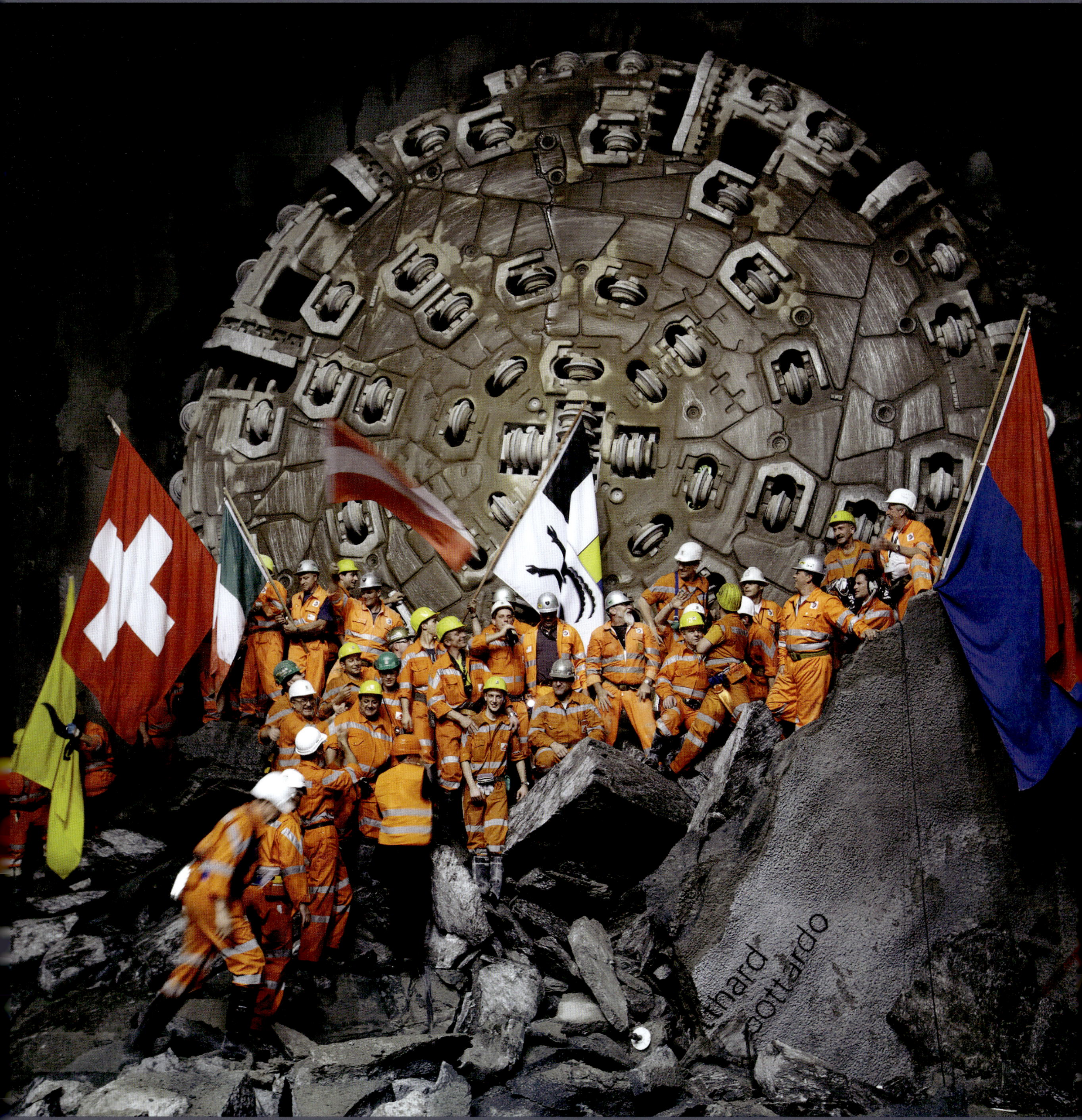

Die Basistunnel der Bahn
Erste Visionen und Pläne

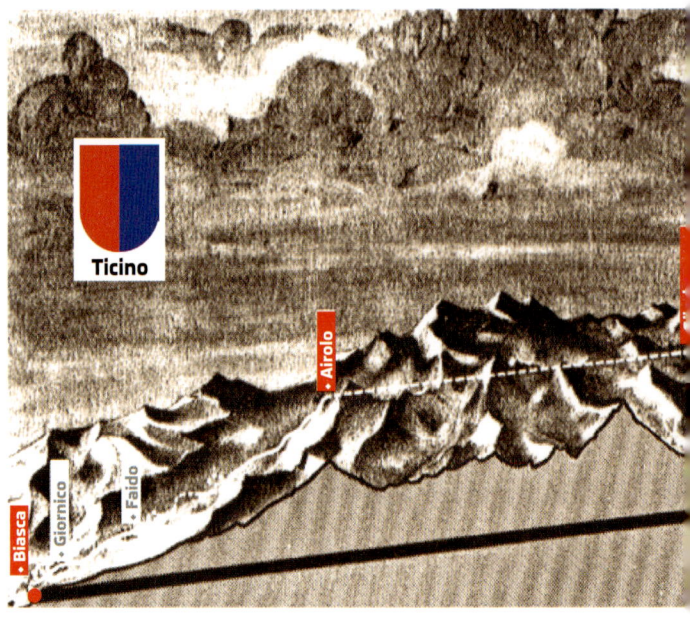

Die Gotthard-Bergstrecke mit ihren bereits erwähnten Steigungen und vielen Kehrtunneln stiess bereits nach dem Zweiten Weltkrieg an ihre Grenzen: Die Fahrzeiten waren lang und die Transportmöglichkeiten für den Warenverkehr waren trotz dem Einsatz einer zusätzlichen Zuglokomotive beschränkt. Man begann folglich mit dem Gedanken zu spielen, einen so genannten «Basistunnel» durch das Gotthardmassiv zu bauen. Der Ingenieur Eduard Gruner hatte bereits 1947 als einer der ersten einen Tunnel von 50 Kilometern Länge zwischen Amsteg und Biasca konzipiert. Auch eine Zwischenstation im Herzen des Gotthards war geplant, um mit einem Lift ins Skigebiet von Sedrun zu gelangen. Ende 1963 bildete das Departement für Verkehr eine Kommission, um die Tunnelfrage wieder aufzunehmen und die vorbereitenden Studien der vergangenen Jahre zu prüfen. Die Arbeiten dieser Kommission zogen sich bis Mitte 1970 hin, bis die Kommission den Bau der Basislinie und den Ausbau der Lötschberg-Bergstrecke empfahl. Leider wurden diese Projekte wegen der Wirtschaftskrise von 1974 zur Seite gelegt. Der Bundesrat war jedoch noch immer für eine Alpentransversale, auch wenn 1983 die Meinung vorherrschte, dass es dafür noch zu früh sei. Die alte Gotthardlinie war jedoch trotz der verbesserten Infrastruktur, der Sicherheitsmassnahmen und der Leistungsfähigkeit der Lokomotiven an ihre Grenzen gestossen. Der Schweizer Marktanteil am alpenquerenden Güterverkehr sank unter 50%, im Vergleich zu 69% in den 1960er Jahren. Inzwischen hatte die Eröffnung des Strassentunnels 1980 eine gewaltige Zunahme des Personen- und Güterverkehrs durch den Gotthard verursacht, begünstigt von der Zulassung im Jahre 2000 von Lastwagen mit 40 Tonnen Gesamtgewicht. Die Politik auf Bundesebene verstand es schlussendlich, auf schnellere und sicherere alpenquerende Verkehrsverbindungen zu setzen, dank denen beachtliche Marktanteile im Personen- und Gütertransitverkehr zurückerobert werden konnten. Dabei gab es aber auch einige Einschränkungen für die zukünftigen Leistungskapazitäten: Sämtliche Züge sollten auf den Gleisen der Hochgeschwindigkeitszüge und in den Basistunneln

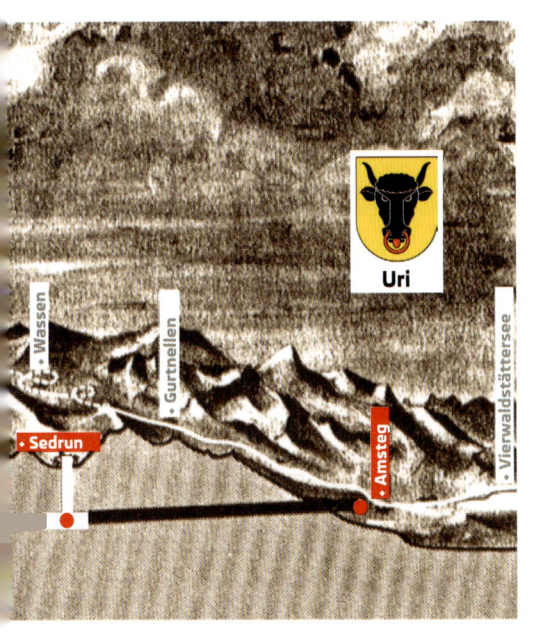

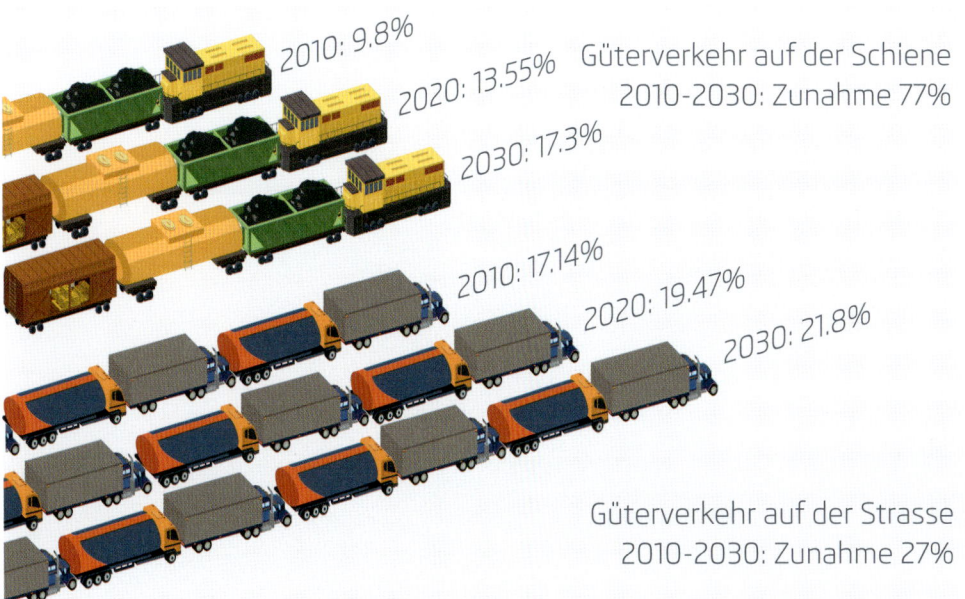

Güterverkehr auf der Schiene
2010-2030: Zunahme 77%

2010: 9.8%
2020: 13.55%
2030: 17.3%

2010: 17.14%
2020: 19.47%
2030: 21.8%

Güterverkehr auf der Strasse
2010-2030: Zunahme 27%

Vorherige Seite links: Ingenieur Eduard Gruner und im Hintergrund die Skizze seines Hochgeschwindigkeitszuges, der von Berlin über den Gotthard bis Kairo und sogar bis Khartum rasen sollte

Mitte: Im 1947 entworfenen futuristischen Projekt von Ing. E. Gruner war ein Basistunnel Biasca-Amsteg geplant, die Fahrzeit von Basel nach Chiasso wurde auf 2 Stunden geschätzt

Rechts: die Entwicklung der Gütertransportleistung von 2010 bis 2030

verkehren, also nicht nur internationale Personenzüge, sondern auch Züge von nationalem Interesse und Güterzüge. Dieses Nebeneinander ist aber nicht immer einfach zu bewerkstelligen, denn die drei Transportarten sind im Hinblick auf Geschwindigkeit und technische Anforderungen sehr unterschiedlich. Eine Lösung musste auch für die Finanzierung dieses kolossalen Bauwerks von europäischer Tragweite gefunden werden. Das Projekt Bahn 2000 erforderte Investitionskosten in Höhe von ca. 30 Milliarden Franken, wovon 13.6 Milliarden für den Ausbau der neuen Alpentransversalen vorgesehen waren. Zu diesem Zweck wurde 1998 ein Fond gegründet, der aus diversen Quellen gespeist wurde: Mineralölsteuer, Schwerverkehrsabgabe, 1‰ der Mehrwertsteuer, wobei der Bund einen Vorschuss für den Fehlbetrag zur Verfügung stellte, der nach Ende der Bauarbeiten durch die anderen Quellen zurückgewonnen würde. Ein neues Finanzierungsmodell wurde im Herbst 1998 von einer Volksmehrheit mit 63.5% gutgeheissen. Damit wurden die anstehenden Bahnprojekte wegen der finanziellen Engpässe erneut redimensioniert: Auf unbefristete Zeit verschoben wurden die Hochgeschwindigkeitsstrecken zwischen Arth-Goldau und Altdorf sowie zwischen Biasca und Camorino, während der ursprünglich mit zwei einspurigen Röhren geplante Lötschberg-Basistunnel auf zirka zwei Drittel der Gesamtlänge nur einröhrig fertig ausgebaut wurde. 1999 konnten die Bauarbeiten für den Lötschberg- und den Gotthard-Basistunnel in Angriff genommen werden. Der zuerst fertiggestellte, 34.6 Kilometer lange Lötschberg-Basistunnel zwischen Frutigen und Raron wurde 2007 eröffnet.

Der Gotthard-Basistunnel
Der Bau

Nach dem politischen Beschluss für den Bau begann nun die technische Realisierungsphase dieses 57 Kilometer langen Bauwerks mit zwei einspurigen Röhren. Für das gesamte Tunnelsystem mussten 152 Kilometer gebohrt und ausgebaut werden. Abgesehen von den beiden parallelen Einspur-Röhren, die mit einem durchschnittlichen Abstand von 40 Metern nebeneinander verlaufen, befindet sich alle 325 Meter ein seitlicher Verbindungsstollen, insgesamt gibt es 178 so genannte Querschläge. Ausserdem mussten auch die Schächte zu den beiden von aussen zugänglichen komplexen «Multifunktionsstellen» bei Sedrun und Faido gebaut werden. Der Kostenvoranschlag belief sich auf fast 10 Milliarden Franken, weitere 2.6 Milliarden Franken waren für die zusätzliche Finanzierung des Ceneri-Basistunnels veranschlagt. Um Zeit und Kosten zu sparen, wurden die Bauarbeiten in fünf Abschnitte gegliedert: Erstfeld, Amsteg, Sedrun, Faido und Bodio, wobei die Vortriebsarbeiten fast gleichzeitig erfolgten, mit einer geplanten Gesamtbauzeit von 12 bis 16 Jahren.

Natürlich waren grosse Vorarbeiten und spezielle «Zugangsstollen» nötig, um die mittleren Abschnitte Amsteg, Sedrun und Faido zu erreichen. In Sedrun mussten zwei 800 Meter tiefe Schächte und ein horizontaler Zugangsstollen von 1.5 Kilometern erschlossen werden; in Amsteg und Faido gibt es Zugangsstollen von 2.2 respektive 2.7 Kilometern.

Während der Bohrarbeiten zeigten sich einige geologische Schwierigkeiten wegen des enormen Drucks im Berg, wegen Wassereinbrüchen und wegen einiger Zonen mit brüchigem Gestein. Auf 64% der Gesamtlänge wurde die Bohrung von vier grossen, mehr als 400 Meter langen Tunnelbohrmaschinen ausgeführt, wobei jede bis zu 3'400 Tonnen wog und auf dem Bohrkopf zehn Motoren von je 5'000 PS Leistung hatte. Im hinteren Teil der Bohrmaschine wurde, gleichzeitig mit dem Vortrieb, zur Stabilisierung mit einem Spritzautomaten eine erste Betonschicht auf den seitlichen Fels und auf die Decke gespritzt. Die restlichen 36% der Röhren wurden im konventionellen Sprengvortrieb erstellt.

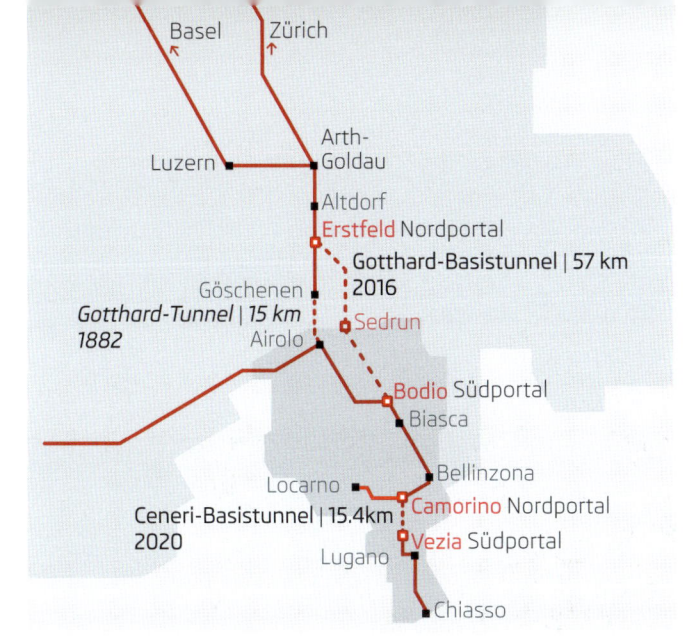

Baukosten Gotthard Basistunnel in Mia. Franken

Rohbau und Rohbauausstattungen	7.3
Bahntechnik	2.0
Total Baukosten	**9.3**

Finanzierungsquellen in %

Zwei Drittel der Schwerverkehrsabgabe	64
4.5% des Nettoerlöses der Mineralölsteuer	23
Ein Promille der Mehrwertsteuer (MWST)	13
Total	**100**

Oben: Verlauf der Flachbahn von Chiasso nach Luzern und Zürich

Unten: Kosten des Gotthard-Basistunnels per 30.06.2018 ohne MWST, Bauzinsen oder Teuerung seit 1998 und Finanzierungsquellen

Rechts: Rendering des Südportals des Gotthard-Basistunnels

Vorherige Seite: Rendering des Nordportals des Gotthard-Basistunnels

Das Ausbruchmaterial wurde hinaustransportiert und in speziell entwickelten Aufbereitungsanlagen direkt beim Tunnel weiterverarbeitet, um so viel wie möglich wieder für die Betonierung im Tunnelinneren verwerten zu können. Gezielt wurde auch nach einfachen technischen Lösungen für den Abtransport des nicht direkt verwendeten Ausbruchmaterials gesucht, denn es wurden insgesamt gut 28 Millionen Tonnen Aushub aus dem Berg geschafft.

Auf der Südseite wurde zum Beispiel ein 3.1 Kilometer langer Stollen mit einem Förderband gebaut, damit das Felsmaterial aus dem Tunnel direkt zur Anlage «Buzza di Biasca» transportiert und so tausende LKW-Transportfahrten auf der Kantonsstrasse vermieden werden konnten.

An Überraschungen und unerwarteten geologischen Schwierigkeiten fehlte es jedoch nicht. Im Abschnitt von Amsteg wurde die Bohrmaschine plötzlich durch Wassereinbruch behindert und durch lockeres Gestein blockiert.

Dies führte zu einem erheblichen Rückstand, denn es brauchte zusätzliche sechs Monate, um die Fräse wieder freizumachen und diese geologische Störungszone mit dem problematischen Fels zu sanieren. Im Abschnitt von Sedrun in nördlicher Richtung stiess man auf ein kleineres, von vielen Störungen durchzogenes Massiv, das Tavetscher Zwischenmassiv, das wegen der Verformung der Alpenkette aus stark zerbrochenen Sedimenten besteht. Hier wurde im Sprengvortrieb gearbeitet und der Fels musste mit einer ganz besonderen Methode gegen das Ausbrechen gesichert werden.

Wegen der enormen Druckverhältnisse im Berginnern verminderte nämlich das noch weiter «arbeitende Gestein» den Umfang der gebohrten Tunnelröhre, als ob der Berg den Tunnel wieder auffüllen wollte.

Der Bohrkopf der Tunnelbohrmaschine des Basistunnels

Nächste Seite oben: Schema einer der 4 Tunnelbohrmaschinen

Unten: Schema des Gotthard-Basistunnels mit Details zu Belüftung und Fluchtwegen

Die Deformation der Tunneldecke gegen innen erreichte teilweise 75 Zentimeter, so dass man entweder erneut ausbohren oder schon von Anfang an ein grösseres Loch bohren musste. In jedem Fall musste die Auskleidung und Sicherung verstärkt werden.

In Faido musste wegen einer unvorhergesehenen grossen Verwerfung mit widerspenstigem zerklüftetem Fels und mit der permanenten Gefahr von Niederbrüchen die unterirdische Multifunktionsstelle um rund 600 Meter nach Süden verschoben werden.

Eine grosse technische Herausforderung im Tunnelbau war auch die so genannte «Piora-Mulde» im Abschnitt von Faido, eine Gesteinsformation, die während Jahrzehnten Anlass zu heftigen Diskussionen unter Fachleuten gegeben hatte. Das Gestein der «Piora-Mulde» besteht grösstenteils aus Dolomit, das hier an der Felsoberfläche ein zuckerkörniges Aussehen hat und daher auch Zuckerdolomit genannt wird. Wenn die ganze Zone auch in der Tiefe aus diesem zuckerförmigen Dolomitsand bestanden hätte, wäre das Projekt zwar nicht gefährdet gewesen, aber viel teurer geworden.

Mit grosser Weitsicht wurden bereits 1993 Sondierstollen gebohrt, die zuerst besorgniserregende Resultate lieferten, aber schliesslich zeigten, dass es sich auf Tunnelhöhe um ein festes Dolomitgestein handelt, das hart wie weisser Marmor war. Ohne weitere Probleme konnten die Mineure daher zwischen 2008-2009 mit den Tunnelbohrmaschinen die ehemals gefürchtete «Piora-Mulde» durchbohren.

Mit dem Hauptdurchschlag im Oktober 2010 in der Oströhre und im März 2011 in der Weströhre war der Basistunnel vollständig durchbrochen.

Steuerkabine Hebekran Mattenversetz-gerät

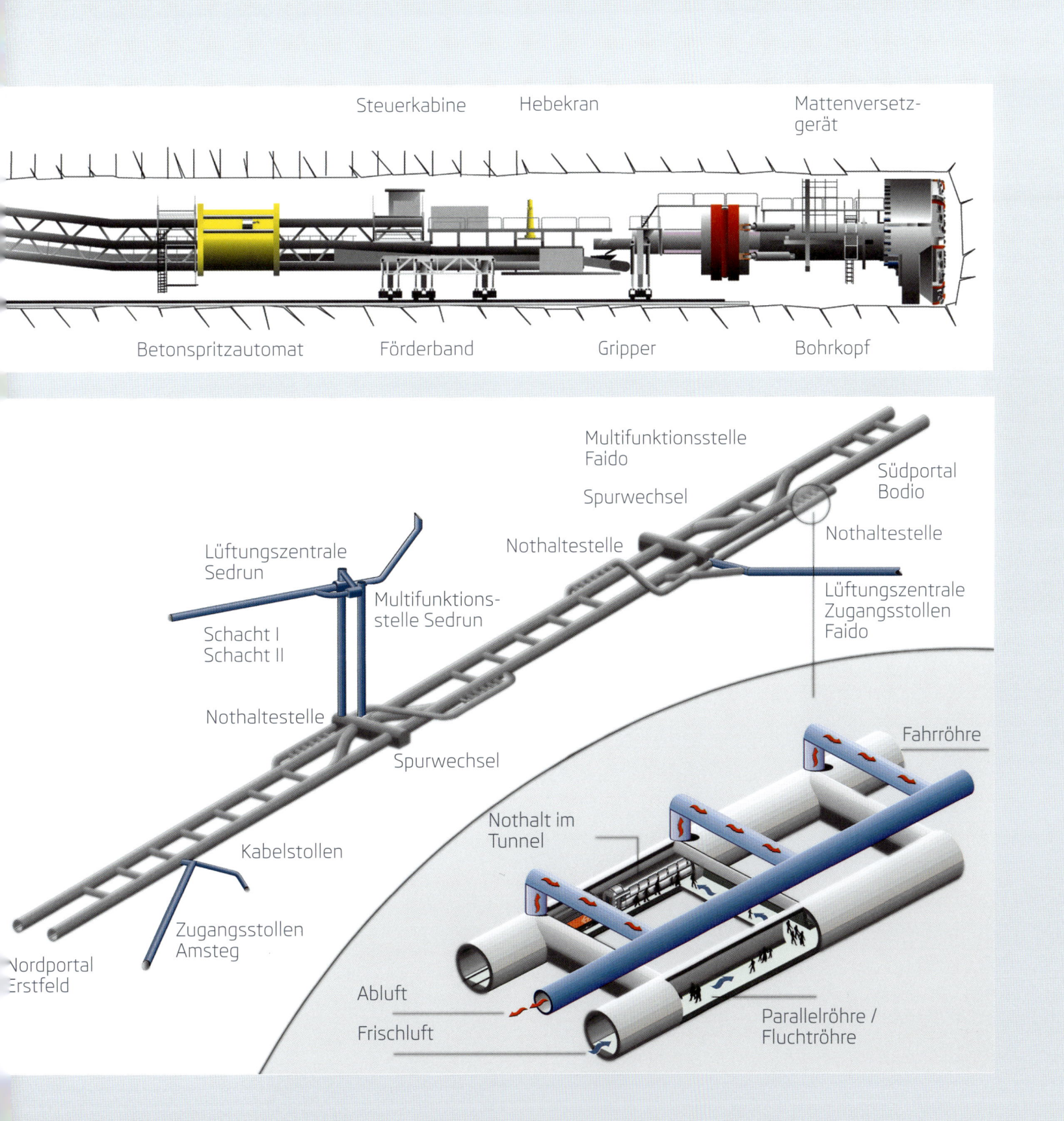

Betonspritzautomat Förderband Gripper Bohrkopf

Multifunktionsstelle Faido
Spurwechsel
Südportal Bodio
Lüftungszentrale Sedrun
Nothaltestelle
Nothaltestelle
Multifunktionsstelle Sedrun
Lüftungszentrale Zugangsstollen Faido
Schacht I
Schacht II
Nothaltestelle
Spurwechsel
Fahrröhre
Nothalt im Tunnel
Kabelstollen
Zugangsstollen Amsteg
Nordportal Erstfeld
Abluft
Frischluft
Parallelröhre / Fluchtröhre

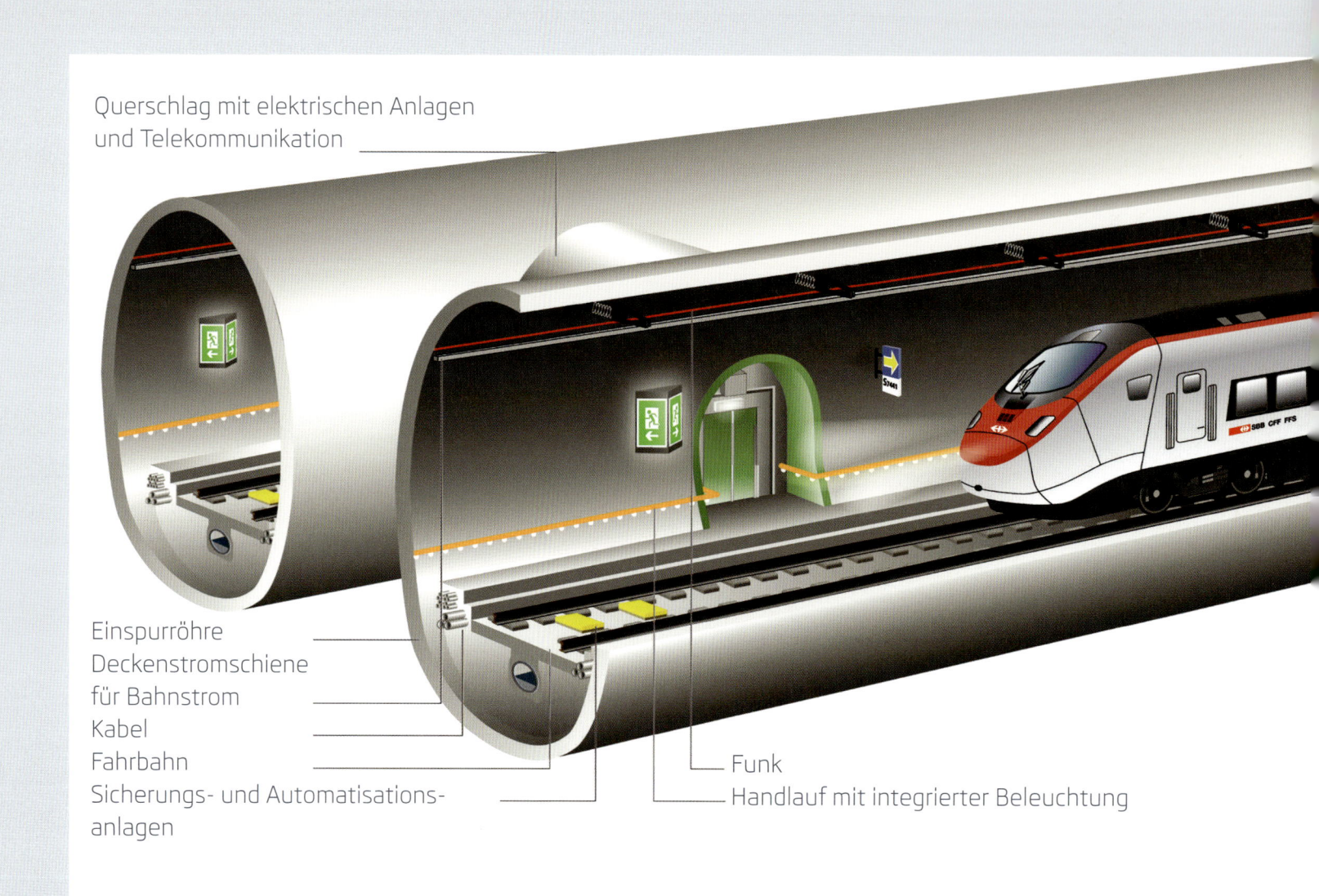

Querschlag mit elektrischen Anlagen
und Telekommunikation

Einspurröhre
Deckenstromschiene
für Bahnstrom
Kabel
Fahrbahn
Sicherungs- und Automatisationsanlagen

Funk
Handlauf mit integrierter Beleuchtung

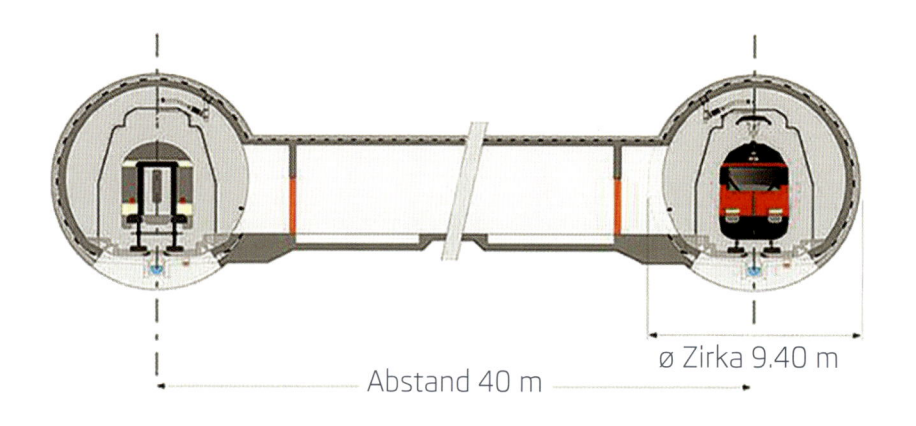

Abstand 40 m
ø Zirka 9.40 m

Vortriebsbohrwagen für den traditionellen Tunnelbau; die Wände sind bereits mit Gewölberippen verstärkt

Dann kamen die Herausforderungen beim Tunnelausbau und bei der Fertigstellung: definitive Auskleidung, die seitlichen Wege und Banketten in den Haupttunnelröhren, die Lüftungs- und Kühlanlagen, die Schmutzwasser- und Bergwasserleitungen, die Tore und Türen, die jeden der 178 Querschläge abdichten und schliesslich der Lastenaufzug im Schacht I.

Vorherige Seite oben: Schema der zwei Einspurtunnel

Unten: Schnitt der zwei Einspurtunnel

In den beiden «Multifunktionsstellen» von Sedrun und Faido gibt es zwei Verbindungsgleise, die normalerweise mit Sicherheitstoren geschlossen sind, wo ein Zug im Notfall die Röhre wechseln kann. Sie bieten auch Nothaltestellen und geschützte Räume für Personen und Einrichtungen, die selbstverständlich gemäss strengen Sicherheitsvorschriften ausgerüstet sind.

Zuletzt wurde die nötige Bahntechnik eingebaut, um mit Hochgeschwindigkeitszügen fahren zu können: 115 Kilometer Schienen, Fahrleitung für die Züge mit 15'000 V / 16,7 Hz, Niederspannungskabel mit 50 Hz für die technischen Anlagen, Sicherheitseinrichtungen, Signal-, Kontroll- und Automatisierungsanlagen, Telekommunikationseinrichtungen, Datenkabel usw.

Bemerkenswert ist bei den Hochgeschwindigkeitszügen, dass keine physischen Signale mehr verwendet werden (d.h. keine klassische Ampel mit rot-grün-Signal, die den Zügen Stop oder freie Fahrt anzeigen), sondern es gibt nur «virtuelle» Signale, die via Funksignal auf einen Bildschirm im Führerstand übertragen werden.

Zu Spitzenzeiten arbeiteten inklusive Ingenieure, Geologen und anderen Fachexperten bis zu 2600 Personen an diesem Bauwerk.

Trotz der strengen Sicherheitsmassnahmen wurden auf den Baustellen leider neun tödliche Unfälle verursacht. Gemäss Statistik zeigt sich jedoch, dass die Arbeit im Tunnel im Vergleich zur Zeit der grossen Strassentunnel vor 30 Jahren etwa zehn Mal sicherer wurde.
Die Testphase dauerte von Oktober 2015 bis Mai 2016, wobei der Basistunnel mit zirka 3'000 Testfahrten bis ins kleinste Detail geprüft wurde.
Die Tests wurden auch nach der offiziellen Eröffnungsfeier am 1. Juni 2016 bis zur Inbetriebnahme am 9. Dezember 2016 weitergeführt.

Das Betongewölbe wird fertiggestellt

Nächste Seite: der Basistunnel ist betriebsbereit.

Dank dieses grossen Bauwerks kann man also die ursprüngliche Bergstrecke mit den internationalen Schnellzügen und dem Güterverkehr vermeiden. Der höchste Punkt des Tunnels befindet sich nur 549 Meter über dem Meeresspiegel, während das Nord- und das Südportal auf 460 beziehungsweise auf 312 Metern Höhe liegen. Die Durchfahrt des Tunnels dauert nur 20 Minuten. Von Anfang an war der Zufluss von Personen- und Güterverkehr grösser als erwartet und führte im Tessin zu einer spürbaren Zunahme des Tourismus.

Die Tageshöchstleistungsfähigkeit des Durchgangsverkehrs von 180 Zügen im Jahre 2013 steigt Ende 2016 mit der Eröffnung des Gotthard-Basistunnels auf 210. Nach der Inbetriebnahme des Ceneri-Basistunnels erreicht sie 260 Züge. Täglich fahren seit Februar 2017 pro Stunde zwei Personenzüge und drei bis vier Güterzüge durch den Gotthard-Basistunnel. Um diese Sequenz von schnellen Personen- und langsameren Güterzügen mit 100 km/h besser in Einklang zu bringen, wurde die Geschwindigkeit der Personenzüge auf 200 km/h reduziert. Die maximale Geschwindigkeit im Tunnel beträgt 250 km/h.

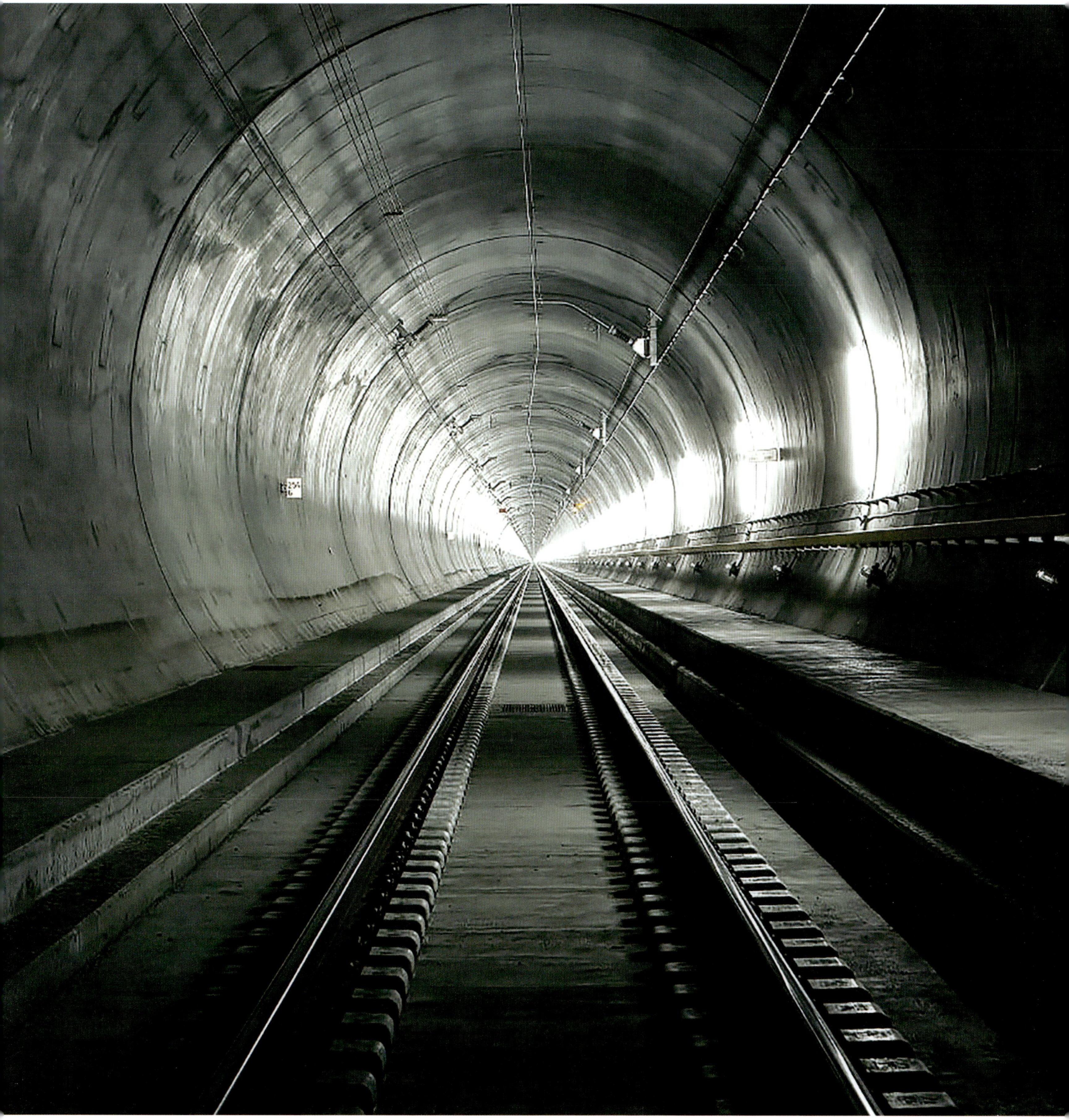

Die Geomatik für die AlpTransit-Streckenführung

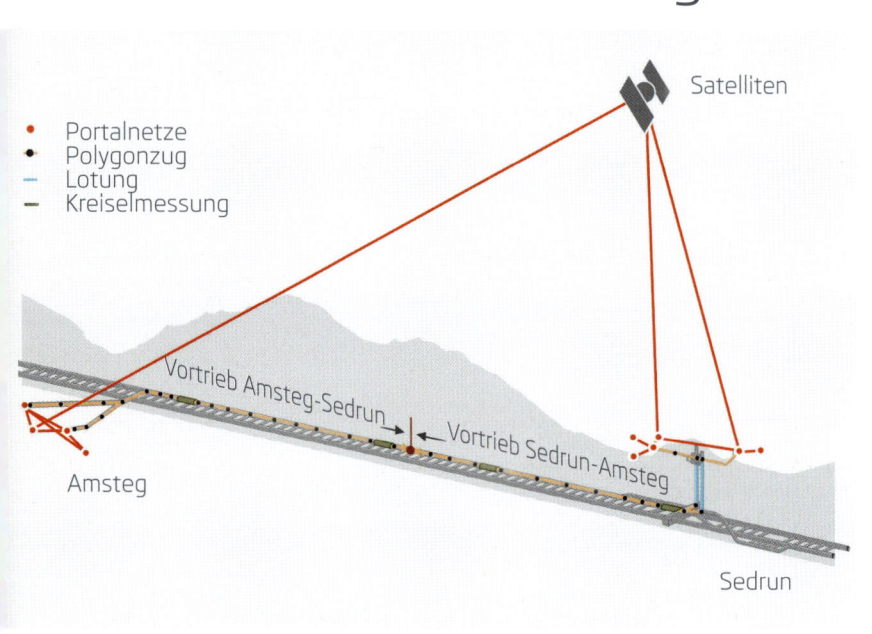

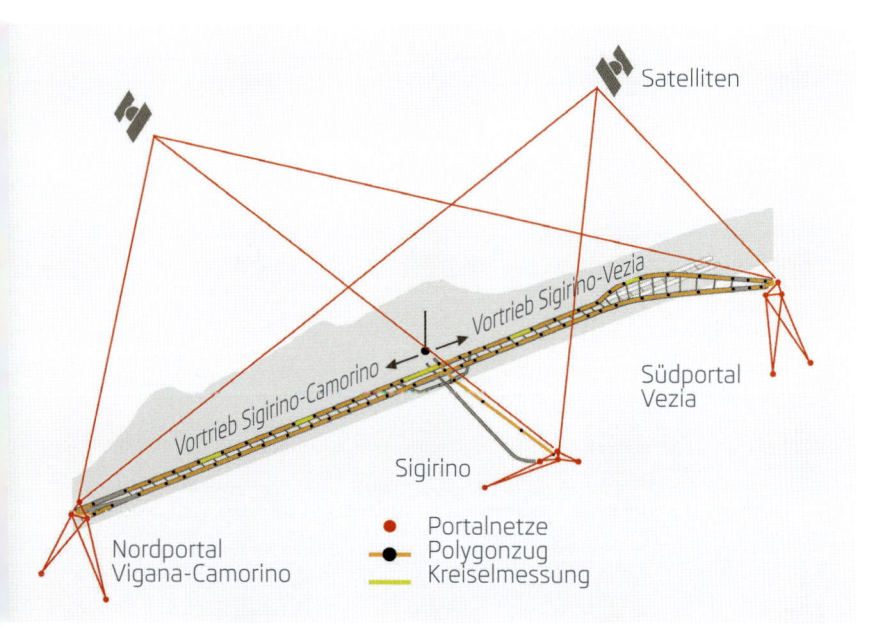

- Portalnetze
- Polygonzug
- Lotung
- Kreiselmessung

Oben: *GPS-Satellitenvermessungen Amsteg-Sedrun für den Gotthard-Basistunnel*

Unten: *GPS-Satellitenvermessungen Camorino-Sigirino-Vezia für den Ceneri-Basistunnel*

Die Vermessungsingenieure der AlpTransit Gotthard standen vor ähnlichen Herausforderungen wie die Erbauer der ersten Gotthardbahn vor 130 Jahren. Aber die Latte der technischen Anforderungen lag vermutlich noch höher, da die Hochgeschwindigkeitsstrecken, die Länge und einige spezielle Herausforderungen vollkommen neu waren.

Besonderheiten

Mit einer Felsüberlagerung von bis zu 2300 Metern ist der Gotthard-Basistunnel nicht nur der längste, sondern auch der am tiefsten unter Tag liegende Eisenbahntunnel der Welt. Deshalb musste man bei diesem Projekt auch normalerweise vernachlässigbare Aspekte beachten.

Die Geomatik muss das geometrische, auf einer Fläche geplante Projekt an die gekrümmte Erdoberfläche anpassen. Dabei ist zu berücksichtigen, dass die enorme Felsüberlagerung über dem Tunnel und ihre unterschiedliche Dichte auch Distorsionen dieser Erdkrümmung verursachen. Die vertikalen Linien verlaufen nicht parallel zueinander und sind ebenfalls gekrümmt.

Für die Geomatik war also beispielsweise der 800 Meter tiefe Schacht von Sedrun nicht perfekt vertikal, sondern leicht bogenförmig. Zum Glück ist die Bodenbeschaffenheit des Geländes sehr gut erforscht und so konnte dieses Wissen in die Berechnungen einfliessen.

Das Gelände im Grundriss

Die Darstellung des Geländes hängt heutzutage nicht mehr von aufwändigen Vermessungsarbeiten wie früher ab, als man dafür anstrengende Wanderungen im Gebirge unternehmen musste. Mit dem GPS (Global Positioning System) können die Tunnelportale in kürzester Zeit verbunden werden. Für den unterirdischen Bau sind aber konventionelle Messmethoden mit Winkel und Distanzen immer noch unerlässlich, die natürlich durch moderne, praktische Instrumente erleichtert werden z.B. das Tachymeter, das ähnlich wie ein Winkelmessinstrument funktioniert.

Schwierige Arbeitsbedingungen

Die Arbeitsbedingungen im Tunnel haben sich im Vergleich zu früher stark verbessert, aber es bleiben immer noch Schwierigkeiten: die suboptimale Beleuchtung, der Staub, die Feuchtigkeit und der Lärm. Für ihre Arbeit müssen die Topografen zum Beispiel bei Wartungsarbeiten die seltenen Unterbrechungen im Vortrieb abwarten. Meist musste eine grosse Menge Arbeit in sehr kurzer Zeit erledigt werden.

Messung im Tunnelinnern des Ceneri-Basistunnels mit einem Tachymeter

Keine Messung ohne Kontrolle

Unabhängige Kontrollen mit möglichst verschiedenen Methoden wurden natürlich auch beim Basistunnel systematisch durchgeführt. Das GPS-Netz wurde mit astronomischen Messungen überprüft, das Tachymeter im Tunnel wurde mit einem Gyroskop kontrolliert und falls nötig korrigiert. Eine der grössten Herausforderungen war, die Koordinaten unten in den Schacht von Sedrun zu bringen. Zuerst wurde dafür das klassische Lot, dann mehrmals das optische Lot verwendet. Die Orientierung mittels Gyroskop am Grund des Schachtes wurde durch Instrumente mit Bezug auf ein Inertialsystem überprüft, eine Weltneuheit in der Geomatik. Diese höchst komplizierten Geräte sind mit Gyroskopen, Beschleunigungssensoren und Computern ausgerüstet. Sie können mit nur einem gegebenen Punkt die Position berechnen, ohne weitere Informationen von aussen zu benötigen.

Der Tachymeter ist ein Instrument zur geodätischen Schnellmessung, das neben Vertikal- und Horizontalwinkeln auch Entfernungen misst.

Das Gyroskop ist ein Instrument, das nach dem Prinzip der Kreisel die Richtung der eigenen Rotationsachse unverändert beibehält.

Die Resultate

Die Bauingenieure verlangten, dass die Abweichung am Rand des Bohrlochs seitlich nicht mehr als 25 cm und vertikal 12.5 cm betragen sollte. Die Geomatik legte mit einer Marge ihr eigenes Präzisionsziel fest: 10 cm seitlich bzw. 5 cm in der Höhe. Beim Durchschlag waren die Abweichungen wirklich minimal:
- am Gotthard-Basistunnel 8 cm horizontal und 1 cm vertikal,
- am Ceneri-Basistunnel 2 cm horizontal und 1 cm vertikal.

Die Eröffnungsfeier am 1. Juni 2016

134 Jahre nach der Eröffnung des ersten Bahntunnels am Gotthard organisierten der Bund und die SBB eine spektakuläre Feier, um den längsten Eisenbahntunnel der Welt einzuweihen. Der Gotthard-Basistunnel gilt als Beispiel für die schweizerischen Grundwerte Innovation, Präzision und Zuverlässigkeit

Zur Vorbereitung dieses Jahrhundertereignisses wurde bereits fünf Jahre vorher eine spezielle Arbeitsgruppe gebildet. Auch eine erste Marktforschung wurde durchgeführt, welche zeigte, dass das Thema Gotthard schon sehr bekannt war, aber oft der Bezug zum Gotthard-Basistunnel und zur Eisenbahn fehlte. Danach wurden entsprechende Informationskampagnen und Events durchgeführt, die im Internet von zahlreichen Usern verfolgt wurden.

Ein eigenes Logo für das Projekt «Gottardo 2016» wurde definiert und mit weiterer intensiver Projektarbeit wurden die Eröffnungsfeierlichkeiten geplant. Für die Kampagne (Plakate, TV-Werbespots, Anzeigen in Printmedien und im Internet, usw.) und für die Organisation aller Anlässe anfangs Juni 2016 wurden 15 Millionen Franken investiert.

Die 1'000 Gratisbilletts für die Eröffnungszüge durch den Tunnel am 1. Juni fanden einen überraschend grossen Anklang in der Bevölkerung: Man hatte mit zirka 25'000 Interessenten gerechnet, aber es kamen gut 160'000 Anfragen!

Auch die Werbekampagnen auf diversen Internetseiten stiessen auf grosses Echo, nicht nur in der Schweiz (76%), sondern auch in den Nachbarstaaten Deutschland, Österreich, Italien und Frankreich sowie in Grossbritannien und den USA – in kleinerem Ausmass auch in Holland, Spanien und Belgien.

Für die Sicherheitsvorkehrungen am 1. Juni wurden rund 2'000 Personen eingesetzt, darunter die Armee, die Polizei und die Beteiligten an der Eröffnungsshow.

Am Tag vor der Einweihung fand in Lugano eine Konferenz statt, zu der alle Verkehrsminister der Alpen- und Korridorländer eingeladen waren, und ein Treffen der Verantwortlichen der Eisenbahnen der europäischen Staaten.

Am eigentlichen Eröffnungsanlass am 1. Juni nahm der Bundesrat in corpore teil (was erst zum vierten Mal in der Geschichte passierte) sowie das gesamte Bundesparlament. Auch zahlreiche Gäste aus der Schweiz und der ganzen Welt waren dabei. Anwesend waren der französische Präsident, die deutsche Kanzlerin, die Regierungschefs von Italien und Liechtenstein, der österreichische Kanzler und der europäische Kommissar für Transport.

Das bezaubernde Eröffnungsspektakel von Volker Hesse

Rechts: die Schüler einer Klasse aus Lumino zeigen auf den Streckenverlauf des Gotthard-Basistunnels

Vorherige Seite: alt Bundesrat Adolf Ogi mit Adriano Cavadini bei der Betriebszentrale in Pollegio

Adolf Ogi, ehem. Vorsteher des UVEK, förderte und unterstützte die Alpentransversale stark, besonders die Basistunnel am Gotthard, Ceneri und Lötschberg.
Ohne seine Überzeugungsarbeit im Schweizer Parlament und vor zahlreichen Volksabstimmungen zu diesem Thema wären diese wichtigen Infrastrukturbauten heute vermutlich noch nicht fertig gestellt.

Insgesamt waren 1'100 Gäste eingeladen, darunter 300 Journalistinnen und Journalisten aus der Schweiz und Europa, aus den USA, Canada, China, Japan, Kuwait und Chile.
Die 1'000 glücklichen Gewinner des Wettbewerbs, darunter zwei Schulklassen der Kantone Tessin und Uri, konnten endlich mit den Spezialzügen zum ersten Mal durch den neuen Tunnel fahren. In Pollegio und Rynächt fanden imposante Feiern statt, wo auch die kombinierte Flugshow der Patrouille Suisse und von Kampfjets mit ihrer spektakulären Vorführung alle Anwesenden beeindruckte.

Am folgenden 2. Juni fand der Anlass für die Projektbeteiligten statt, also für alle Planer, Firmen und Fachleute, die im Laufe der 17 Jahre zum Bau des Basistunnels beigetragen hatten. Am 4. und 5. Juni gab es Publikumsanlässe, wo 80'000 Personen zu den beiden Portalen kamen, während auch an weiteren Schweizer Bahnhöfen 25'000 Personen ihrer Freude über das Kolossalbauwerk Ausdruck gaben.

Die Eröffnung war ein grosser Erfolg und hatte ein weltweites Echo auch in den internationalen Medien. Die Testfahrten der SBB, welche von der AlpTransit die Verantwortung für den Betrieb übernommen hatte, wurden auch in den darauffolgenden Monaten fortgesetzt bis zur Inbetriebnahme der Strecke mit dem jährlichen Fahrplanwechsel im Dezember 2016.

Der Ceneri-Basistunnel
Der Bau

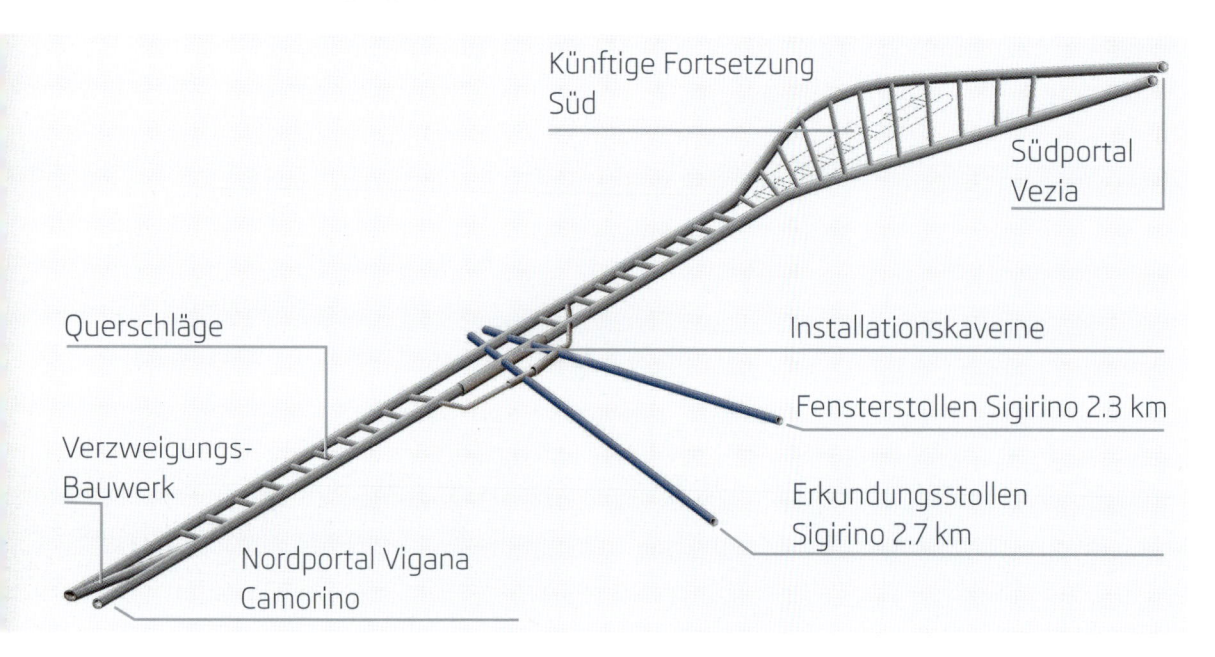

Künftige Fortsetzung Süd
Südportal Vezia
Querschläge
Installationskaverne
Fensterstollen Sigirino 2.3 km
Verzweigungs-Bauwerk
Erkundungsstollen Sigirino 2.7 km
Nordportal Vigana Camorino

Rendering des Ceneri-Basistunnels mit Belüftungsdetails

Nächste Seit links oben: Schema der Autobahn A2 und des Bahnknotenpunktes in Camorino

Unten: Kosten des Ceneri-Basistunnels per 30.06.2018 ohne MWST, Bauzinsen und Teuerung seit 1998 und Finanzierungsquellen

Rechts: Arbeiten am Nordportal des Ceneri-Basistunnels bei Camorino

Die neue Alpentransversale ist als Flachbahn konzipiert, daher ist auch ein Basistunnel unter dem Monte Ceneri zwischen Camorino-St. Antonino und Vezia notwendig, dank dem die fast 240 Meter Höhendifferenz der alten Streckenführung zwischen Giubiasco und Bironico vermieden werden kann. Bei diesem Tunnelprojekt stiess man aber von Beginn an auf diverse Schwierigkeiten, denn die einen wollten den Tunnel aus rein finanziellen Gründen nicht sofort bauen, die anderen wollten ihn nur mit einer Röhre bauen, um die Kosten zu reduzieren.
Am Ende siegte zum Glück der gesunde Menschenverstand und es wurde beschlossen, auch im Hinblick auf die neuen europäischen Sicherheitsrichtlinien für Tunnel, zwei separate Röhren von 15.4 Kilometern Länge mit 48 Querstollen zu bauen.
Wegen der politischen Diskussionen während der Projektierungsphase und wegen einiger Einsprachen, wie zum Beispiel den mit der Eisenbahntechnik verbundenen Rekursen, hatte sich der Baubeginn leider im Vergleich zum Gotthard-Basistunnel verzögert. Endlich konnten 2006 die Vorarbeiten in Sigirino und Camorino beginnen und am 2. Juni 2006 war der offizielle Baustart am Nordportal.

Die Bauarbeiten am neuen Knotenpunkt Camorino gestalteten sich sehr aufwändig, denn dort befindet sich nicht nur die bestehende Bahnlinie, sondern auch die Autobahn mit zahlreichen Zufahrten, diverse Kantonsstrassen, die Bahnlinie nach Locarno und auch einige landwirtschaftlich genutzte Flächen. Schliesslich konnten alle Schwierigkeiten überwunden und die aus dem neuen Tunnel herauskommenden Gleise direkt mit der existierenden Linie in Richtung Giubiasco und Bellinzona verbunden werden.
Die Strecke und die Infrastruktur sind jedenfalls so angelegt, dass man in Zukunft die Hochgeschwindigkeitsstrecke durch die Magadino-Ebene bis zur Gemeinde Biasca verlängern könnte.
Die Umgebung von Bellinzona wäre dann vom Gütertransitverkehr befreit.

Baukosten Ceneri Basistunnel in Mia. Franken

Rohbau und Rohbauausstattungen	2.2
Bahntechnik	0.5
Total Baukosten	**2.7**

Finanzierungsquellen in %

Zwei Drittel der Schwerverkehrsabgabe	64
4.5% des Nettoerlöses der Mineralölsteuer	23
Ein Promille der Mehrwertsteuer (MWST)	13
Total	**100**

Der Kanton Tessin hat ausserdem ein weiteres Projekt erfolgreich gestartet, indem er mit 25.4 Millionen Franken die neue Strecke ab Nordportal des Ceneri-Basistunnels nach Locarno finanzierte.

Dank dieser neuen Anbindung wird es ab Fahrplanwechsel im Dezember 2020 möglich, die Fahrzeit zwischen Locarno und Lugano von 58 auf 29 Minuten zu verkürzen, so dass die Verkehrsverbindung zwischen Sopraceneri und Sottoceneri merklich verbessert wird, mit unweigerlich positiven Auswirkungen auf die Wirtschaft, den Tourismus und die Umwelt.

Auch die Fahrzeit zwischen Lugano und Bellinzona wird von aktuell 30 Minuten auf zirka 14 Minuten und mit dem TILO auf 18 Minuten reduziert. Die Fahrdauer von Lugano nach Luzern und Zürich wird ebenfalls um 20 Minuten verkürzt, das bedeutet, dass man Zürich von Lugano aus in einer Stunde 50 Minuten erreichen kann beziehungsweise Luzern in einer Stunde 40 Minuten.

Im Gegensatz zum Gotthard-Basistunnel, wo besondere Tunnelbohrmaschinen verwendet wurden, wurden die Hauptröhren bei diesem Tunnel im Sprengvortrieb gegraben, zum Grossteil ausgehend von der zentralen Baustelle in Sigirino. Hier wurde ein 2.3 Kilometer langer Zugangsstollen bis zur Mitte der beiden Röhren angelegt, der als einziger mit einer mechanischen Fräse gegraben wurde. Von diesem Punkt aus wurden die Vortriebsarbeiten gleichzeitig nach Norden und Süden durchgeführt, bis man auf die Bohrteams traf, die von den beiden Portalen Camorino und Vezia gestartet waren. Der Zugangsstollen diente auch dazu, das Ausbruchmaterial hinauszuschaffen.

Die meisten technischen Schwierigkeiten beim Bau des Gotthard-Basistunnels wurden auch hier im Ceneri-Basistunnel angetroffen. Die geologischen Eigenschaften zeigten eine ziemlich komplexe Situation, aber trotzdem kamen die Bauarbeiten relativ zügig voran. Ein Viertel der 8.6 Millionen Tonnen an Ausbruchmaterial wurde für den Beton im Tunnel wiederaufbereitet und weiterverwendet.

Kernbohrung mit Jumbo im Ceneri-Basistunnel bei Sigirino

Der Rest wurde auf Förderbändern zur nahen Deponie zu Füssen des Monte Ferrino gebracht. Diese Deponie wurde nach der Fertigstellung des Tunnels entsprechend gestaltet und begrünt, so dass sie sich perfekt in die Landschaft und in die natürliche Umgebung einfügte.

Die Streckenanbindung nach Süden in der Umgebung von Vezia ist, mit Ausnahme des kurzen Verbindungsstücks mit der bestehenden Strecke, komplett unterirdisch geführt.
Zwei Kilometer vor dem Austritt ins Freie sind Strecke und Infrastruktur des Tunnels so gestaltet, dass eine gedeckte Verlängerung nach Chiasso möglich wäre und somit der Bahnhof von Lugano wie auch die Stadt vom Gütertransitverkehr befreit würden.

Der letzte Durchschlag erfolgte im Januar 2016 fast gleichzeitig in beiden Röhren. An den Bauarbeiten dieser Tunnel waren zu Spitzenzeiten zirka 800 Personen beschäftigt.

Im Sommer 2018 wurden die Gleise in beiden Tunnelröhren fertig verlegt, gleich darauf begann man mit dem Einbau der Bahntechnik (Fahrleitung, Kabel, Signaltechnik usw.).
Diese Arbeiten sollen 2019-2020 zusammen mit den für die definitive Inbetriebnahme nötigen Testfahrten fortgesetzt werden.

Nächste Seite: Abdichtung im Ceneri-Basistunnel bei Sigirino

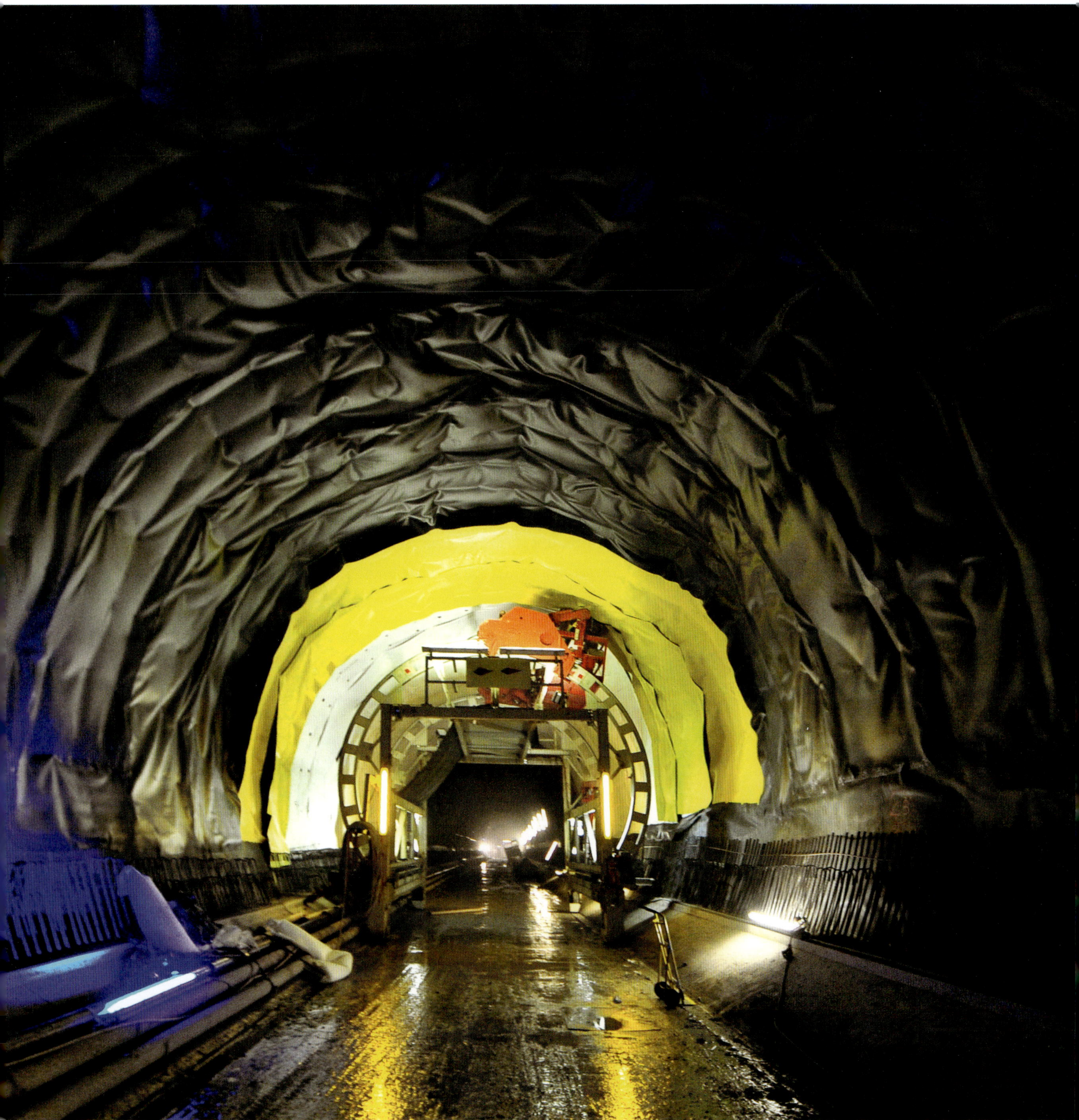

Oben: *die fertiggestellte Röhre Richtung Nordportal des Ceneri-Basistunnels*

Links: *automatisches Gleisverlegen im Ceneri-Basistunnel*

Bei den Portalen in Camorino und Vezia wurden zwei Technikgebäude für die Steuerung der elektrischen und elektromechanischen Anlagen im Tunnel und auf allen Zubringerstrecken gebaut.

In diesen rein technischen Gebäuden ist kein Fachpersonal vor Ort nötig.

Die Betriebszentrale der Nordsüdachse in Pollegio

Oben: in der Leitstelle RCT Generoso der Betriebszentrale Süd in Pollegio

Unten: der Tower «Periscopio» der Betriebszentrale Süd in Pollegio

Von der Betriebszentrale Süd in Pollegio (BZ Süd), seit April 2014 in Funktion, wird zukünftig der gesamte Passagier- und Güterverkehr der Gotthardachse gesteuert. Nebst der Strecke von Arth-Goldau bis Chiasso, Luino und Locarno werden zusätzlich die beiden Basistunnel Gotthard und Ceneri aus der BZ Süd überwacht. In der BZ Süd arbeiten rund 160 Personen.

Die Verkehrssteuerung, die Kundeninformation und den Technischen Betrieb hat die SBB seit 2010 weitgehend in vier Betriebszentralen (BZ) konzentriert: Lausanne (BZ West), Olten (BZ Mitte), Zürich Flughafen (BZ Ost) und Pollegio (BZ Süd). Die Konzentration dieser Aufgaben unter einem Dach emöglicht die Verbesserung der Zusammenarbeit und die gegenseitige Unterstützung im Störungsfall.

In Pollegio wurden mehr als 45 Mio. Franken investiert, wobei 29 Mio. für das Gebäude und 16 Mio. für die Bahntechnik aufgewendet wurden. Diese Zentrale steht unmittelbar beim Südportal des Gotthard-Basistunnels. In einem Architekturwettbewerb war hierfür das Projekt «Periscopio» ausgewählt worden.

Das neue, periskopförmige Bauwerk erfüllt alle funktionalen Anforderungen und hinterlässt gleichzeitig auch architektonisch einen starken Eindruck. Als einziges oberirdisch sichtbares Zeichen weist es auf den Bau des Gotthard-Basistunnels hin.

Alptransit
Ein umweltverträgliches Bauwerk

Am 30. September 1513 ging vom Monte Crenone ein enormer Bergsturz nieder, blockierte den Fluss Brenno mit einem Damm und bildete folglich einen See

Der Damm brach im Mai 1515 innerhalb von kürzester Zeit und die Wasserflut verwüstete wie ein Tsunami das ganze Tal bis zum Lago Maggiore, wobei alles mitgerissen wurde: Menschen, Häuser, ganze Dörfer. Auch die Landschaft war von diesem Tag an radikal verändert.

Rechts: AlpTransit erneuerte das Gelände der «Buzza di Biasca» mit dem Aushub des Gotthard-Basistunnels dank eines eigens dafür gebauten Stollens

Nächste Seite: AlpTransit begrünte danach den Hügel «Buzza di Biasca» mit einer neuen Pflanzendecke

Die neue Alpentransversale am Gotthard besteht zwar im Wesentlichen aus zwei langen Tunneln, sie hat aber dennoch grossen Einfluss auf die Umwelt. Denn ganz ohne die Landschaft zu verändern, ist ein Bau wie der Gotthard- oder Ceneri-Basistunnel nicht zu realisieren: grosse Baustellen, Zugangsportale und Dienstgebäude für die Tunnel, enorme Deponien für Ausbruchmaterial, imposante oberirdische Zufahrtsstrecken an das bestehende Schienennetz.

Die Antwort von AlpTransit auf diese Herausforderungen am Gotthard und am Ceneri kann in drei Zielen zusammengefasst werden:
- höchster Respekt und grösste Sorgfalt in Bezug auf die Umwelt,
- ein architektonisch einheitliches Erscheinungsbild für alle oberirdisch sichtbaren Bauten des Projektes,
- gute Entsorgung der enormen Menge an Ausbruchmaterial.

Folglich wurden bereits bei der Vergabe von Baulosen einige Umweltschutzmassnahmen eingefügt, welche ein obligatorisches Kriterium waren, so dass die Umwelt aktiv in die Pläne der Projektingenieure einfloss. Eine Kommission für die Umweltbegleitplanung wurde gebildet und in der Geschäftsleitung des Unternehmens wurde ein Umweltbeauftragter ernannt. In einigen Fällen wurden externe Spezialisten als Berater beispielsweise für Erschütterungen, nicht ionisierende Strahlung oder so genannte Wildtierkorridore beigezogen.

Spezialisierte Architekten sichteten die Pläne, um die Landschaft so zu gestalten, dass alle Bauten einerseits schön anzusehen und die Veränderungen andererseits auch umweltverträglich sind.
In der Projektierungsphase wurden ausserdem die berechtigten Forderungen der Bewohner der Regionen berücksichtigt, die von der neuen Linienführung tangiert werden. Die Kontrolle der notwendigen Umweltschutzmassnahmen wurde regelmässig von den entsprechenden kantonalen Stellen, dem Bundesamt für Verkehr und unter Einbezug der Umweltorganisationen durchgeführt.
AlpTransit konnte somit für das Umwelt Management System ISO zertifiziert werden, wobei einige Massnahmen jährlich kontrolliert werden und alle drei Jahre eine Gesamtüberprüfung zur Erneuerung dieses Zertifikats erfolgt.
Die folgenden Beispiele zeigen das Vorgehen von AlpTransit, um festgelegte Standards einzuhalten:
- Das Ausbruchmaterial wird direkt vor dem Tunnel aufbereitet, um als Beton für das Tunnelinnere oder andere Bauten zu dienen.
- Ausbruchmaterial, das man nicht direkt auf den Baustellen wiederverwendet, wird auf einem Förderband in einer 3.2 Kilometer langen Röhre direkt zur Kiesgrube «Buzza di Biasca» geführt, so dass viele Lastwagentransporte vermieden wurden.
- Als Lärmschutz werden an den oberirdischen Strecken und Baustellen Lärmschutzwälle errichtet.
- An den Baustellen werden Massnahmen gegen Vibrationen getroffen.
- Materialdeponien und Zufahrtsstrassen der Baustellen werden reichlich mit Wasser bespritzt, um Staub zu reduzieren.
- Gegen die Schadstoffbelastung sind dieselbetriebene Baumaschinen mit innovativen Partikelfiltern ausgestattet.
- Berg- und Tunnelwasser wird in entsprechenden Anlagen gereinigt, bevor es in die Flüsse kommt.

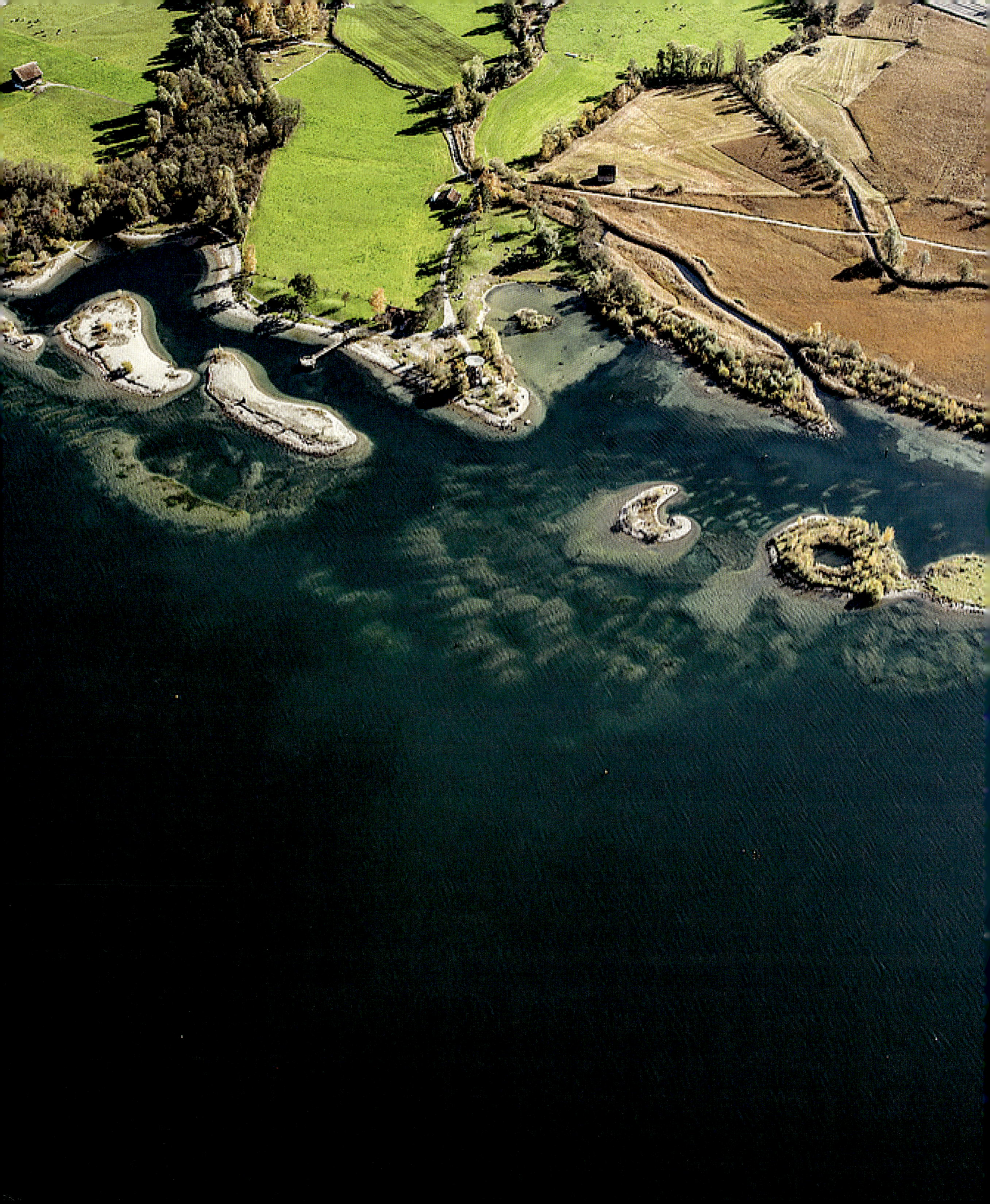

Der Badesee von Claus wurde 2012 bei Sedrun auf 1'343m geschaffen, in einer Grube des Aushubs des Gotthard-Basistunnels

Vorherige Seite: das Reussdelta am Urnersee wurde mit Ausbruchmaterial wiederhergestellt

In den Fällen, wo trotz den Schutzmassnahmen ein Schaden an wichtigen landschaftlichen Elementen entstand, wurden kompensatorische Massnahmen vorgenommen. Einige Beispiele sind:
- die Renaturierung des Bachbetts des Walenbrunnen im Kanton Uri,
- die Revitalisierung einer Schlucht bei Sedrun,
- die Aufwertung des Feuchtwaldes und die Wiederaufforstung der Kastanienhaine von Pasquerio bei Biasca,
- die natürliche Gestaltung der Bahntrasse,
- das Aufschütten von Ausbruchmaterial in Sigirino und die harmonische Gestaltung des Hügels und der Umgebung.

Im Gebiet von Camorino, wo einige Anbauflächen der Landwirtschaftsbetriebe der Bahn zum Opfer fielen, werden den Bauern neue Landwirtschaftsflächen in der Nähe zugeteilt.
Alle Gebiete, die während der Arbeiten an den Portalen und Zugangsstollen am Gotthard und am Ceneri benutzt werden, sollen neugestaltet werden, so dass die Auswirkung der neuen Bahninfrastruktur auf das Landschaftsbild reduziert werden kann.

Ein bemerkenswertes Projekt entstand in Flüelen, an der Mündung der Reuss in den Vierwaldstättersee: Mit Ausbruchmaterial aus dem Tunnel wurden künstliche Inseln aufgeschüttet. Denn jahrzehntelang wurde im Reussdelta immer Kies abgebaut. Die dadurch zerstörten Flachwasserzonen können mit dem aus dem Tunnel gewonnenen Material regeneriert werden. Die künstlichen Inseln bieten Platz für seltene Vögel, Laichplätze für Fische und mit den Badeinseln eine Attraktion für Einheimische und Touristen.

Eine einzigartige, wertvolle Bahnstrecke über die Alpen

Die 90 Kilometer lange Eisenbahn-Bergstrecke von Erstfeld nach Biasca mit dem 1882 eröffneten Gotthardtunnel bleibt bis heute eine technische Meisterleistung. Denn um die beträchtlichen Höhenunterschiede in der Biaschina- und Piottinoschlucht und bei Wassen zu überwinden, wurde die Streckenführung mit Kehrtunneln und Eisenbrücken wie bereits erwähnt innovativ geplant. Die Strecke in dieser unwegsamen Gebirgslandschaft war nicht einfach, weil natürlich auch dauernd die Gefahr von Erdrutschen und im Winter von Lawinen besteht.

Es wurden zahlreiche Eisenbrücken erbaut. Die Bahnhöfe waren gemäss Modularsystem gestaltet, wobei man je nach Bedarf seitliche Ergänzungsbauten anfügen konnte wie z. B. Wartesaal, Warenlager und diverse andere Einheiten.
Zu Beginn war die Linie nur einspurig. Damit die Züge nicht zu lange an den Kreuzungspunkten warten mussten, wurden die Bahnhöfe in gleichmässiger Distanz errichtet. Das erklärt auch, warum sich einige Bahnhöfe ausserhalb des jeweiligen Dorfkerns befinden.

Schon in den ersten Jahren nach Inbetriebnahme nahm der Zugverkehr stark zu, sodass man bis 1896 die gesamte Strecke zweispurig ausbaute, während die Elektrifizierung der Bergstrecke erst 1920 abgeschlossen wurde.

Die beim Bau der Gotthardbahn gesammelten Erfahrungen waren selbstverständlich auch für die Planung und den Bau der anderen Bergstrecken von grossem Nutzen, wie zum Beispiel die von der Rhätischen Bahn befahrene Albulastrecke.

Auch wenn die alte Gotthard-Bergstrecke mit ihren Fahrzeiten zu einer langsamen Route zweiter Klasse geworden ist und nicht mehr ganz den Bedürfnissen der heutigen immer intensiveren, schnelleren Mobilität entspricht, bleibt diese kurvenreiche Panoramastrecke oben durch den alten Tunnel dennoch historisch und touristisch weiterhin attraktiv und wird von Bahnliebhabern und Touristen geschätzt.

Die Biaschina-Schlucht mit ihren Brücken und Kehrtunneln war immer schon ein faszinierendes Beispiel für den menschlichen Erfindergeist

Nächste Seite: interessante Illustration aus einem neueren Prospekt für den Gotthard Panorama Express

1) Kehrtunnel Pfaffensprung
2) Wendetunnel Leggistein
3) Wendetunnel Wattingen
4) Gotthard-Basistunnel
5) Gotthardtunnel der Bergbahn
6) Kehrtunnel Freggio
7) Kehrtunnel Prato
8) Kehrtunnel Pianorotondo und Travi
9) Ceneri-Basistunnel

Gotthard Panorama Express

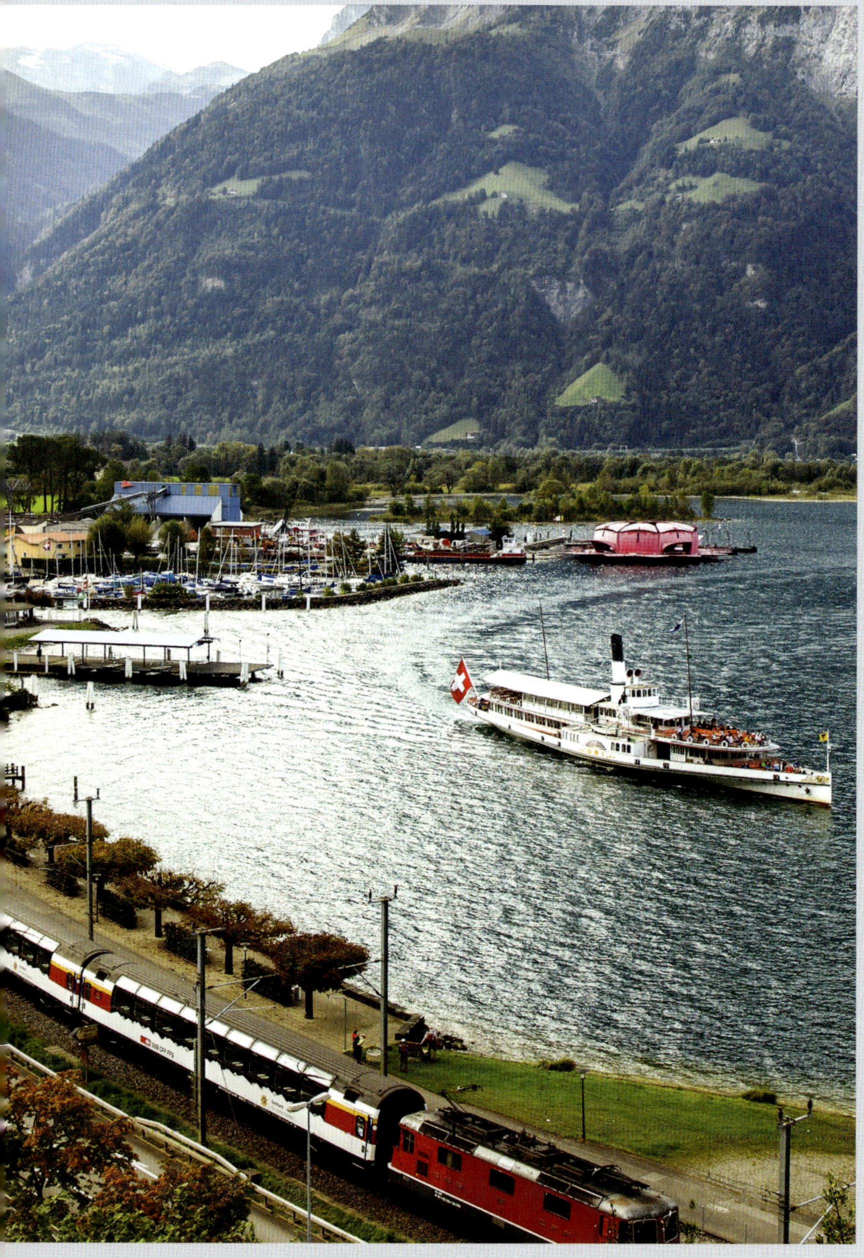
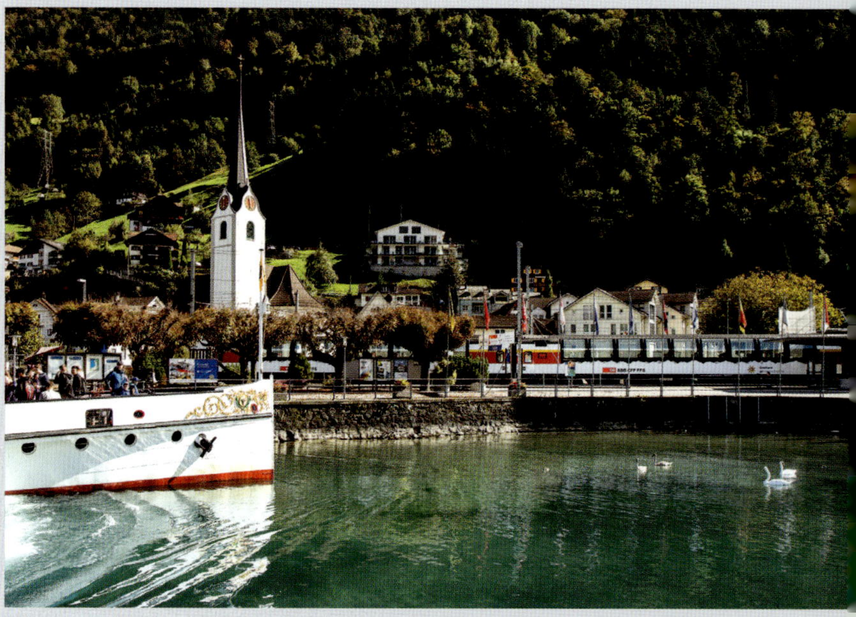
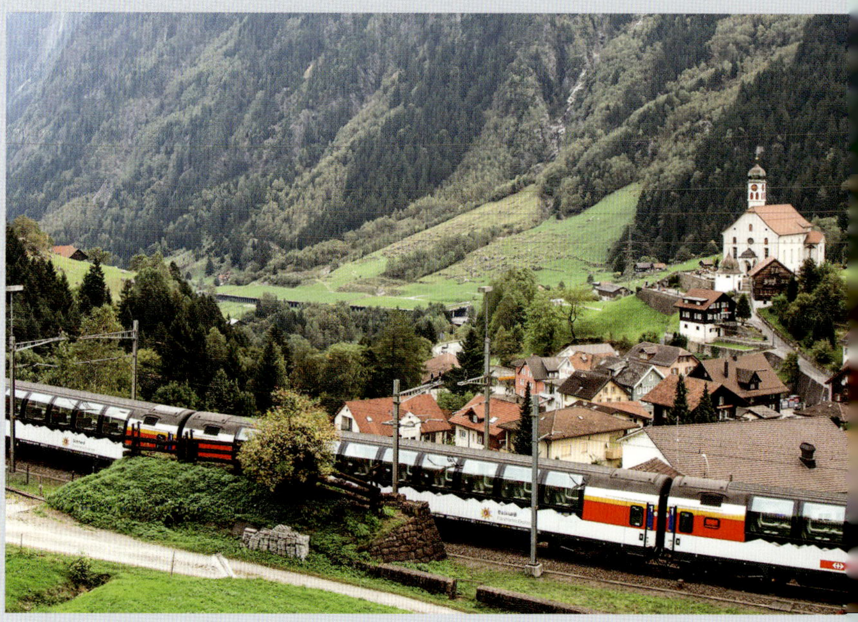

Nach einer Schifffahrt auf dem Vierwaldstättersee steigt man in Flüelen in den Panoramazug der Gotthard-Bergstrecke ein

Rechts: Ein Hochgenuss ist es, beim Probieren der Köstlichkeiten im Restaurantwagen die Aussicht auf die wunderschönen Landschaften der Schweiz zu erleben

Vorherige Seite links: Der Gotthard Panorama Express mit seinen Panoramawagen fährt durch Flüelen

Oben rechts: bei der Schiffsanlegestelle von Flüelen: vom Schiff zum Panoramazug

Unten: der Gotthard Panorama Express fährt dank den Kehrtunneln dreimal an der Kirche von Wassen vorbei

Es gibt vier gute Gründe, den Betrieb auf der Gotthard-Bergstrecke weiter zu führen:
- Auf dieser Linie verkehren weiterhin stündlich Regioexpress-Züge.
- Sie bleibt für eine befristete Zeit eine gute Ausweichmöglichkeit im Fall von Wartung, Unfällen oder anderen Notfällen im Basistunnel.
- Diese Strecke könnte verstärkt von Güterzügen mit gefährlicher Ladung genutzt werden, damit diese nicht den neuen 57 Kilometer langen Tunnel befahren.
- Die Linie sollte eine neue Bedeutung im Tourismus bekommen und vor allem in der Hochsaison im Sommer und im Winter zur Attraktion werden.

Das spektakuläre Naturerlebnis, die technischen und kulturellen Besonderheiten dieser historischen Bergstrecke sind einzigartig, denn sie verkörpern ein wichtiges Stück Schweizer Verkehrsgeschichte und würden deshalb den Schutz als UNESCO-Welterbe verdienen.

Eine Kandidatur ist wegen der Geschichte der Region und der Bedeutung dieser Bahnlinie für ganz Europa gerechtfertigt.

Ein Blick in die Zukunft mit AlpTransit

Texte von Adriano Cavadini	**Die Bedeutung des kombinierten Verkehrs**	212
	**TILO	Die Tessiner Regionalbahn** im grenzüberschreitenden Bahnverkehr	218
	Tram-Treno U-Bahn der Region Lugano	222
	Langfristig geplante Werke im Bau, in Projektierung oder als Idee	224
	Interessante Projekte nach Vollendung der Basistunnel	230
Text von Luca Bassani	**Schweiz-Italien** Die neuen Bahnverbindungen	232
Text von Marcel Jufer	**Elektromagnetische Schwebebahnen** von Swissmetro zu Hyperloop	236
Texte von Adriano Cavadini	**Einige Schweizer Unternehmen** im Bereich Bahn- und Fahrzeugbau	238

Die neue Zufahrtsrampe von Camorino am Nordportal des Ceneri-Basistunnel
mit der Verbindungsschlaufe nach Locarno

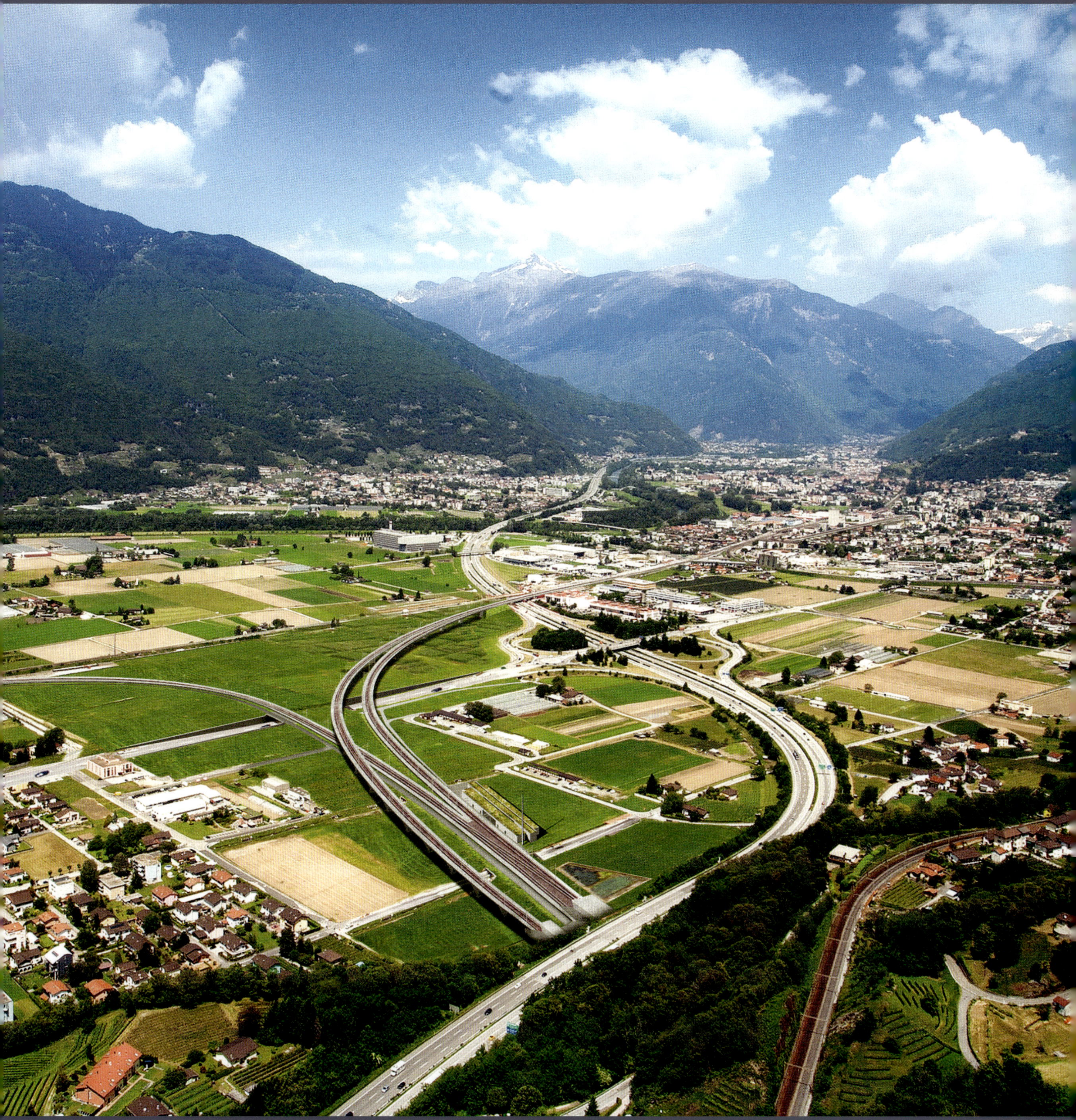

Die Bedeutung des kombinierten Verkehrs

Für mittlere und kurze Distanzen ist der Gütertransport mit Lastwagen auf der Strasse sicherlich die bequemste Lösung, weil man so ohne zeitraubendes Umladen und ohne dadurch entstehende Kosten die Produkte direkt bei der Quelle abholen und beim Endkunden abladen kann. Alternativen zum LKW-Transport lohnen sich in folgenden Fällen:
- wenn es sich um längere Strecken von 400-500 km handelt, denn die Kosten bei dieser Distanz steigen rasch,
- wenn ein Schienentransport für Lieferanten, Verteiler oder Konsument zur Verfügung steht.

Man kam auf die Idee, entweder die LKW samt Fahrer auf den Zug zu laden (diese Lösung wurde «rollende Autobahn» genannt), oder nur den Anhänger (oder später Container) direkt auf die Bahn zu verladen. In diesem Fall werden Fahrer und LKW nur zweimal zum Einsatz kommen: zu Beginn der Sendung, wenn die Güter vom Ausgangspunkt zum Verladeterminal gebracht werden und am Ende, wenn die Ware vom Bestimmungsterminal zur Enddestination befördert wird.

Bereits 1950-1960 wurden Versuche gestartet, diese neuen Lösungen in die Praxis umzusetzen. Aber erst 1963 wurde das Problem ernsthaft mit dem Ziel angegangen, den Verkehr von LKW und Aufliegern auf den Autobahnen und Strassen zu reduzieren, da bereits erste Sättigungserscheinungen auftraten.
Ausserdem war die Gottardpassstrasse im Winter unbefahrbar, weil sie wegen Schnee gesperrt wurde. Auch auf den anderen ganzjährig befahrbaren Alpenstrassen (wie z. B. Simplonpass) gab es unberechenbare, wechselhafte Wetterverhältnisse und ernsthafte Gefahren.

1967 beschloss eine Gruppe von Schweizer Transportunternehmen zusammen mit den Bahnen, ein neues Unternehmen für den kombinierten Verkehr von Strasse und Schiene zu gründen, weil man auf langen Strecken und auf der Gotthardachse die Lastwagen, Anhänger und Sattelauflieger direkt auf die Schiene verlagern wollte.
Zu Beginn gab es grossen Widerstand, teilweise sogar auch bei den SBB,

1964 wurde zum ersten Mal ein LKW der Firma Hans Bertschi zum Transport durch den Gotthardtunnel auf die Bahn geladen

Im selben Jahr verwendete auch die Tessiner Firma der Gebrüder Bernasconi zum ersten Mal den intermodalen Transport.

Nächste Seite: ein schönes Bild mit der Kirche von Wassen und einem Hupac Cargo Güterzug an der Reuss

und erhebliche Schwierigkeiten, ein grossräumiges Gelände für Verlade- und Bestimmungsterminals zu finden, auf dem der Warenumschlag von den LKW auf die Bahnwaggons ohne allzu grossen Zeitverlust stattfinden konnte. Die vollständige Umsetzung des Projekts wurde dadurch verzögert.

So entstand das Schweizer Unternehmen Hupac, das von Anfang an eigene Bahnwaggons anschaffte, um flexibler und effizienter zu sein. Einer der Zulieferer ist die Firma Ferriere Cattaneo AG von Giubiasco. Um noch unabhängiger von den Bahnen zu werden, kaufte Hupac bald eigene Lokomotiven und bot seine Dienstleistungen auch über die Landesgrenzen hinaus an.

Auch in anderen Ländern entstanden Unternehmen für den kombinierten Verkehr. Diese bildeten rasch eine internationale Organisation, die gegenüber den Behörden und der Bahnverwaltung entschlossen auftrat und ihre Machtstellung stärken wollte. Sie handelte eine bessere Integration und Koordination ihrer Verkehrsmittel aus, sogar die Schaffung neuer Linien war beabsichtigt.

Zu Beginn wurden die bestehenden Infrastrukturen der Bahnen für den Warenumschlag der Bahnwaggons verwendet, die fortwährend verbessert und den besonderen Bedürfnissen des kombinierten Verkehrs angepasst wurden.

Dann errichteten diverse Transportunternehmen wie auch Hupac ihre firmeneigenen Terminals an den Hauptbahnverkehrsachsen. Einer der wichtigsten Terminals der Hupac Gruppe wurde in Busto Arsizio bei Mailand aufgebaut, hier ist der Verkehrsknotenpunkt für den zunehmenden Transport von und nach Antwerpen.

Im Markt des kombinierten Verkehrs spielt die Hupac eine wesentliche Rolle, denn 35% der Transporte dieses Unternehmens werden durch den Lötschberg transportiert, die Mehrheit von 65% via Gotthard. Davon werden 50% über die Linie nach Luino und 15% auf der Linie nach Chiasso abgewickelt.

Der Anstieg des kombinierten Verkehrs wurde auch durch die Annahme der *Alpeninitiative* (1994) und durch die Einführung der Schwerverkehrsabgabe (1998) begünstigt, denn das Ziel beider Instrumente war, den stark zunehmenden Lastwagenverkehr über die Alpen so weit wie möglich zu vermeiden und ihn auf 650'000 Fahrten pro Jahr zu beschränken.

Die Hauptidee ist dabei natürlich, eine immer grössere Zahl von LKW und Sattelschlepper auf die Schiene zu verlagern. Einige sind sogar der Ansicht, dass man mit diesem System in den nächsten Jahren 95% des Güterverkehrs zwischen Italien und den Benelux-Ländern (Belgien, Niederlande und Luxemburg) abwickeln sollte.

Die bemerkenswerte Entwicklung der Firma Hupac, mit Hauptsitz in Chiasso, wird aus der nachfolgenden Tabelle ersichtlich:

Jahr	Mitarbeiter	Eigene Wagen	Mietwagen	Sendungen	Umsatz in CHF
1980	14	183	0	55'755	61 mio
2017	470	5'636	305	763'000	486 mio

Das Unternehmen Hupac hat eine Vormachtstellung im Schweizer Transitverkehr, zirka 50% des gesamten alpenquerenden Güterverkehrs durch die Schweiz; der Rest wird durch etwa 20 weitere Firmen abgewickelt, die ebenfalls eine Vereinbarung mit dem Bund unterschrieben haben, um eine Vergütung für einen Teil der Kosten zu erhalten.

Links: *Ein Containerzug von Hupac kommt aus dem Nordportal des Gotthard-Basistunnels*

Rechts: *Lastwagen auf der «rollenden Autobahn» RAlpin mit Begleitwagen für Fahrer, hier auf der Durchfahrt in der Nähe von Arth-Goldau*

Hupac ist das zweitwichtigste Unternehmen in Europa, nach der deutschen Firma Kombiverkehr, die mit einem Umsatz von 486 Millionen Euro (2017) täglich fast eine Million Sendungen befördert. Dagegen transportiert Hupac täglich 760'000 Sendungen mit einem Umsatz von 430 Mio. Euro, wobei Hupac der einzige Anbieter dieses Bereichs ist, der ein internationales Netz von kombiniertem Verkehr zu bieten hat.

Das Unternehmen beschäftigt in der Schweiz 470 Personen, davon etwa 200 im Tessin. 2017 wurden auf firmeneigenen Zügen 460'000 LKW durch die Schweiz befördert – trotz der Schwierigkeiten, die durch Grossbaustellen und durch komplette Schliessung der Linie verursacht wurden wie etwa die Anpassungsarbeiten in Luino und der Rastatt-Unterbruch wegen Einsturz eines Eisenbahntunnels.

Das Unternehmen investiert, wie seine Konkurrenten, fortwährend in neue Bahnwaggons, in Personal, in Umladeterminals und in Informatiksysteme, um den Zugverkehr in Europa immer besser zu betreiben und zu fördern. Hupac hat vorgesehen, zwischen 2015 und 2020 insgesamt 200 Millionen Franken zu investieren. Der kombinierte Verkehr kann noch erweitert werden, wenn die Struktur und Technologie der Waggons zum Aufladen der Auflieger rasch verbessert werden, denn diese fahren aktuell fast alle auf der Strasse. Wenn ab 2020 die Eckhöhe aller Eisenbahntunnel auf vier Meter erhöht sein wird, können grössere Anhänger und Container auch mit grosser Geschwindigkeit transportiert werden. Schon seit Ende 2016 benutzt der kombinierte Verkehr den Gotthard-Basistunnel, wo Güterzüge aber nur mit 100 km/h fahren dürfen, denn die aktuell verwendeten Güterwagen wurden nicht für höhere Geschwindigkeiten konzipiert.

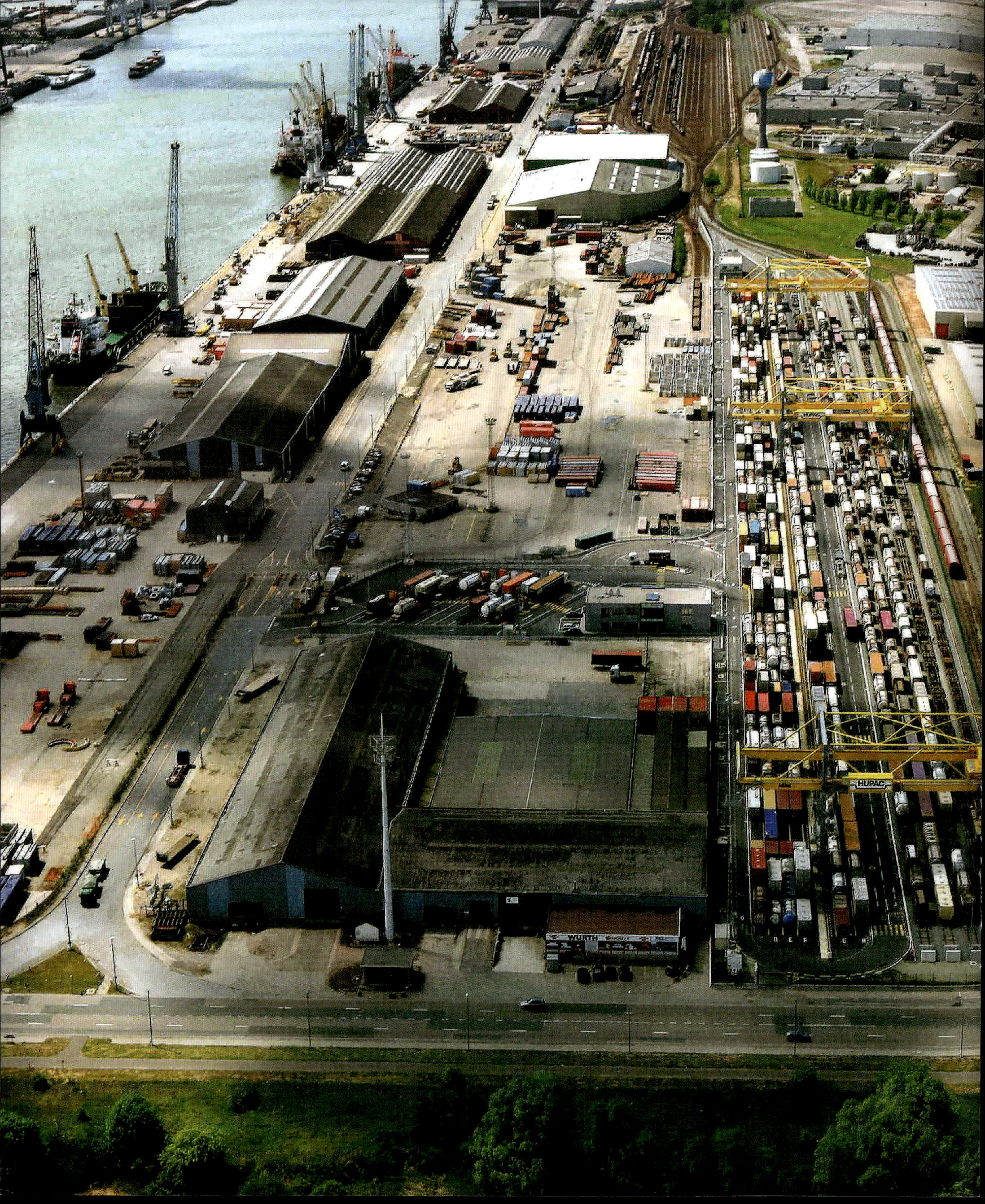
HUPAC
WURTH

Für mittlere und kurze Distanzen ist der Gütertransport mit Lastwagen auf der Strasse sicherlich die bequemste Lösung, weil man so ohn zeitraubendes Umladen und ohne dadurch entstehende Kosten die Produkte direkt bei der Quelle abholen und beim Endkunden abladen kann.

Alternativen zum LKW-Transport lohnen sich in folgenden Fällen:
- wenn es sich um längere Strecken von 400-500 km handelt, denn die Kosten bei dieser Distanz steigen rasch,
- wenn ein Schienentransport für Lieferanten, Verteiler oder Konsument zur Verfügung steht.

Man kam auf die Idee, entweder die LKW samt Fahrer auf den Zug zu laden (diese Lösung wurde «rollende Autobahn» genannt), oder nur den Anhänger (oder später Container) direkt auf die Bahn zu verladen.
In diesem Fall werden Fahrer und LKW nur zweimal zum Einsatz kommen: zu Beginn der Sendung, wenn die Güter vom Ausgangspunkt zum Verladeterminal gebracht werden und am Ende, wenn die Ware vom Bestimmungsterminal zur Enddestination befördert wird.

Zwei Ansichten des Hupac Terminals von Busto Arsizio-Gallarate (Lombardei) mit einer Fläche von 240'000 m², das entspricht 33.5 Fussballfeldern
Vorherige Seite: der Hupac Terminal HTA von Antwerpen mit einer Fläche von 53'000 m², das entspricht 7.5 Fussballfeldern

TILO | Die Tessiner Regionalbahn im grenzüberschreitenden Bahnverkehr

TILO AG (Ticino-Lombardia), ein italienisch-schweizerisches Bahnunternehmen, stellt den regionalen sowie den grenzüberschreitenden Bahnverkehr zwischen Tessin und der Lombardei sicher.
2004 wurde TILO gegründet und gehörte zu je 50% den SBB und der Trenitalia (Gruppe der Italienischen Staatsbahnen). 2011 hat Trenitalia sein Aktienkapital von 50% an Trenord übergeben. Die schnellen regelmässigen Verbindungen zwischen den wichtigsten Ortschaften im Tessin und in der Lombardei konnten kontinuierlich ausgebaut werden.
Seit 2006 wurden die herkömmlichen Züge nach und nach von den neuen FLIRT-Zügen ersetzt: FLIRT (Fast Light Innovative Regional Train) sind moderne, leise Kompositionen, die über eine Vorrichtung verfügen, die sich an das jeweilige Stromversorgungssystem der beiden Länder anpasst (Schweiz 15 KV Wechselstrom, Italien 3 KV Gleichstrom). Dadurch erübrigt sich das Umsteigen oder der Lokomotivwechsel an der Grenze, sodass Zeit gespart wird. Diese Züge werden von der Schweizer Firma Stadler Rail in Kompositionen von vier oder sechs Wagen hergestellt. Die Eingänge mit niedrigen Trittbrettern erleichtern Fahrgästen mit Behinderung, mit Kinderwagen, mit Gepäck oder mit Fahrrad den Einstieg.

Zu Stosszeiten verkehren die Züge im Halbstundentakt, auf einigen Strecken im Stundentakt.
Nach der Inbetriebnahme des Gotthard-Basistunnels 2016 wurde die alte Bergstrecke in das TILO Regionalverkehrsnetz eingebunden. Im Stundentakt gibt es eine Verbindung vom Tessin nach Erstfeld.
Seit Juni 2018 verkehrt TILO in Richtung Süden nicht nur bis Mailand Hauptbahnhof, sondern auch bis zum Flughafen Milano Malpensa. Dank dieser guten Verbindungen nahm die Nachfrage kontinuierlich zu.
2017 wurden im Tessin zirka 11.5 Millionen Passagiere befördert.
Die Zahl steigt sogar auf 14 Millionen, wenn man auch die Fahrgäste dazuzählt, die in italienischen Bahnhöfen zusteigen. Die TILO Zugsflotte bietet 2018 40 FLIRT-Züge, davon 23 mit vier Wagen und

17 mit sechs Wagen sowie 7 Domino-Züge mit vier Wagen. Nach Eröffnung des Ceneri-Basistunnels werden weitere 10 FLIRT-Züge eingesetzt, um den erwarteten Zuwachs an Passagieren zu bedienen. Auch im Bildungsbereich gibt es viele potentielle Kunden dieser Regionalbahn. Ende 2019 werden zum Beispiel ein Bereich der Fachhochschule SUPSI (das Departement für Umwelt, Bau und Design) und weitere dazu gehörige Institute nach Mendrisio verlegt, das bedeutet rund 250 Mitarbeiter und 500 Studenten im Basisstudium, dazu mehr als 1'000 Studenten in der Weiterbildung, die zum Grossteil auf den öffentlichen Verkehr angewiesen sind. Um 2025 wird auch beim Bahnhof von Lugano ein Zentrum der SUPSI eingerichtet werden, das weitere neue Nutzer bringen wird.

Aktuell steigen an Wochentagen im Tessin zirka 35'000 Personen in TILO-Züge ein, nach der Inbetriebnahme des Ceneri-Basistunnels 2020 rechnet man mit mehr als 50'000 Passagieren.

TILO hat einige Arbeitsplätze vor allem für Lokführer geschaffen (es sind bereits mehr als 100, aber die Zahl steigt rasch an) und nutzt in Bellinzona diverse Dienstleistungen der SBB für die Wartung der Zugskompositionen.

Auf dieser Strecke wurden einige Bahnhöfe bereits umgebaut, andere Umbauten folgen in kurzer Zeit. Auch diverse Neubauten sind vorgesehen, darunter der Bahnhof Bellinzona-Piazza Indipendenza, dank denen die Fahrt für Pendler zur Arbeit oder zur Fachhochschule verkürzt wird.

Der Geschäftsführer von TILO, Denis Rossi, hat in der folgenden kurzen Erzählung seine Zukunftsvision dargestellt, wie der TILO im Jahr 2040 sein könnte. Dabei kommen die grossen aktuellen Themen der Bahnen und ihrer Strategie zum Ausdruck: Digitalisierung, stärkere Personalisierung der Kundenbeziehung, Kapazitätserweiterung, Konkurrenz mit neuen Transportformen wie selbständig fahrenden Autos und, natürlich wichtig für den Kanton Tessin, die Fertigstellung der AlpTransit.

Die Landschaft draussen ist gut sichtbar, obwohl ich den Verdunkelungs-Modus eingeschaltet habe, um das Zugfenster mit Hilfe von mit modernster Nanotechnologie hergestellten Fensterfolien zu verdunkeln. Der See ist immer ein wunderschönes Naturschauspiel. Alle Landschaften von den Alpen bis zur Lombardei finde ich faszinierend, sowohl die im Sopraceneri als auch im Sottoceneri.

Ach, jetzt bin ich schon wieder darauf reingefallen! Ich bin einer der wenigen, der immer noch diese veralteten Bezeichnungen Sopra- und Sottoceneri verwendet. Die jungen Leute gebrauchen diese Namen nicht mehr. Die wissen überhaupt nicht mehr, wo sich der Monte Ceneri befindet.
Mein Enkel Teo beachtet die Landschaft nicht, sondern liest gespannt im digitalen Reiseführer des Museums von Mailand. Wir sind gerade dorthin unterwegs, um uns eine Ausstellung über die bekannten «Tilisti» anzusehen, das sind Künstler der neu-impressionistischen Bewegung, die ihre Landschaften unterwegs in den TILO-Zügen malen. Es ist zwar seltsam, dass ein Zug eine Künstlerbewegung angeregt hat, aber es ist nun mal so, dass die Kunst zum Bereich der Kreativität gehört, die man nicht kontrollieren kann, genau wie die Entwicklung des TILO.
Seit Jahrzehnten sind Zugskombinationen und Passagiere im Zuwachs. Aber es ist so wie bei allen Entwicklungen: «Voilà, hier ist der Tunnel», sagte man bei der Eröffnung des Ceneri-Basistunnels, «das ist die Zukunft!» Und jetzt bin ich mit Teo auf einem Zug, der nichts mehr gemeinsam hat mit den schönen FLIRT-Zügen von damals.
Zum Beispiel beim Einsteigen hat der Personenerkennungs-Scanner eine Willkommensnachricht an mein multimediales Armband geschickt, welches ein entfernter Verwandter der ehemaligen Smartphones ist.
TILO erkennt mich. Auch mein Enkel Teo wird erkannt, aber TILO weiss, dass mit seinem Armband keine Zahlung ausgeführt werden kann. Das ist aber kein Problem, denn auf dem Hologramm meines Armbands kann ich einfach seine Fahrt zu meiner hinzufügen. Die Kosten seiner Fahrt werden dann direkt auf meinem Konto belastet. Das geschieht aber erst am Ende des Tages, wenn TILO alle erfolgten Fahrten registriert hat. Diese neuen Systeme haben auch weitere Vorteile, zum Beispiel im Sicherheitsbereich: Wenn TILO bemerken sollte, dass Teo nicht mehr im gleichen Zug wie ich ist, dann würde sofort ein Alarm abgegeben.
Teo ist vertieft in den Ausstellungsführer, denn wenn man das Reiseziel nennt, bekommt man von TILO automatisch nützliche Informationen zur Destination. Ausserdem kann man bei genauer Angabe des

Ein TILO-Zug im Hauptbahnhof Centrale von Mailand

Vorherige Seite: Denis Rossi, Geschäftsführer von TILO und Autor dieser kurzen Geschichte

Auf Seite 218: ein TILO-Zug beim Tunnel südlich von Bellinzona

Auf Seite 219: ein TILO-Zug fährt über den Seedamm von Melide

Zielortes dank den neuen integrierten Steuerungssystemen auch eingeben, dass die Anschlusszüge wenn möglich auf uns warten sollen.
Teo hat bei seinem Reiseführer die Modalität «Visualisierung direkt auf dem Zugsfenster» gewählt, so dass die Fenster zum Bildschirm geworden sind. Plötzlich wird er aber von der Strasse dahinter abgelenkt: «Schau mal Opa, so viele Autos auf der Strasse! Einige haben auch einen Fahrer!» Ich blicke ihn lächelnd an: «Als ich jung war, hätte ich bei so wenigen Autos gesagt, die Strasse ist ja leer...» – «Ja, ich weiss, aber warum haben die Leute ihre Zeit mit Autolenken verschwendet, anstatt im Zug oder mit einem selbstfahrenden Auto zu fahren?»
«Na ja, die Geschichte der Menschheit war schon immer ein Auf und Ab, die Gesellschaft als Ganzes hat sich weiterentwickelt, deshalb leben wir heute ein besseres Leben als vor 20 Jahren. Vielleicht reisen auch deshalb heute mehr Leute im Zug oder lassen sich mit selbstfahrenden Autos hinfahren».
«Hmm», sagt Teo, «so war das wohl. Mir ist auf jeden Fall der Zug lieber als die selbstfahrenden Autos; die Züge sind schneller und sicherer!» Wer hätte das so voraussehen können? Wenn mich vor 20 Jahren jemand gefragt hätte, den TILO von 2040 zu beschreiben, hätte ich abgelehnt, denn ich war mir bewusst, dass ich mir nicht im Entferntesten ein Bild von der Zukunft machen könnte, in der wir heute leben. Und wenn mich heute einer, im Jahr 2040, fragen würde, wie der TILO im Jahr 2060 sein wird?
Die AlpTransit wird das Tessin von Norden nach Süden durchqueren. Die Strecken werden komplett für TILO zur Verfügung stehen. Wer weiss, wie Teo sich den TILO von 2060 vorstellt? Besser nicht fragen, denn die jungen Leute haben viel Fantasie und seine Vision könnte mich erschrecken...!

Tram-Treno
U-Bahn der Region Lugano

Plan der Streckenführung der neuen U-Bahn der Region Lugano Tram-Treno

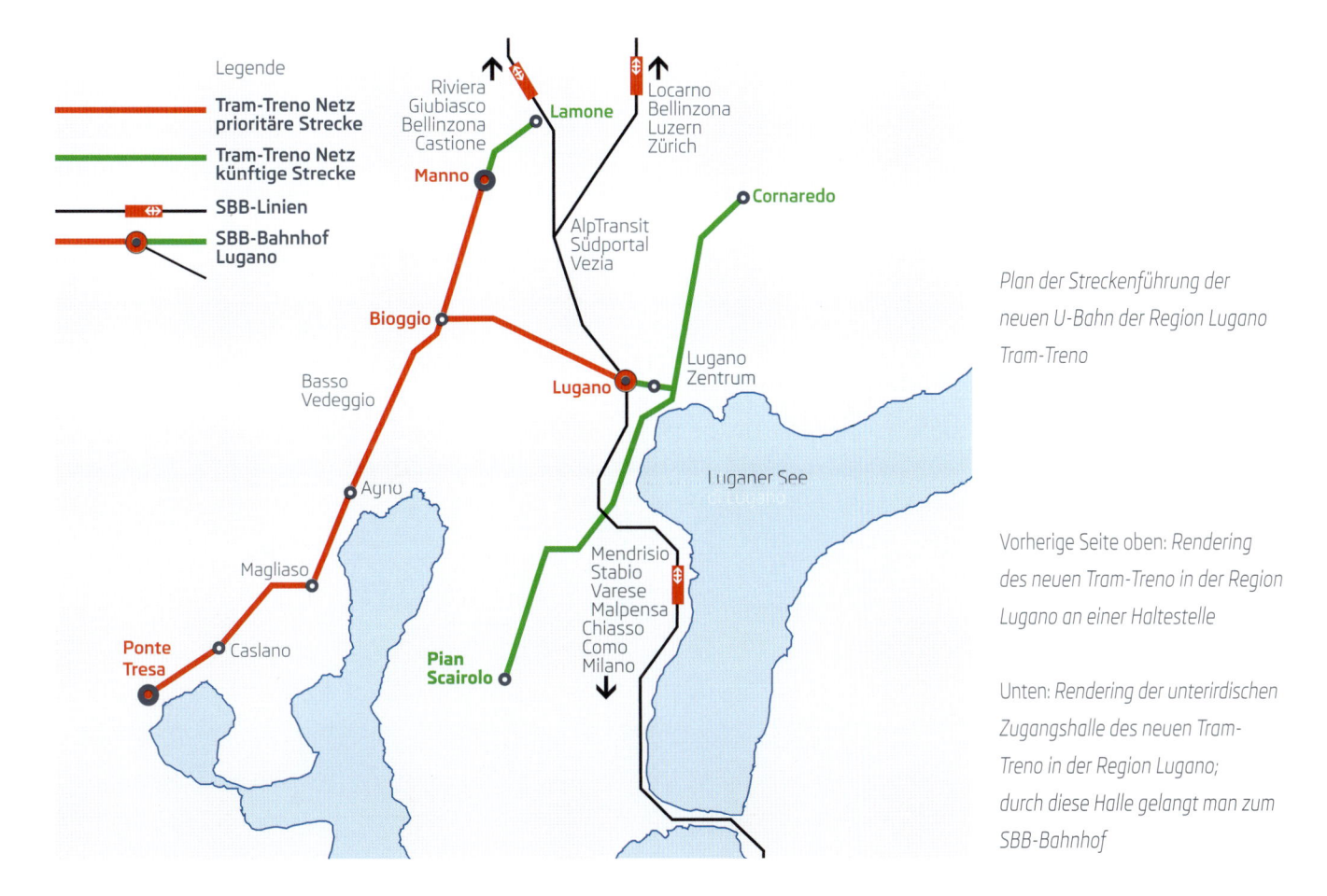

Vorherige Seite oben: Rendering des neuen Tram-Treno in der Region Lugano an einer Haltestelle

Unten: Rendering der unterirdischen Zugangshalle des neuen Tram-Treno in der Region Lugano; durch diese Halle gelangt man zum SBB-Bahnhof

Der Bund hat 2017 einer Finanzierung von 240 Millionen Franken von insgesamt 400 Millionen für diese neue Verbindung im Gebiet von Lugano zugestimmt. Die definitive Bestätigung durch das Parlament wird 2019 erwartet. Der Tessiner Kantonsrat hat am 19. Juni 2018 einem Kredit von 81 Mio. Franken für die Finanzierung des ersten Teilstücks zugestimmt.

Die aktuelle Linie Lugano-Ponte Tresa soll ausgebaut werden und wird nicht mehr auf der Strecke bis zum Bahnhof Lugano via Muzzano verkehren, sondern nach dem Ort Bioggio durch einen Tunnel bis ins Zentrum von Lugano fahren, wo sich der heutige Busbahnhof befindet. Der Tunnel von 2.2 Kilometern Länge wird auch via Rolltreppen einen direkten Zugang hinauf zum Bahnhof der SBB haben sowie zum dahinter liegenden Quartier Besso. Zu Stosszeiten soll alle 5 Minuten ein Zug zwischen Bioggio und Lugano fahren, alle 10 Minuten zwischen Ponte Tresa und Lugano sowie zwischen Manno und Lugano.

Auf der Bahn Lugano-Ponte Tresa fahren heute täglich 7'500 Passagiere, in Zukunft rechnet man mit 20'000 Passagieren. Dank dem ersten Ausbau der Linie (zwischen 2004-2007) konnte eine Zunahme der jährlich transportierten Passagiere verzeichnet werden: Im Laufe von zehn Jahren hat sich die Zahl von 1.3 Millionen auf 2.5 Millionen Passagiere fast verdoppelt. Geplant ist der Baubeginn für 2020, die Inbetriebnahme für 2027. Die Aussichten mit dem Netzausbau sind daher sehr interessant und zeigen, wie wichtig dieses Transportmittel als Alternative zum Privatauto ist.

Zum Ausbauprojekt gehört auch, dass das aktuelle in die Jahre gekommene Rollmaterial durch neue «Tram-Züge» ersetzt wird, die Ende 2020/Anfang 2021 in Betrieb genommen werden sollen. Ausserdem ist auch der Bau eines neuen Depots mit Werkstatt in der Gegend von Manno projektiert. Das Projekt Rete Tram-Treno der Region Lugano wurde ausbaufähig konzipiert, so dass man als Ergänzung, nach 2030 falls nötig, eine weitere Linie vom Zentrum Lugano in Richtung Cornaredo und eine Linie zum Einkaufsgebiet von Grancia hinzufügen könnte.

Langfristig geplante Werke im Bau, in Projektierung oder als Idee

Rendering der neuen Bahnsteigdächer des Bahnhofs Arth-Goldau

Rechts: Rendering des neuen Bahnhofs Bellinzona mit der erhaltenen Originalfassade

Nächste Seite oben: beim neuen Bahnhof Lugano wurde das äussere originale Erscheinungsbild bewahrt

Unten: Halle des unterirdisch gelegenen Bahnhofteils von Lugano mit der neuen Standseilbahn Sasselina

Es folgt eine Auswahl der Verkehrsinfrastrukturen, die zurzeit im Bau, in der Projektierungsphase oder langfristig geplant sind. Ziel dieser Bauten ist, die überlasteten Verkehrsverbindungen im Kanton Tessin zu verbessern und die Politik der Verlagerung des Schwerverkehrs von der Strasse auf die Schiene weiter zu verfolgen. Die Bahn ist im alpenquerenden Verkehr vom Tessin in die Nordschweiz schneller als das Auto. Dies wird vermehrt der Fall sein, sobald der Ceneri-Basistunnel eröffnet ist und einige noch schwierige Strecken nördlich der Alpen verbessert worden sind.

Für die Tessiner Wirtschaft und für den Tourismus ist das Angebot des TILO ein wesentlicher Faktor. Dank den vermutlich zunehmenden TILO-Verbindungen wird, wie oben erwähnt, die Zahl der Pendlerautos auf der Strasse reduziert, ebenso werden die Langstreckenfahrten mit dem Auto abnehmen und, wenn auch in kleinerem Mass, der Güterverkehr für gewisse Produkte aus der Nordschweiz und aus Italien.

Mit dem derzeitigen Ausbau auf italienischem Gebiet werden neue, bessere Infrastrukturen für die Güter gebaut, die in den ligurischen Häfen und vor allem in Genua umgeschlagen werden. Ein Teil dieser Produkte wird vor allem mit Container-Transport die Bedürfnisse des italienischen Markts erfüllen, der andere Teil wird nach Zentral- und Nordeuropa geführt.

Die von der Schweiz geschaffene Bahninfrastruktur wird jedoch nicht in der Lage sein, eine riesige Menge von Güterverkehr aufzunehmen. Unsere Linien dienen vor allem dem Lokal- und Regionalverkehr sowie dem alpenquerenden Personenverkehr zwischen Süd- und Nordschweiz und Nordeuropa.

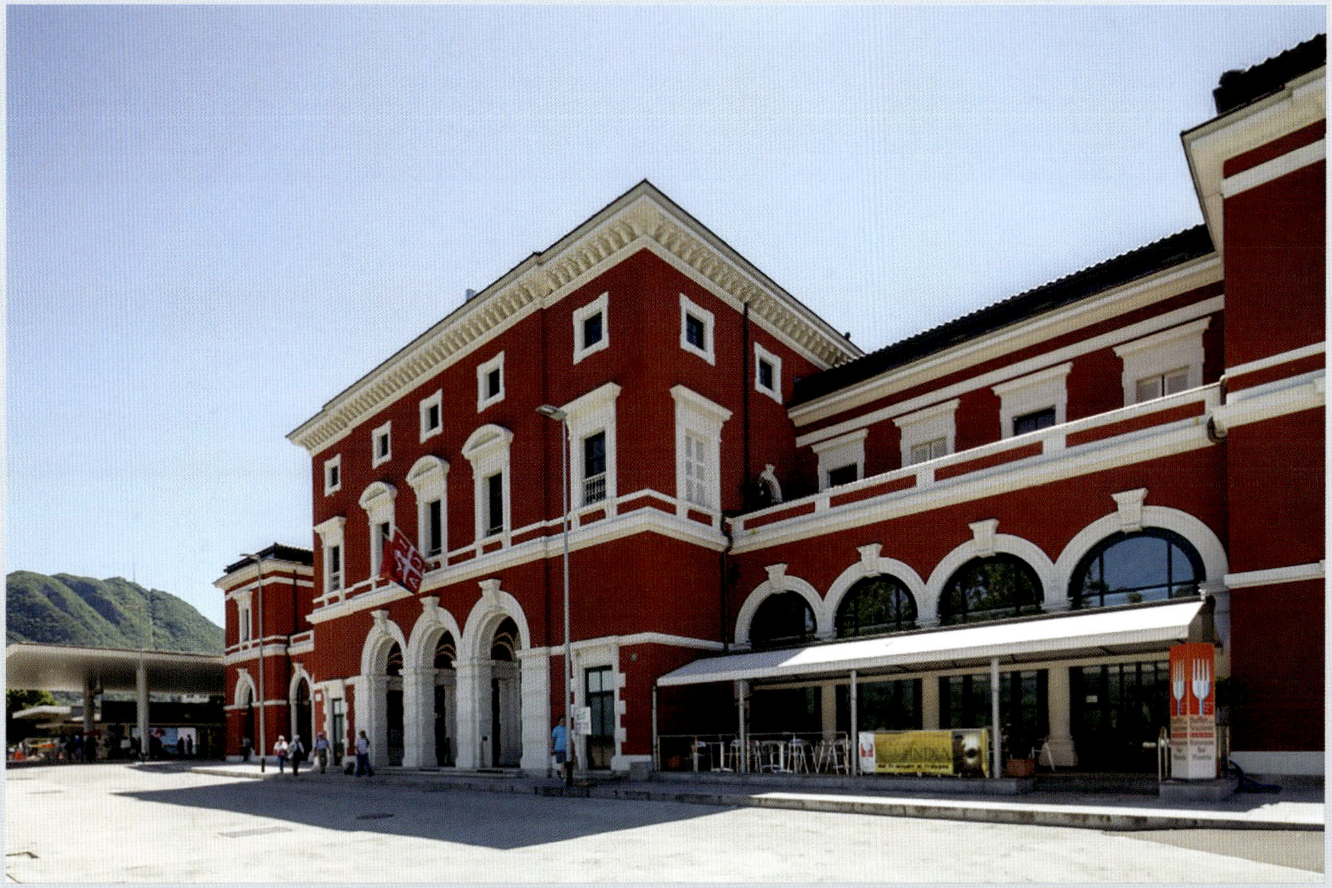

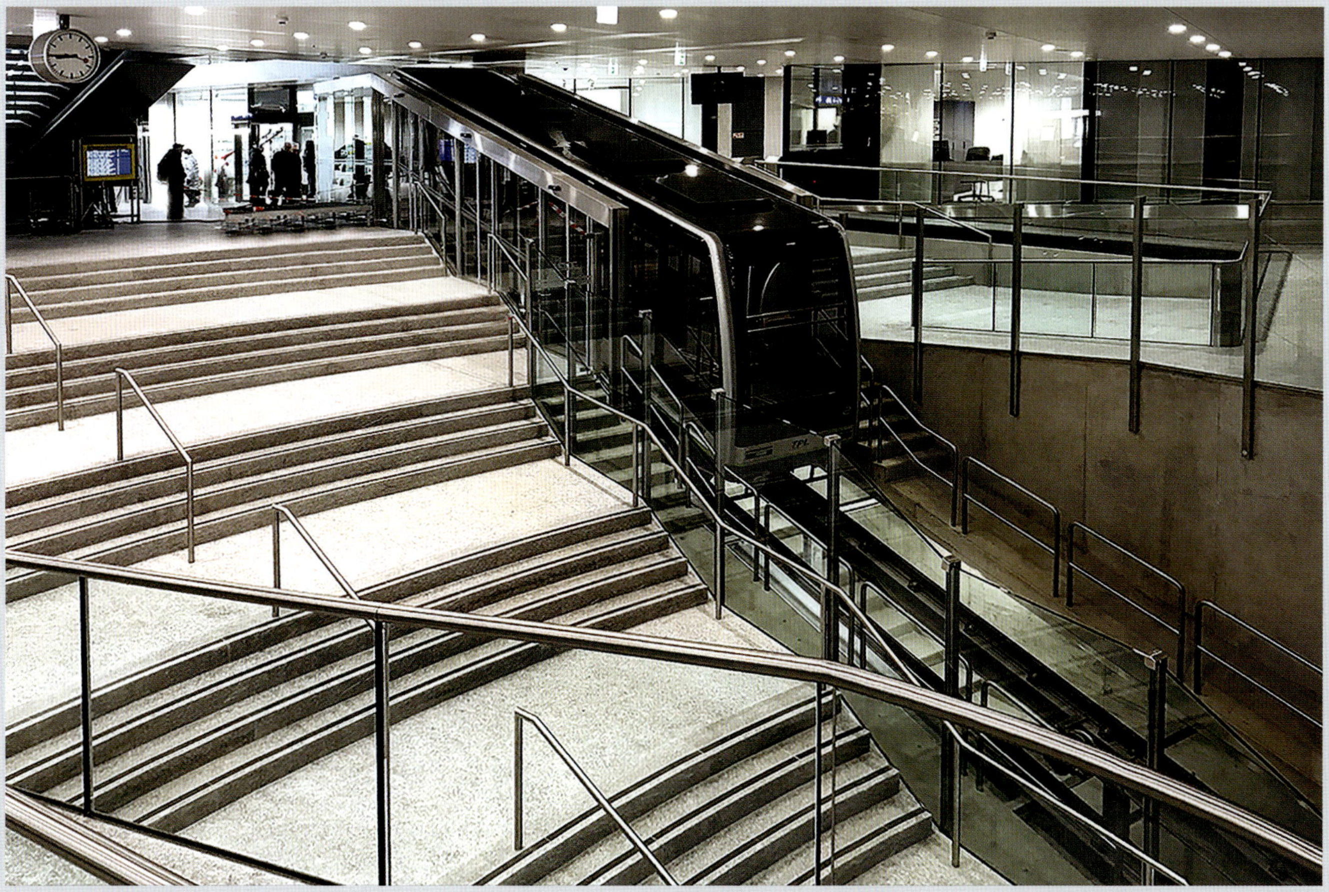

Schnelle Verbindung mit Bellinzona und Locarno

Der Ceneri-Basistunnel wird die Fahrzeit zwischen Lugano und Bellinzona von 28 auf 14 Minuten reduzieren, und so rückt das Tessin auch näher an die wichtigen Ortschaften in der Nordschweiz heran. Wer im Sopraceneri wohnt, kann schneller und einfacher nach Mailand und zum Flughafen von Malpensa fahren.

Dank der Abzweigung bei Camorino in Richtung Locarno, die der Kanton wollte, gibt es ab 2020 eine direkte Verbindung mit TILO-Zügen vom Sottoceneri nach Locarno. Von Lugano nach Locarno gelangt man in 29 Minuten, das ist die Hälfte der heutigen Fahrzeit. Die Tessiner Regionalbahn sorgt also dafür, dass sich die beiden Zonen Sopraceneri und Sottoceneri näherkommen.

Schaffung des 4-Meter-Korridors

Die Schweiz ist daran, sämtliche Tunnel auf der Gotthardstrecke auszubauen, damit diese für Güterwagen mit Containern mit vier Metern Eckhöhe befahrbar wird.

Die Arbeiten werden 2020 abgeschlossen sein. Dieser Ausbau wird auch den Reisenden auf langen Strecken und dem Regionalverkehr im Tessin zu Gute kommen, denn so können doppelstöckige Personenwagen zum Einsatz kommen, wie sie seit Jahren auf anderen Linien in der Nordschweiz bereits verwendet werden.

Auf der Simplon-Linie existiert der 4-Meter-Korridor bereits seit mehreren Jahren, er ist aber nur eingleisig und daher von ungenügender Kapazität. Diese Linie weist ausserdem sehr starke Steigungen auf, so dass man für die schweren Güterzüge sogar drei Lokomotiven braucht.

Der Ritomsee, mit einer Drohne der SBB fotografiert

Vorherige Seite: Anpassungsarbeiten, um den Korridor in Maroggia auf 4 Meter zu erhöhen

Reorganisation der Tessiner Bahnhöfe

Mit der Verwirklichung von AlpTransit wurde auch eine Neugestaltung des Gebiets um die Bahnhöfe Lugano, Bellinzona, Chiasso und Locarno angestossen. Durch die zum Teil abgeschlossenen oder sich in der Endphase befindlichen Gestaltungsmaßnahmen dieser Bahnhöfe werden zentrale Zonen mit zahlreichen Funktionen aufgewertet. An diesen Knotenpunkten treffen regionaler und interregionaler Transport, Tourismus, Stadtentwicklung und Wirtschaft zusammen.

Ausbau des Wasserkraftwerks Ritom

Die SBB mit Beteiligung der AET (Azienda Elettrica Ticinese) beginnen im Herbst 2018, mit einer Investition von 250 Mio. Franken das 1917 errichtete Wasserkraftwerk Ritom komplett zu erneuern und auszubauen. Der Druckstollen wird vollständig unterirdisch verlaufen, das Kraftwerk wird mit zwei Turbinen mit je 60 MW ausgerüstet und somit 120 MW produzieren.

Für die SBB ist dieses Projekt ein wichtiger Bestandteil der Schweizer Energiestrategie, die einen 100% Gebrauch von erneuerbaren Energien und den schrittweisen Ausstieg aus der Atomenergie bis 2050 anstrebt. Die neue Anlage kann den erhöhten Bedarf befriedigen, der mit der Zunahme des Bahnverkehrs nach der Eröffnung der Basistunnel am Gotthard und am Ceneri entsteht.

Ausserdem wird eine Pumpe von 60 MW installiert, um das Wasser nachts wieder in die Höhe zu pumpen, wenn der Strompreis niedriger ist, um so zu Spitzenzeiten kostbare Energie zu produzieren.

Zahlreiche Massnahmen sind im Rahmen des neuen Projekts vorgesehen, um die natürliche Umgebung aufzuwerten. Das neue Auffangbecken soll ein grösseres Fassungsvermögen als das bisherige haben.

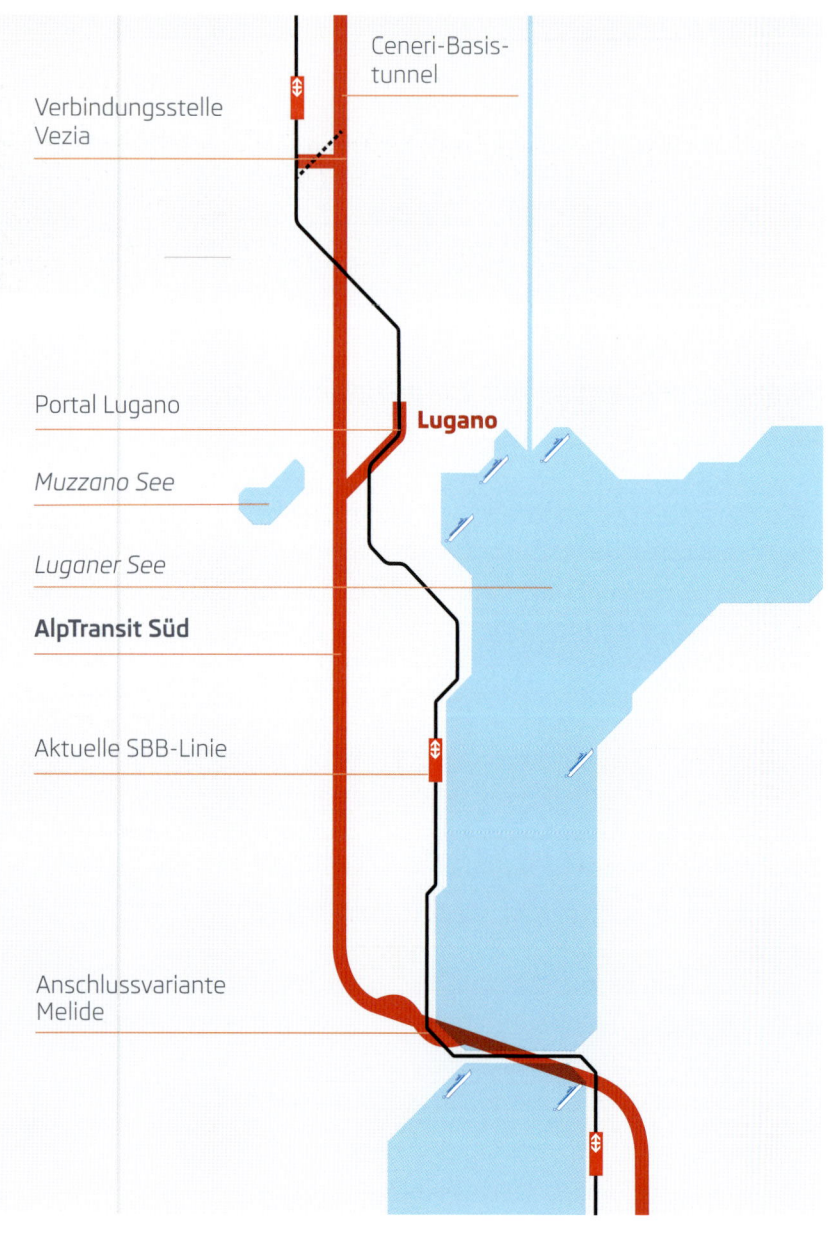

Verbindungen südlich von Chiasso

Dank Investitionen der italienischen Staatsbahnen sollte es möglich sein, den Personenverkehr in Richtung Italien schneller und regelmässiger abzuwickeln. Sobald die Hochgeschwindigkeitsstrecke Mailand-Genua, die so genannte Linie «Terzo Valico» eröffnet ist, wird Ligurien vom Tessin aus schneller erreichbar sein.

Investitionen in die Logistikzentren der Lombardei

Die grösseren Transportkapazitäten dank Gotthard- und Ceneri-Basistunnel haben eine Zunahme des Güterverkehrs auf der Schiene zur Folge, so dass weitere Investitionen nötig sind, vor allem um längere Züge im kombinierten Verkehr an den Terminals Gallarate-Busto Arsizio, Milano-Smistamento und Piacenza abzufertigen. Ausserdem ist ein weiterer intermodaler Terminal für den kombinierten Verkehr in Brescia vorgesehen.

Vervollständigung der Zufahrtslinien auf Tessiner Gebiet

Leider hat die Bundespolitik für die beiden Zufahrtslinien zu den Basistunneln keine weiteren Investitionen vorgesehen. Es fehlen noch die Strecken Biasca Süd-Verzweigung Camorino (Kostenvoranschlag von 1998 2.5 Mia. Franken) und die Strecke Vezia-Chiasso.

Für die Strecke Vezia-Chiasso wurden vertiefte Machbarkeitsstudien durchgeführt, die zeigten, dass die Streckenführung unter dem Luganersee bei Melide und dann untertunnelt nach Chiasso die bessere Lösung ist als die alternative Strecke unter dem See bei Morcote und dem Tunnelausgang bei Grandate.
Für dieses Projekt wurden im Jahre 2009 Kosten von 5.5 Milliarden Franken veranschlagt.

2017 wurde die Vereinigung Pro Gotthard-Bahn Europas gegründet mit dem Ziel, Bauplanung und Baubeginn dieser Infrastrukturen in die Phase 2030-35 vorzuverlegen, denn diese beide Strecken gelten als ein wesentlicher Bestandteil einer Bahn von europäischer Bedeutung. Die Vereinigung erachtet es als inakzeptabel, dass diese Arbeiten erst später in Angriff genommen und die Strecken nicht vor 2050 in Betrieb sein werden.

Projekte nördlich der Alpen

Auch in Erstfeld beim Basistunnel-Nordportal werden weitere Investitionen getätigt. Man arbeitet auch zwischen Flüelen und Brunnen an der Sanierung der 9 Tunnel der Axenstrecke, die 5'380 m lang sind. Die zweijährige Schliessung der Strecke zwischen Arth-Goldau und Zug erlaubt es, das Teilstück zu erneuern, so dass die Kapazität und Sicherheit erhöht und die Fahrzeiten zwischen Tessin und Zürich weiter verkürzt werden. Weitere Projekte betreffen den Zimmerbergtunnel und eine neue Durchquerung des Juras.

Zwei Aufnahmen der Anpassungsarbeiten, um die Strecke Altdorf-Zug auf 4 Meter Eckhöhe auszubauen

Vorherige Seite oben: *Umladeterminal Milano-Smistamento*

Unten: *Vorschlag der Streckenführung unter dem Luganer See bei Melide*

Interessante Projekte nach Vollendung der Basistunnel

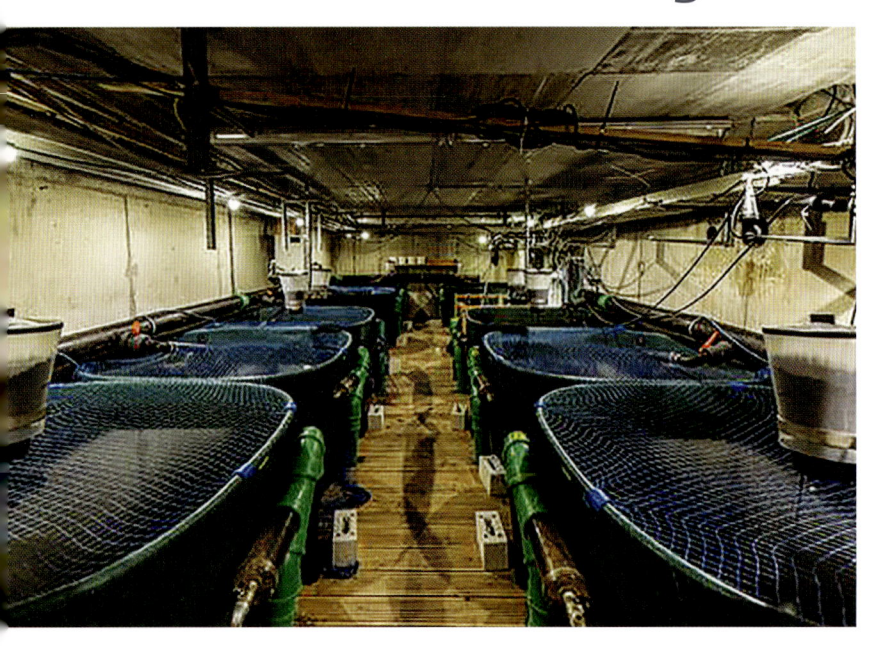

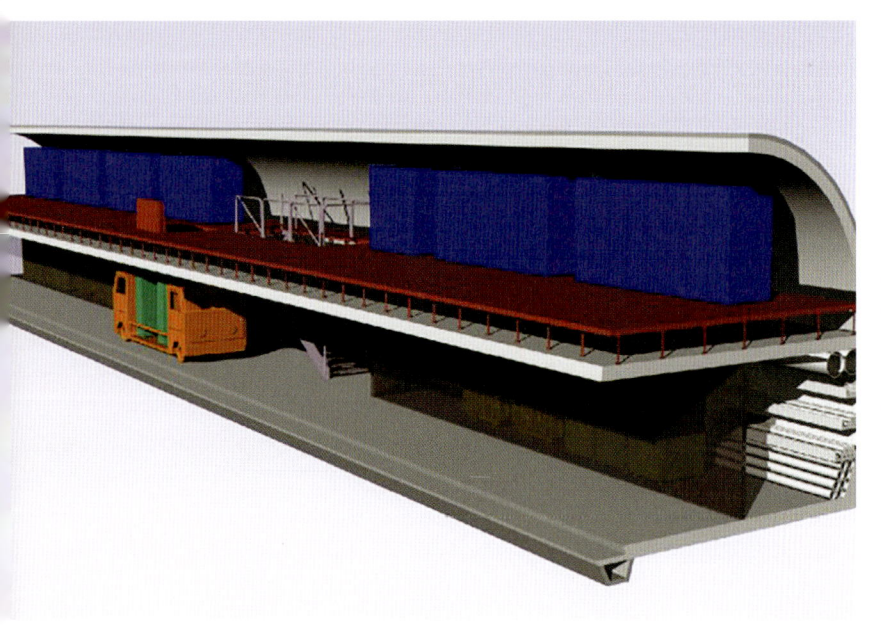

Wiederverwertung des warmen Bergwassers

In der Nähe des Nordportals bei Erstfeld hat die Firma *Basis 57* eine Fischzucht geplant, wobei das in die Tunnelröhren einsickernde 14°-16° C warme Bergwasser verwendet werden soll.
Das durch den Gotthardfels gefilterte Wasser ist sauber und von bester Qualität. In den Fischzuchtbecken sollen 600 Tonnen Speisefisch (Zander) pro Jahr produziert werden.
Die erste Aufzuchtphase soll im Winter 2018-2019 beginnen, so dass ab 2020 die Filets auf den Markt gebracht werden können. Das Unternehmen plant Investitionen von 21 Millionen Franken und wird bei Vollbetrieb zirka 20 Mitarbeiter beschäftigen.

Auf der Südseite des Tunnels wurde eine Wasserfassung geplant, um das warme Bergwasser zur Gemeinde Bodio zu führen und somit etwa die Hälfte der Wohnhäuser zu heizen.
Das Projekt ist sicher machbar, zurzeit werden die nötigen Investitionen geprüft und eine Kosten-Nutzen-Analyse durchgeführt. Ein ähnliches Unterfangen für Camorino befindet sich bei der Stadt Bellinzona aktuell in der Prüfungssphase.

Lagerung für sensible elektronische Datenfiles

Eine Firma prüft in Bodio die Nutzung eines von AlpTransit nicht mehr verwendeten Zugangsstollens, um ein Lagerzentrum für sensible elektronische Datenfiles zu errichten. Für dieses Projekt *Phoenix* sollen 80 Mio. Franken investiert und 25 bis 30 Arbeitsplätze geschaffen werden. Das Projekt hätte eine strategische Position, denn dank der bestehenden Glasfaserleitung ist eine Verbindung zwischen Mailand und der Nordschweiz möglich. Schweizer Verwaltungen, Banken, Versicherungen und Unternehmen im In- und Ausland zeigten grosses Interesse an dieser Dienstleistung zur Archivierung von Daten und Informationen an einem sicheren Ort.

Oben: *die Fischteiche der Basis 57-Anlage*
Unten: *Rendering des Projekts für die Lagerung von sensiblen elektronischen Files in Bodio*

Nächste Seite: zwei *Fotos der Anlage zur Speicherung von elektrischer Energie in Form von Druckluft*

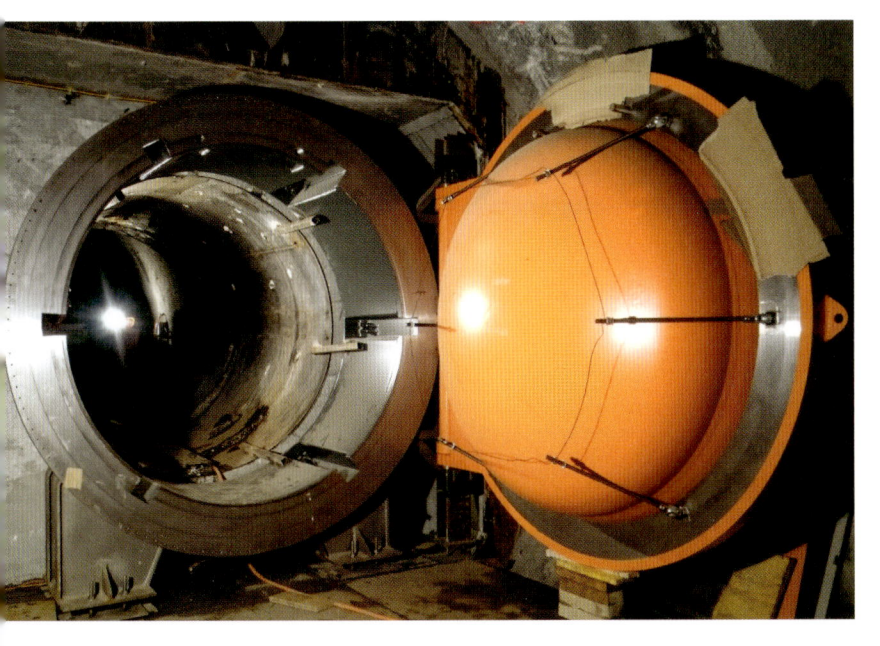

Speicherung elektrischer Energie in Form von Druckluft

Ein anderes Unternehmen hat die Röhre verwendet, durch die das Ausbruchmaterial zum Steinbruch Buzza di Biasca transportiert wurde, um Tests durchzuführen. Getestet wurde, ob es möglich ist, elektrische Energie in Form von Druckluft in diesem unterirdischen Stollen zu speichern. Das Forschungsprojekt wurde mit vier Millionen Franken unterstützt, wobei 40% vom Bundesamt für Energie finanziert wurden. Man hatte dafür einen Druckluftraum von 120 Metern Länge innerhalb des Stollens geschaffen, der auf beiden Seiten von Betonwänden von 5 Metern Dicke eingeschlossen war und spezielle Eingangstore hatte.

Dieses Pilotprojekt hat positive Resultate gezeigt und wurde auch vom Nationalfonds, von der ETH Zürich, von der SUPSI im Tessin sowie von einem auf dieses Gebiet spezialisierten Schweizer Zentrum unterstützt. Andere Aspekte müssen noch vertieft werden.

Solarstromanlage

AlpTransit hat ausserdem mit den Stadtwerken von Bellinzona vereinbart, die Fläche von zirka 1'400 Quadratmetern auf dem Dach des Betriebsgebäudes von Camorino für Sonnenkollektoren zu nutzen. Die Stadtwerke Bellinzona haben vor, diese Anlage bis Ende 2018 zu konkretisieren, wobei die Fläche zirka 130 kWh liefern sollte und den Bedarf von 33 Haushalten abdecken kann.

Andere Projekte

Der Zugangsstollen zum Gotthard-Basistunnel von Faido wird von den SBB als Zugang für Wartungsarbeiten genutzt, während derjenige in Amsteg den SBB und dem Kanton Uri als Touristenattraktion dient. Touristen können hier ganz aus der Nähe Züge vorbeifahren sehen und sich über die Details des Jahrhundertbauwerks informieren.

Schweiz-Italien
Die neuen Bahnverbindungen

Ausbau der italienischen Zufahrtsstrecken zum Gotthard und zum Simplon

Die Schweiz und Italien haben gemäss der voraussichtlichen Transportnachfrage für 2020-2030 vereinbart, beträchtliche notwendige Investitionen zur besseren Nutzung der südlichen Zufahrtslinien zum Gotthard und zum Simplon zu tätigen.

Folgende Massnahmen sind vorgesehen:
- die Anpassung der Eckhöhe auf vier Meter bei allen Tunneln, damit Lastwagen, Anhänger und High-Cube-Container auf Bahnwaggons transportiert werden können,
- der Ausbau der Gleise zum Anhalten und/oder zum Überholen auf eine Länge von 750 Metern,
- Die Installation von Technik der neuesten Generation, um die Kapazität des Güterverkehrs und des Personenverkehrs zu erhöhen.

Sobald alle Massnahmen in Italien und in der Schweiz umgesetzt sind, wird folgende Kapazität garantiert: 390 Züge pro Tag (im Vergleich zu 290 Zügen heute), davon 170 beim Übergang in Chiasso, 130 bei Domodossola und 90 bei Luino.

Grenzübergang Luino, via Gambarogno

Auf der Linie Novara/Gallarate–Luino, die via Gambarogno bis Bellinzona weitergeführt und eingleisig von Luino nach Quartino verläuft, werden Erweiterungs- und Anpassungsarbeiten durchgeführt, damit auf dieser Bahntrasse bis zu 750 Meter lange Züge verkehren können. Auf technischer Ebene werden neue computergesteuerte Anlagen eingeführt, um den Bahnverkehr mit dem neu festgelegten Sicherheitsabstand zu steuern. Bis 2020 ist vorgesehen, den 4-Meter-Korridor von Luino bis zu den Terminals von Novara und Busto Arsizio zu verlängern.

Zwei Ansichten der Absenkung des Bodens in einem Tunnel nach Luino zur Erreichung der nötigen Eckhöhe von 4 m für den neuen Gütertransport

Nächste Seite: Entstehung der Bahnlinie Terzo Valico nach Genua mit den zwei künstlichen Tunneln, die im Gebiet von Arquata Scrivia knapp unter der Erdoberfläche gebaut werden

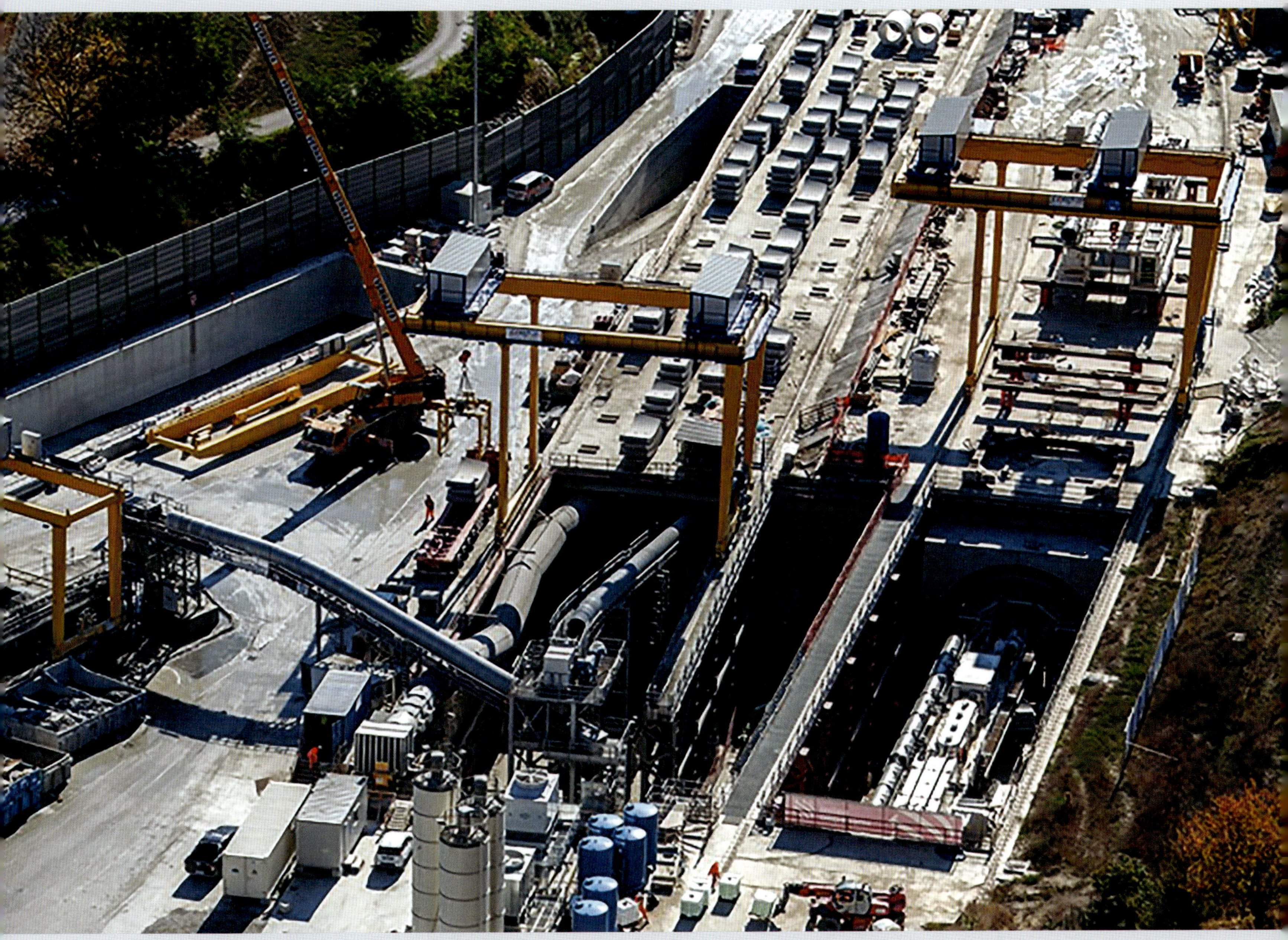

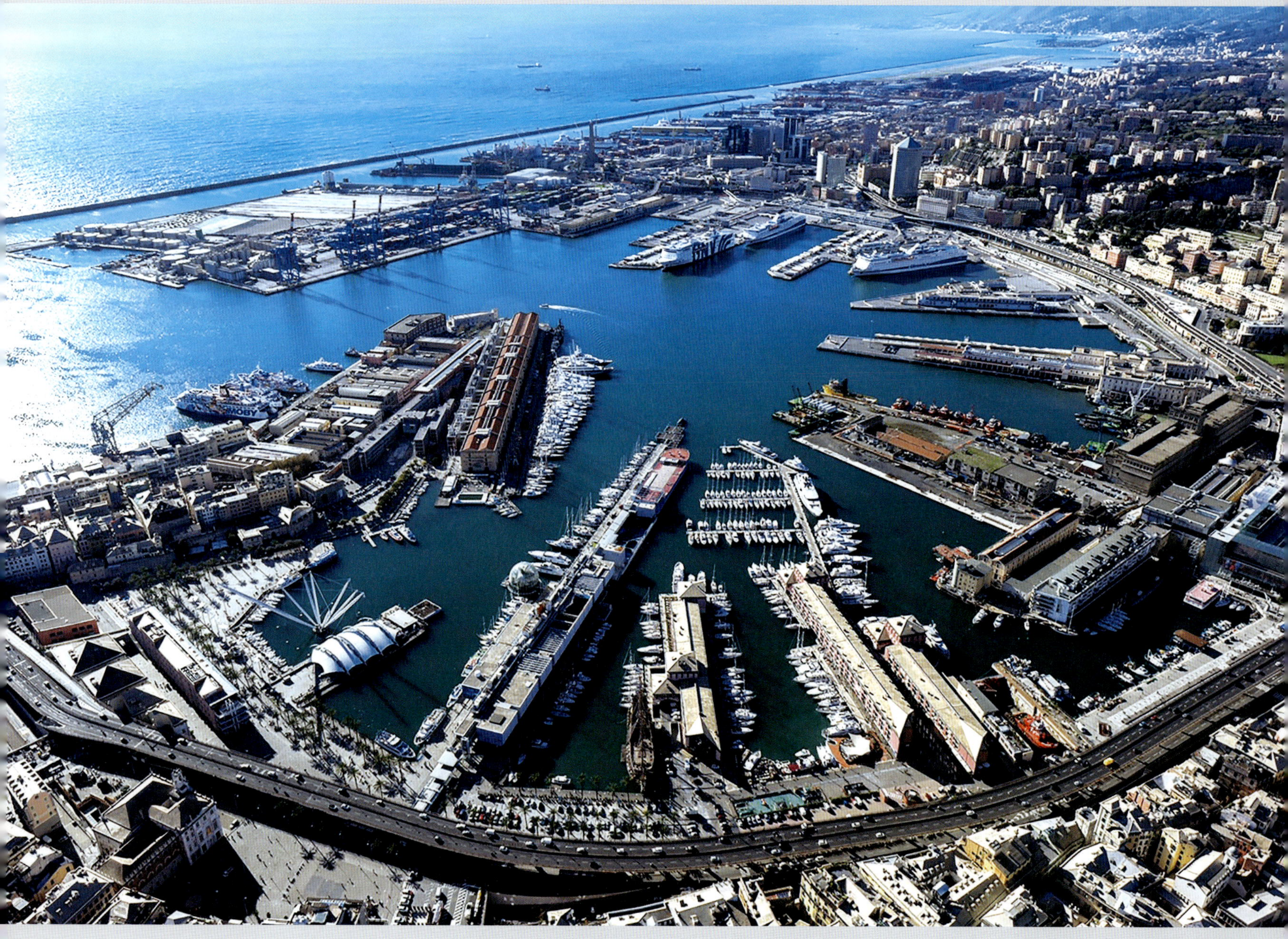

Auf Schweizer Seite wird das letzte fehlende zweigleisige Stück, die 2.7 km lange Strecke von Contone nach Quartino im Dezember 2019 in Betrieb sein. Ausserdem werden insgesamt 15 Bahnübergänge ersetzt und die Infrastruktur sowie Anlagen modernisiert. In Magadino wird eine Insel errichtet, wo sich 750 Meter lange Züge kreuzen können. Dank diesen Verbesserungen wird es schnellere Verbindungen zwischen Nordeuropa und den Industriegebieten von Gallarate und Busto Arsizio in der Lombardei geben. An einigen Bahnhöfen sind grössere Umbauten wie etwa Fussgängerunterführungen und 55 cm hohe Bahnsteige vorgesehen, um sie zugänglicher zu gestalten. Die Informationssysteme für die Passagiere werden verbessert und man versucht, das Bahnhofsareal für die Reisenden schöner und angenehmer zu gestalten. Die Erweiterungsarbeiten auf dieser Linie, mit einer Investition von über 200 Millionen Euro, wovon 120 Millionen durch die Schweiz finanziert werden, sind bereits in der Umsetzung und sollen bis 2021 fertiggestellt sein.

Grenzübergang Chiasso: Linie Milano-Como-Chiasso
Auf dieser Linie sind diverse Erweiterungen bei Technologie und Infrastruktur geplant. Ein weiteres Ziel ist die Reduktion des Abstandes zwischen den Zügen, um die Transportkapazität für Personen- und Güterzüge zu steigern. Auch nördlich von Monza wird ein Tunnel erweitert. In Zukunft soll ein europäischer Standard zur Kontrolle und zum Betrieb des Bahnverkehrs eingeführt werden, damit kein technischer Halt mehr nötig ist und auch der Wechsel der Lokomotiven an der Grenze wegfällt. Das Ende dieser Arbeiten ist für 2020 vorgesehen.
Zwischen 2020-2025 sind weitere Investitionen vorgesehen, um den Güterverkehr zum Terminal *Milano Smistamento* (Umladeterminal von Mailand) im Osten und Piacenza im Süden zu steigern.

Grenzübergang Domodossola
Auf der Linie Domodossola-Novara sind Erweiterungsbauten im Gang, um sie an den europäischen Standard der Gleislänge an Haltestellen und/oder Kreuzungen von 750 m anzupassen.
Die Eckhöhe wurde auf der Strecke via Borgomanero bereits angepasst. Auch auf der Hauptlinie, die Domodossola mit Mailand und Novara verbindet, wird eine Machbarkeitsstudie durchgeführt.

Milano-Genova
Die definitive Planungsphase hat begonnen, um die Verbindungen zwischen Mailand und Genua zu verbessern, um die Strecke zwischen Mailand und Pavia viergleisig auszubauen und die Verkehrsflüsse zu trennen. Im Bau ist auch die so genannte Strecke *Terzo Valico*, eine neue 53 km lange Hochgeschwindigkeitsstrecke als Teil des Rhein-Alpen-Korridors, wovon 36 km im Tunnel verlaufen, die den Hafen von Genua mit Mailand, Turin und Zentral- und Nordeuropa verbinden wird. Die Tunnelabschnitte werden zum Grossteil mit zwei eingleisigen Röhren gebaut, die mit Querstollen verbunden sind wie beim Gotthard- und Ceneri-Basistunnel. Auch die Zufahrtslinien zum *Terzo Valico* von Mailand und von Novara werden an die europäischen Standards für kombinierten Verkehr angepasst.

Vorherige Seite : *aktuelle Luftaufnahme des Hafens von Genua*

Elektromagnetische Schwebebahnen von Swissmetro zu Hyperloop

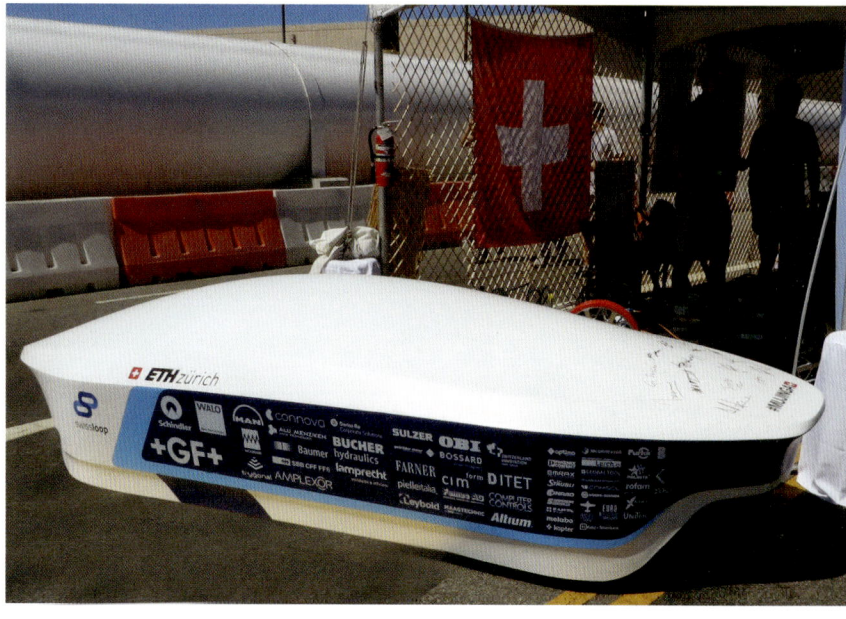

1974 lancierte der Ingenieur Rodolphe Nieth der ETH Lausanne ein Projekt, um die wichtigsten Schweizer Städte durch eine Reisezeit von 12 Minuten zu verbinden. Die Startbedingungen des Projekts waren vor allem wegen der hohen Investitionskosten schwierig, sodass man schliesslich als Lösung für den Antrieb die berührungsfreien elektrischen Linearmotoren wählte. Dieses Projekt mit dem Namen «Swissmetro» hatte eine Reisegeschwindigkeit von 400 km/h zum Ziel. Es wurden 1989-1999 Studien von einer Professoren- und Studentengruppe der ETH Lausanne durchgeführt, auch mit Unterstützung der ETH Zürich, der Bundesbehörden und von 85 Unternehmen. Ein 1997 eingereichtes Konzessionsgesuch wurde nicht erteilt, da der Gotthard-Basistunnel Priorität hatte.

2013 lancierte Elon Musk, Eigentümer der Unternehmen *Tesla Motors* und *SpaceX*, die Idee des Hochgeschwindigkeitstransportsystems «Hyperloop Alfa»: Durch zwei oberirdische, nebeneinander auf Stahlbetonstützen liegende Fahrröhren sollte eine Luftkissenschwebebahn mit einer Geschwindigkeit von 1'200 km/h befördert werden.

Es stellte sich jedoch heraus, dass die an der Oberfläche liegenden Unterdruckröhren im Fall von Attentaten, Unfällen oder Erdbeben explodieren könnten und somit ein hohes Risiko darstellten. So schwenkte man auf ein modifiziertes Hyperloop-Projekt um, das im Tunnel verlegt wird, wie auch bei «Swissmetro».

Geplant ist ein elektromagnetisches Schwebesystem. Vermutlich wird eine erste Strecke von Washington nach New York und eine zweite für die Durchquerung der Bucht von Shanghai gebaut.

Links: Der Prototyp der ETH Lausanne EPFL erreichte den dritten Platz

Rechts: Der Prototyp von ETHZ musste leider wegen eines Batterieproblems ausscheiden

Nächste Seite oben: Rendering eines Hyperloops an der Oberfläche

Unten: die Röhre mit einem Durchmesser von 1.8 m und einer Länge von 1'600 m, die für den Wettbewerbstest verwendet wurde

Gleichzeitig wurde unter Teilnahme der grossen Universitäten und Fachhochschulen ein weltweiter Wettbewerb mit dem Namen SpaceX Hyperloop Pod Competition lanciert, um die beste Lösung für diesen Hochgeschwindigkeitstransport im Vakuum zu finden.

Zur Vorauswahl meldeten sich 5'000 Teams, wovon 20 für die nächste Runde und damit für den Praxistest auf der Teststrecke ausgewählt wurden. Das Wettbewerbsfinale fand am 22. Juli 2018 in Los Angeles statt. Unter den 20 gewählten sind 8 europäische Teams, darunter die beiden der ETH Zürich und Lausanne. Ziel des Wettbewerbs war, mit einer Kapsel die höchstmögliche Geschwindigkeit in der oben dargestellten Röhre zu erreichen.

Die Teams montierten vor Ort ihre Prototypen, mussten eine Sicherheitskontrolle durchlaufen und es wurden einige Änderungen verlangt. Dann wurden die Vortests in der Röhre ohne Unterdruck durchgeführt und nur die drei besten Teams für das Wettbewerbsfinale qualifiziert. Zu diesem Zeitpunkt war EPFLoop führend, während Swissloop ETHZ einem Batteriekurzschluss zum Opfer fiel.

Im Finale hatte die Gruppe EPFL aber Pech: WiFi-Kommunikationsprobleme und eine zu schnelle Beschleunigung führten dazu, dass das Team nur den dritten Platz hinter der Technischen Universitäten München und Delft belegte. Das trotz allem hervorragende Ergebnis dieses Wettbewerbs hat grosse Auswirkungen auf die Motivation der Studenten und für das Image der Hochschulen.

Ein schneller Transport in einem unterirdischen Vakuum-Tunnel ist auf Distanzen unter 2'000 km eine gute Alternative zum Flugverkehr, denn es gibt keine Auswirkungen und Störungen auf Siedlungsgebiete, es ist wetterunabhängig, energiesparend und umweltfreundlicher.

Ein wesentlicher Faktor bleibt der Sicherheitsaspekt. Bei Ereignissen wie Unfällen, Betriebsunterbruch oder Naturkatastrophen müssen die entsprechenden Notfall- und Krisenmassnahmen wie Evakuierung der Passagiere und Wiederinbetriebnahme geplant sein.

Einige Schweizer Unternehmen im Bereich Bahn- und Fahrzeugbau

In der Schweiz und besonders im Tessin und im Kanton Uri arbeiten zahlreiche Unternehmen für die Bahnen oder waren zumindest früher in dieser Branche tätig. Die einen sind speziell im Bahnbereich tätig, d.h. Lieferung von Rollmaterial, Bahntechnik (Bau und Wartung der Gleise, Weichen, Fahrleitungen, Sicherheitsanlagen), Anlagen und Einzelteile; die anderen stammen aus dem Hoch- und Tiefbau sowie aus dem Energiesektor (Stromleitungen und Kraftwerke). Nicht zu vergessen sind auch die zahlreichen Architektur- und Ingenieurbüros, die in den Vorstudien bei der Planung und Erneuerung der Gebäude, der Bahnhöfe, Linien, Brücken und Tunnel, usw. involviert sind. In Bellinzona wurde kürzlich ein Kompetenzzentrum für nachhaltige Mobilität und Innovationen (msfi) gegründet, mit dem Ziel, im Tessin die Forschung, Unternehmen und Weiterbildungs-möglichkeiten im Bereich Mobilität zu fördern.
In der folgenden unvollständigen Liste werden nur die Tessiner und die Urner Firmen genannt, die vor allem im Bahnbereich tätig sind, während auf Schweizer Ebene in dieser Liste nur der grösste Hersteller im Fahrzeugbau genannt wird, der innerhalb der Schweiz Marktleader ist und auch im Ausland seine Produkte von hoher Qualität anbietet.
In der Vergangenheit gab es auch andere Fahrzeugbauer für Lokomotiven und Waggons, darunter die Firmen Schlieren, SIG und Schindler Waggons, die aber aufgekauft wurden und heute nicht mehr in diesem Bereich produzieren. Nur der grosse Industriebetrieb Schindler aus Luzern bleibt ein wichtiger Lieferant, der die grösseren Schweizer Bahnhöfe mit Rolltreppen und Liften ausrüstet.

Stadler Rail AG, Bussnang
Diese Gruppe ist seit mehr als 75 Jahren aktiv und aktuell der wichtigste Schweizer Hersteller von Schienenfahrzeugen. Sie hat im Laufe der Jahre diverse Firmen übernommen, die Qualitätsprodukte im Bahnbereich produzieren. Die Firma mit Sitz in Bussnang (Thurgau) hat 11 Produktionsstandorte und über 20 Servicestandorte auf der ganzen Welt: Deutschland, Italien, Österreich, Polen, Schweiz, Spanien, Tschechien, Ungarn, USA und Weissrussland. Stadler Rail AG beschäftigt über 7'600 Mitarbeitende, davon rund 3'000 in der Schweiz. Die Produktepalette reicht von kompletten Zügen bis zum urbanen Verkehr: Hochgeschwindigkeitszüge, Regio- und S-Bahnen, U-Bahnen, Tram-Trains und Strassenbahnen usw. Die Firma ist auch auf die Herstellung von Streckenlokomotiven, Rangierlokomotiven und Reisezugwagen spezialisiert. Ausserdem ist Stadler der weltweit führende Hersteller von Zahnradbahnen.
Einige Zahlen:
- Der FLIRT (Flinker Leichter Intercity- und Regional-Triebzug) wurde 1'500 Mal in 18 Ländern verkauft.
- Der KISS, ein schneller Intercity-Doppelstockzug, wurde 300 Mal in 11 Ländern verkauft.
- Die stärkste dieselelektrische Lokomotive Europas wurde 140 Mal in 7 Staaten verkauft.

Der Umsatz des Unternehmens beträgt 2.4 Milliarden Franken.

Nächste Seite oben: Flugansicht des Stammwerks Stadler Rail AG in Bussnang, Kanton Thurgau

Unten: der neue Stadler Triebzug FLIRT «Traverso»

Mit diesem Zug wird die SOB (Schweizerische Südostbahn) ab 2020 über die Gotthard-Bergstrecke eine direkte Verbindung zwischen Basel oder Zürich und Locarno anbieten, ohne Umsteigen in Erstfeld. Seine panoramischen Fenster sind besonders für Touristen geeignet; die bequemen Sitze erlauben den Pendlern im Zug gelassen zu arbeiten.

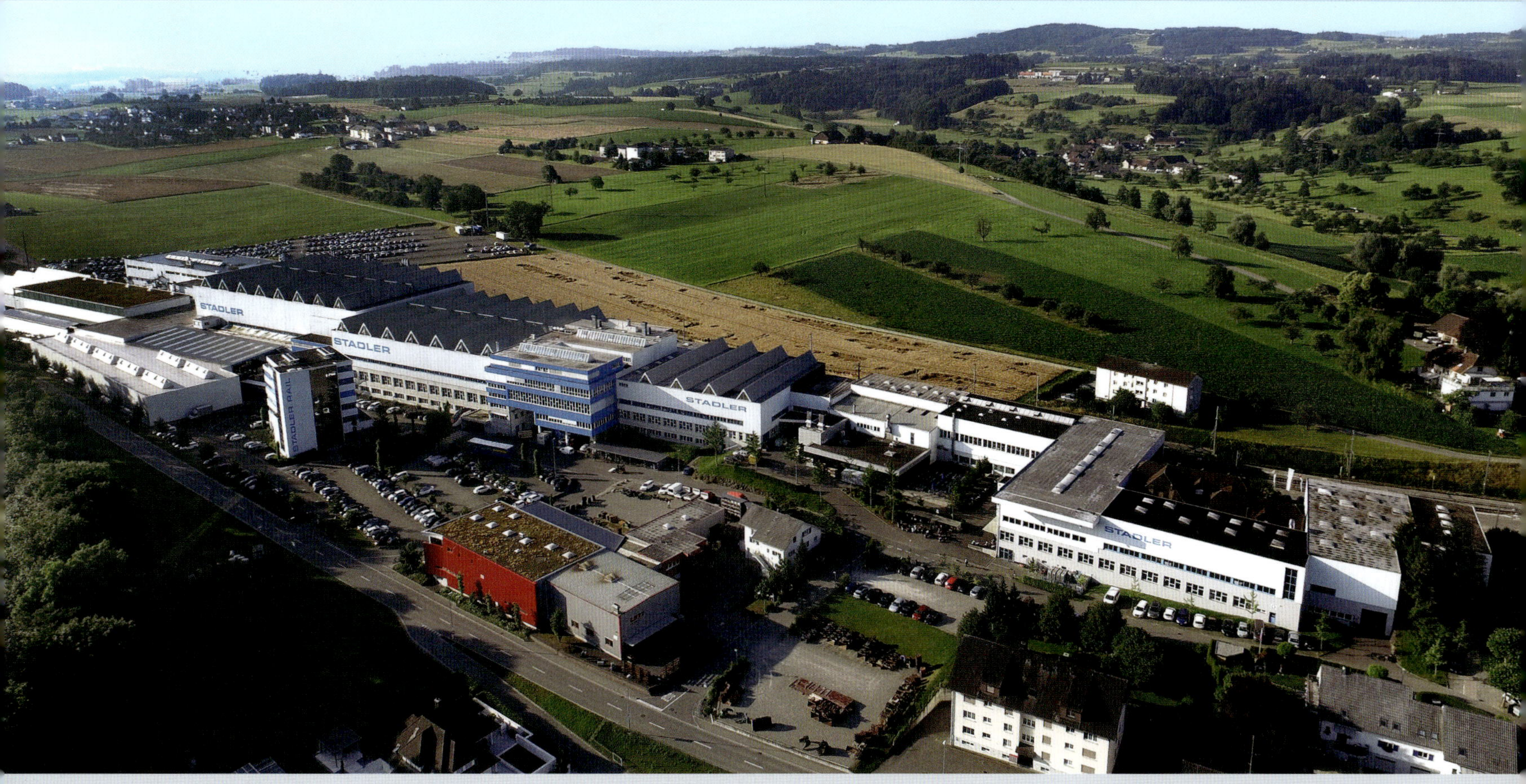
STADLER
STADLER
STADLER
STADLER

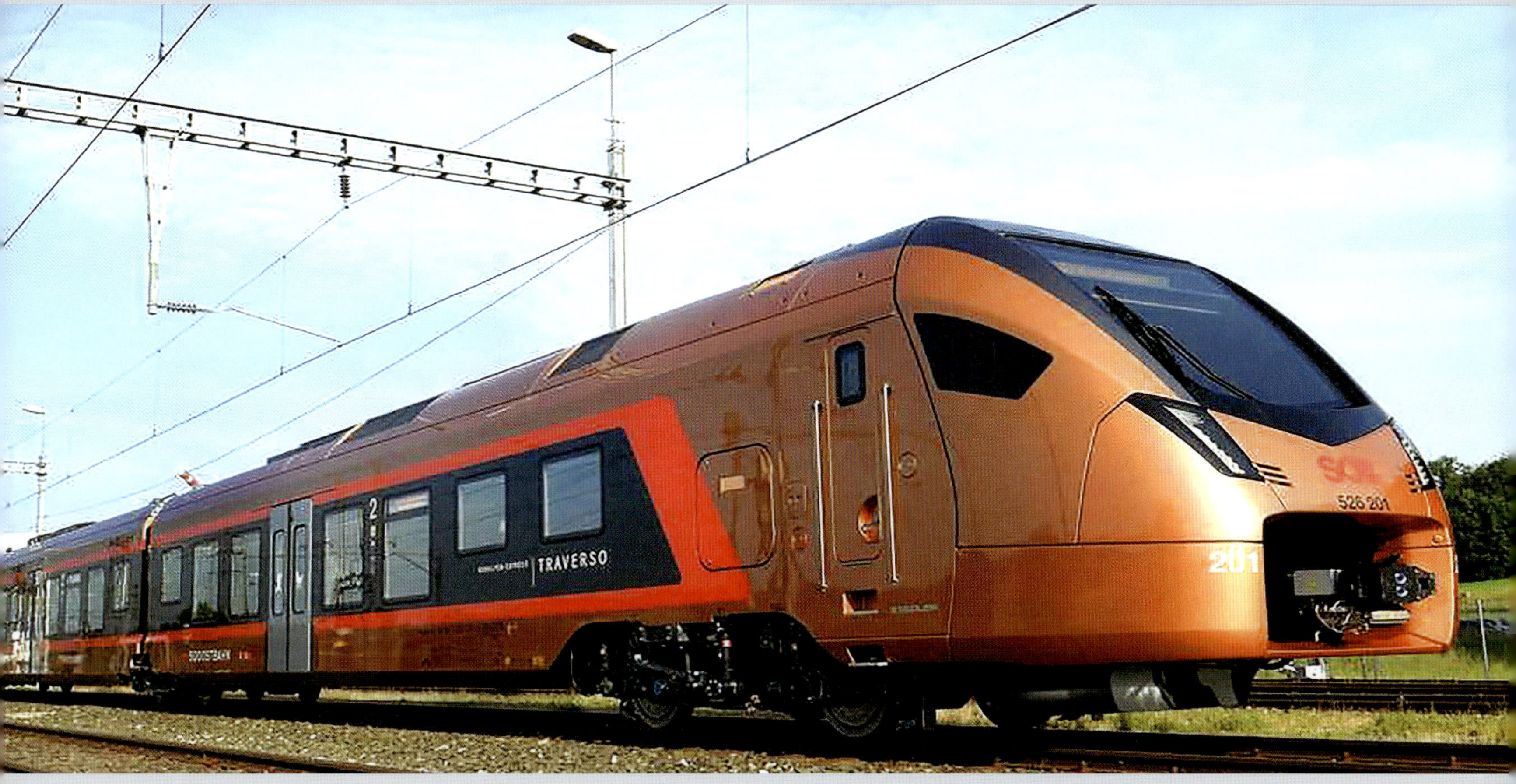
TRAVERSO
526 201
201

Im Kanton Uri

Dätwyler Holding AG, Altdorf

Der grosse Industriezulieferer beschäftigt heute insgesamt rund 7'600 Mitarbeitende, 1'000 in der Schweiz und davon 900 im Kanton Uri. Die Dätwyler Gruppe erwirtschaftet als Zulieferer von technischen und elektronischen Komponenten einen Jahresumsatz von rund 1'300 Mio. Franken in über 100 Ländern. Dätwyler hat sich weltweit eine führende Position aufgebaut, dabei konzentriert sich die Gruppe auf Marktnischen, die eine Erhöhung der Wertschöpfung sowie nachhaltig profitables Wachstum ermöglichen. Die Gruppe ist auf zwei Bereiche fokussiert: Distribution von elektronischen Komponenten und Dichtungslösungen. Zu diesem letzten Bereich gehört auch die Bahntechnik, wo Dätwyler mit speziellen Produkten der Alarm- und Sicherheitstechnik führend ist. Die Gruppe ist seit 1986 an der SIX Swiss Exchange kotiert.

Luftansicht der Dätwyler Holding AG in Altdorf, der grösste Industriekonzern des Kantons Uri

Nächste Seite: Luftansicht der Tenconi AG in Airolo, der grösste Industriekonzern des oberen Leventinatals

KAGO AG, Goldau

Seit 1946 bietet dieses Familienunternehmen mit 30 Mitarbeitern ein grosses Programm an Montageleistungen und Produkten im Bereich Eisenbahn-Infrastruktur: Kontaktklemmen, Erdungs- und Kabelsortiment, Kabelbefestigung, Gleisanschlusskästen und Isolationsprodukte.

Im Kanton Tessin und im Misox

Casram AG, Mezzovico

Die Firma ist spezialisiert auf elektrische Kontakte und elektromechanische Komponenten für Rollmaterial. Sie wurde in den 1950er Jahren in Caslano von einem deutschen Industriellen gegründet. Nach dem Tod des Gründers wurde Casram in eine Holding umgewandelt, die von einer Stiftung kontrolliert wird, welche darüber wacht, dass die generierten Umsätze zu Gunsten des Personals verteilt werden. Der Produktionsstandort ist heute in Mezzovico, wo 50 Personen arbeiten. Etwas weniger als die Hälfte der Produkte ist für den Schweizer Markt, während die restliche Produktion vor allem ins europäische Ausland verkauft wird. Die meisten Kunden sind Hersteller oder Nutzer von Triebfahrzeugen (Lokomotiven, Strassenbahnen) oder Produzenten von Schaltern, Trennschaltern und Leistungsschaltern im Bereich Traktion.

Tenconi AG, Airolo und Cadenazzo

Die Firma wurde 1871 gegründet, um Produkte für die Gotthardlinie herzustellen. Heute ist sie mit Produktionssitzen in Airolo und in Cadenazzo mit 120 Mitarbeitern tätig. Das Unternehmen produziert immer komplexere Komponente für den Bahntransport: isolierte Laschenstösse für Sicherheits- und Signalisationsanlagen von Bahnen und U-Bahnen, Stahlschwellen und Gleitsättel für den Weichenbau, isolierte Rippenplatten für Schienenbefestigungen, Aluminiumkomponenten für Bahnwagen und Lokomotiven.
Sie befasst sich auch weiter mit der traditionellen Produktion von Rohrmasten und ist am Ausbau der neuen Bereiche Energie und Hoch- und Tiefbau.

MTR Metalmeccanica AG, Piotta

Die Firma wurde 1906 in Rodi Fiesso mit dem Namen Emilio Tenconi gegründet und arbeitete für die Gotthardbahn. Danach belieferte sie weiterhin die Bahnen, insbesondere die SBB. 1998 zog das Unternehmen nach Piotta. Folgende Produktauswahl wird dank leistungsfähigen Arbeitszentren und Schweissrobotern angeboten: Rippengleitplatten für die Weichen, Laschen in diversen Typen, Spezialmaterial für das Montieren der Gleise und andere gleistechnische Komponenten.

Tensol Rail AG, Giornico

Das Unternehmen beschäftigt 85 Mitarbeitende und bedient vor allem den Schweizer Markt. Tensol begann 1904 als Reparaturwerkstatt und Zimmerei für den Bahnbereich und wurde rasch eines der führenden Unternehmen im Bereich Zahnradbahnen. Für einen komfortablen Übergang von einer Adhäsionslinie zu einer Zahnradlinie werden von Tensol Rail AG Zahnstangeneinfahrten hergestellt. Die Firma spezialisierte sich auch auf die automatisierte Herstellung von Stahlschwellen. Die Produktionsinfrastrukturen wurden durch Maschinen der jüngsten Generation erneuert, sodass die Firma in der Lage ist, effizient auf die Bedürfnisse des Bahnbereichs und der Planungsbüros einzugehen.

Censi Group, Grono

Aus der 1951 gegründeten Baufirma ist im Laufe der Jahre eines der führenden Unternehmen im Bahnbereich geworden, der heute das Hauptgeschäft ist. Das Unternehmen hat langjährige Erfahrung im Bau neuer Bahnlinien, Kabelbahnen, Zahnrad- und Standseilbahnen, in der Lieferung und dem Einbau von Bahnübergängen sowie in Spezialbauten im Bahnbereich. Die Censi Group stellt ausserdem Bahnpersonal und Sicherheitspersonal zur Verfügung. In Grono sind 110 Mitarbeiter beschäftigt.

Ferriere Cattaneo AG, Giubiasco

Die erste Schmiedewerkstatt der Ferriere Cattaneo entstand 1870 in Faido, um Werkzeuge und Maschinen für die neu entstehende Gotthardbahn und den Tunnel herzustellen.

Heute arbeiten in Giubiasco rund 80 Personen. Die Produktion ist auf drei Hauptbereiche fokussiert und wird in die ganze Welt exportiert: Güterwagen- und Stahlbau sowie Gasturbinenkomponenten.

Seit 1948 hat die Firma im Tessin 15'000 Wagen diverser Bauart hergestellt. 2012 wurde eine Produktionseinheit in der Slowakei errichtet, um die grosse Nachfrage nach Doppeltaschenwagen zu befriedigen.
Der Doppeltaschenwagen nutzt eine patentierte Lösung für den Transport von Aufliegern und Containers und ist eine grosse Erneuerung im intermodalen Transport. Bis Ende 2017 wurden davon zirka 3'000 gebaut.

Das Werk in Giubiasco ist auf folgende Bahnwagen für den Schweizer Markt spezialisiert:
- für die Wartung im neuen Gotthard- und Ceneri-Basistunnel,
- für die Stromleitungen.

Ausserdem wird hier eine neue Generation von leisen Wagen für die Meterspur produziert (die Normalspur der SBB beträgt 1.435 Meter).

Die Bereiche Forschung, Innovation und Entwicklung sind alle im Tessin angesiedelt. Sie ist die einzige Firma in der Schweiz, die in der Produktion von Spezialbahnwagen tätig ist und in diesem Bereich laufend innovative Prototypen herstellt.

Oben: *Spezialwagen für die Wartung im Bahnhof Giubiasco*

Mitte: *für die Reinigung im Tunnelinnern der Gotthard- und Ceneri-Basistunnel ausgerüstete Spezialwagen*

Unten: *«Doppeltaschen»-Wagen für Anhänger und Container*

Rex Articoli Tecnici AG, Mendrisio

Dieses Unternehmen ist auf die Entwicklung und Produktion technischer Produkte aus Gummi und Thermoplasten im Bereich Bahntechnik (Infrastruktur und Rollmaterial), SwissStop® Bremssysteme für Fahrräder, Industrie, Sanitärdichtungen und Lebensmittelindustrie spezialisiert. Es beschäftigt rund 100 Personen in Entwicklung, Produktion, Kontrolle und Administration.

Rex Articoli Tecnici AG bietet die Besonderheit, dass der gesamte Produktionsprozess in Mendrisio abläuft, von der anfänglichen Projektierung bis zum gebrauchsfertigen Produkt.

Darum konnte breites fachliches Wissen über die Rohstoffe und die Produktionsprozesse gesammelt werden, sodass die Firma eine hohe Qualität bis ins Detail garantieren kann.

Der Optimierungsprozess der Produkte wird von einer effizienten Forschungs- und Entwicklungsabteilung sowie der Zusammenarbeit mit Universitäten gestützt.

Die wichtigsten Produkte für den Sektor Eisenbahninfrastruktur sind die unter die Bahnschwellen sowie auf Bahnübergängen montierten Antivibrationselemente.

Erstere hat Rex sowohl national (Gotthard- und Ceneri-Basistunnel) als auch international geliefert (Südamerika, Russland, Indien).

Für Bahnübergänge verfügt Rex neben der Gummi- und Glasfaserversion eine RUBE® Version aus Gummi-Zement, die in Frankreich (SNCF) und in der Schweiz installiert worden ist.

Oben und Mitte: Gleisverlegen der Low Vibration Tracks mit Schwellen aus Gummi und Gummifüssen, im Gotthard- und im Ceneri-Basistunnel

Unten: Bahnübergang Swisscross HD aus Gummi (links) und Swisscross RUBE® aus Gummi-Zement (rechts), in Meiringen montiert

SBB-Werkstätte Bellinzona

Das SBB Werk Bellinzona hat im Laufe der Jahre ein beachtliches Know-how als Kompetenzzentrum für Reparaturen und Revisionen an elektrischen Lokomotiven der alten und neuen Generation aufgebaut sowie für deren Komponenten, die oft sehr komplexe mechanische Rekonstruktionen erfordern.

In jüngster Zeit hat es sich auf der Sanierung von Gehäusen der Fahrzeugtypen FLIRT der TILO-Bahn spezialisiert sowie auf der Implementierung von neuen Informationssystemen für Passagiere. Mitte 2018 arbeiteten im Werk Bellinzona 350 hochqualifizierte Mitarbeitende.

Die Werkstatt Bellinzona wurde 2008 auch wegen des Arbeiterkampfes bekannt, der mit Unterstützung des ganzen Kantons geführt wurde, um die Schliessung zu verhindern.

Das Projekt eines neuen SBB-Kompetenzzentrums für Reparaturen und Revisionen

Im Dezember 2017 haben der Kanton Tessin, die Stadt Bellinzona und die SBB ein Abkommen unterzeichnet, das den Grundstein für eine langfristige Entwicklung der Instandhaltung des Eisenbahnsektors im Kanton legte. Gemäss Projekt wird die aktuelle Werkstatt in die neue Industriezone in Castione nördlich von Bellinzona verlegt. Die SBB geht davon aus, dass für Planung und Bau des neuen Werks Investitionen von insgesamt rund 360 Millionen Franken erforderlich sind. Geplant ist eines der modernsten Werke in Europa, in dem mit Hilfe neuer Technologien alle neuen Elektrozüge der Firma Stadler gewartet werden können: die Triebzüge «Giruno», die aktuellen Pendolini ETR 610 und die Zugskompositionen von TILO.

Oben: *Ansicht der Haupthalle «Kathedrale» der Werkstatt von Bellinzona*
Unten: *eine TILO-Komposition in Wartung*
Nächste Seite oben: *die komplette Rekonstruktion des Konvois der Centovalli-Bahn nach einem Unfall 2017 war ein echtes Meisterwerk*
Mitte: *die Werkstatt für Präzisionsmechanik*
Unten: *Vorbereitung eines Prototyps einer Lokomotive für die Firma Stadler*

Das neue Werk wird voraussichtlich ab 2026 rund 230 Mitarbeiter beschäftigen. Die neuen Technologien, die Digitalisierung und die effizienter zu wartenden Züge erfordern eine geringere Mitarbeiterzahl als bisher. Die hohe Qualität der angebotenen Dienstleistungen könnte die Anfrage auf Unterhaltsarbeiten steigern und so die Zahl der Arbeitsplätze erhöhen.

Der Bund wird das Projekt unterstützen, indem er die Bahnzufahrt zum neuen Werk finanziert, während der Kanton Tessin und die Stadt Bellinzona 120 Millionen Franken dazu beitragen, um eine grosse Fläche des aktuellen Standorts der Werkstatt Bellinzona zu übernehmen, wo ein Technologie-Pol entstehen soll. Durch Umnutzung soll das Areal mit hoher stadtplanerischer Qualität entwickelt und aufgewertet werden.

Swiss Innovation Park SIP TI
Parallel dazu wird ein Projekt gestartet, um das Gebiet der heutigen SBB-Werkstatt weiter zu entwickeln. Es handelt sich um eine zentrale Zone, die gut mit dem öffentlichen Verkehr erschlossen ist und von strategischer Bedeutung für Wirtschaft und Wohnraum ist. Daher könnte hier einer der schweizweit vernetzten Innovationsparks entstehen und ein Quartier mit Modellcharakter gebaut werden. Das Projekt Technologiepark ist als definitiver Standort des Swiss Innovation Parks Ticino SIP TI vorgesehen sowie als neuer Hauptsitz des Technopols Ticino.

Ziel dieser Aktivitäten ist, Forschungszentren anzuziehen und die Zusammenarbeit zwischen Wissenschaft und bestehenden Unternehmen oder innovativen Startups zu fördern, um hochwertige Arbeitsplätze zu schaffen.

Der Gotthard
Neue Herausforderungen

Überlegungen von Remigio Ratti 248
zu künftigen Szenarien des Eisenbahnverkehrs

Die alpenquerende Transitachse über den Gotthard wird 136 Jahre alt. Dafür sieht sie noch sehr jung aus!
Das ist nur möglich, weil sie aus der grossen, aufklärerischen Vision des 19. Jahrhunderts hervorging
und dann dank der weitsichtigen Strategien, den technologischen Investitionen und der Anpassung
an neue Szenarien ihre Wachstums- und Krisenzeiten erfolgreich überstanden hat.
Remigio Ratti

SwissMetro-NG war das geplante Hochgeschwindigkeits-Transportsystem zwischen den Städten
mit einer Magnetschwebebahn, die in der Schweiz bereits Ende des 20. Jhs. erdacht wurde

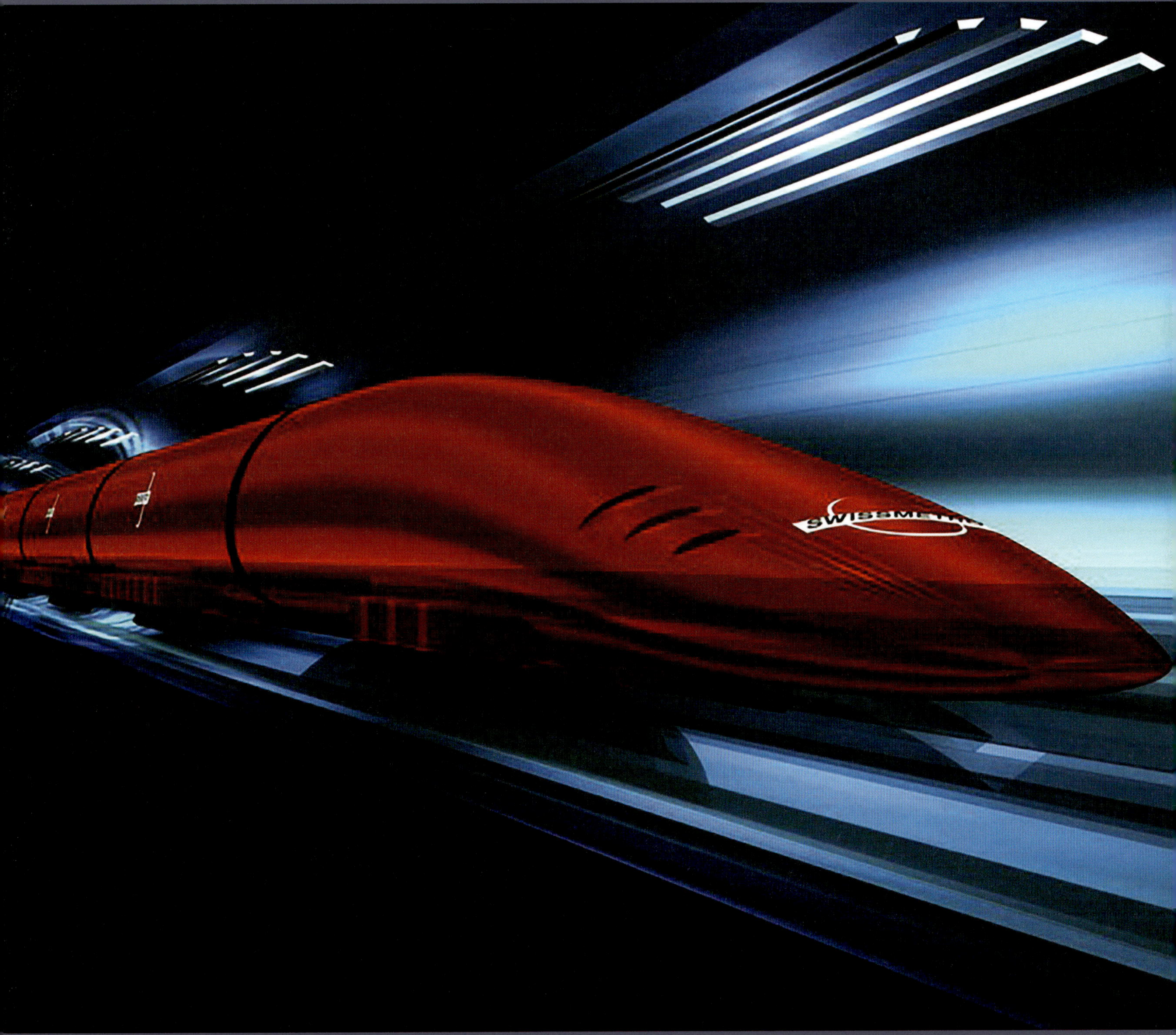

Überlegungen von Remigio Ratti

Ein neues Herz und ein neues Wesen

Um mehr als 100 Jahre alt zu werden, brauchte die transalpine Eisenbahnachse ein neues Herz: den Gotthard-Basistunnel, mit 57 Kilometern der längste Eisenbahntunnel der Welt. Und nicht nur das, die Transitachse hat sich verändert: Sie ist keine Bahn mit Bergstrecke, sondern eine Flachbahn durch die Alpen, dank der die Züge rascher von Nord nach Süd und umgekehrt gelangen. Sie hat die Rheinachse mit dem Mittelmeer verbunden. Die Projektierungsphase und der Bau sind unter Einfluss sehr verschiedenartiger, nicht immer konvergierender Kräfte erfolgt. Denn im Spiel waren diverse Interessen der Bahnkunden und der Transportmittel sowie nationale und regionale Interessen. Der Schweiz ist es aber immer wieder gelungen, weitsichtige Lösungen im Interesse aller Parteien und Endnutzer zu finden. Wird dies auch Mitte des 21. Jahrhunderts der Fall sein?

Die Zukunft ist nicht vorhersehbar; aber dank dieser Transitachse, ihrer Auswirkungen und der investierten Ressourcen kann man sich gut vorstellen, dass die Schweiz noch viele Jahrzehnte eine wichtige Transitfunktion für Europa haben und eine starke Rolle spielen wird. Das wird nicht ohne Herausforderungen gehen. In unserer Zeit der Globalisierung und Digitalisierung stehen wir vor grossen geopolitischen, technologischen und wirtschaftlichen Herausforderungen.

AlpTransit so rasch wie möglich fertigstellen

Die Gotthardbahn ist von kontinentaleuropäischer Tragweite für die Achse, die seit der Industriellen Revolution die westeuropäische Infrastruktur geprägt hat: die sogenannte «Blaue Banane», die bei London und den Benelux-Staaten beginnt, den Rhein entlang über die deutsch-französische Grenze in die Schweiz kommt, dann über die Alpen nach Mailand und schliesslich in Richtung Genua zum Mittelmeer führt. Der Korridor Antwerpen/Rotterdam-Genua (auch «Rhein-Alpen-Korridor» genannt) ist ja auch Teil des europäischen Bahnnetzes (TEN-T).

Die letzte Etappe Lugano-Chiasso-Mailand der Strecke ist für 2054 vorgesehen: ein absurder Flaschenhals, der mit einer national wie international geförderten, etappenweisen Planung und Umsetzung bereits 2035-2040 beseitigt werden sollte. Unterstützt wird dieses Projekt von der neu gegründeten Vereinigung «Pro Gottardo Ferrovia d'Europa» sowie dem öffentlich-privaten Projekt LuMiMed, das versucht, den Korridor Rhein-Alpen-Lugano-Mailand-Genua und Ligurische Häfen zu perfektionieren.

Die Europa-Transversale von den Niederlanden zum Mittelmeer

Nächste Seite: *An den engsten Stellen wurde der Suezkanal verdoppelt, auf einer Länge von 35 km von insgesamt 164 km*

China, Suez und der Aufschwung der Ligurischen Häfen

Die Ligurischen Häfen werden vor allem aus geopolitischen Gründen international aufgewertet. Der Aufstieg von südostasiatischen Ländern wie China und Indien machen das Mittelmeer, trotz der aktuellen tragischen Vorfälle, wieder zu einem zentralen Umschlagplatz.

Ein Beweis dafür sind die Erweiterungsbauten in Ägypten, um die Kapazität des Suezkanals zu verdoppeln, die Investitionen im grossen chinesischen Plan der «Neuen Seidenstrasse» und die wichtigen Anpassungen im weltweiten Logistiksystem, besonders in den grossen Terminals an den Häfen und im Landesinneren. Die Mittelmeerhäfen liegen auch auf der Verbindungsachse mit Nordamerika und haben die Möglichkeit, bedeutende Marktanteile zu gewinnen, im Vergleich mit den dominanten Häfen im «Nord Range»: Antwerpen, Rotterdam, Amsterdam und Hamburg.

Ein grosser Teil des Containerverkehrs betrifft insbesondere die ligurischen Häfen Genua und Savona-Vado Ligure und folglich den oben genannten europäischen Nord-Süd-Korridor.
2023 werden auch die Tunnel der so genannten Linie «Terzo Valico» als Teil einer der Hauptachsen des «TEN-T core network» der EU in Betrieb sein, einer Hochgeschwindigkeitsstrecke von Genua nach Norden in Richtung Turin und Mailand. Der erfolgreiche Betrieb auf dieser Strecke ist auch abhängig von einer Reihe von zusätzlichen Investitionen auf der Linie Lugano-Mailand–Ligurische Küste, sowie von der ebenso wichtigen logistischen Infrastruktur.

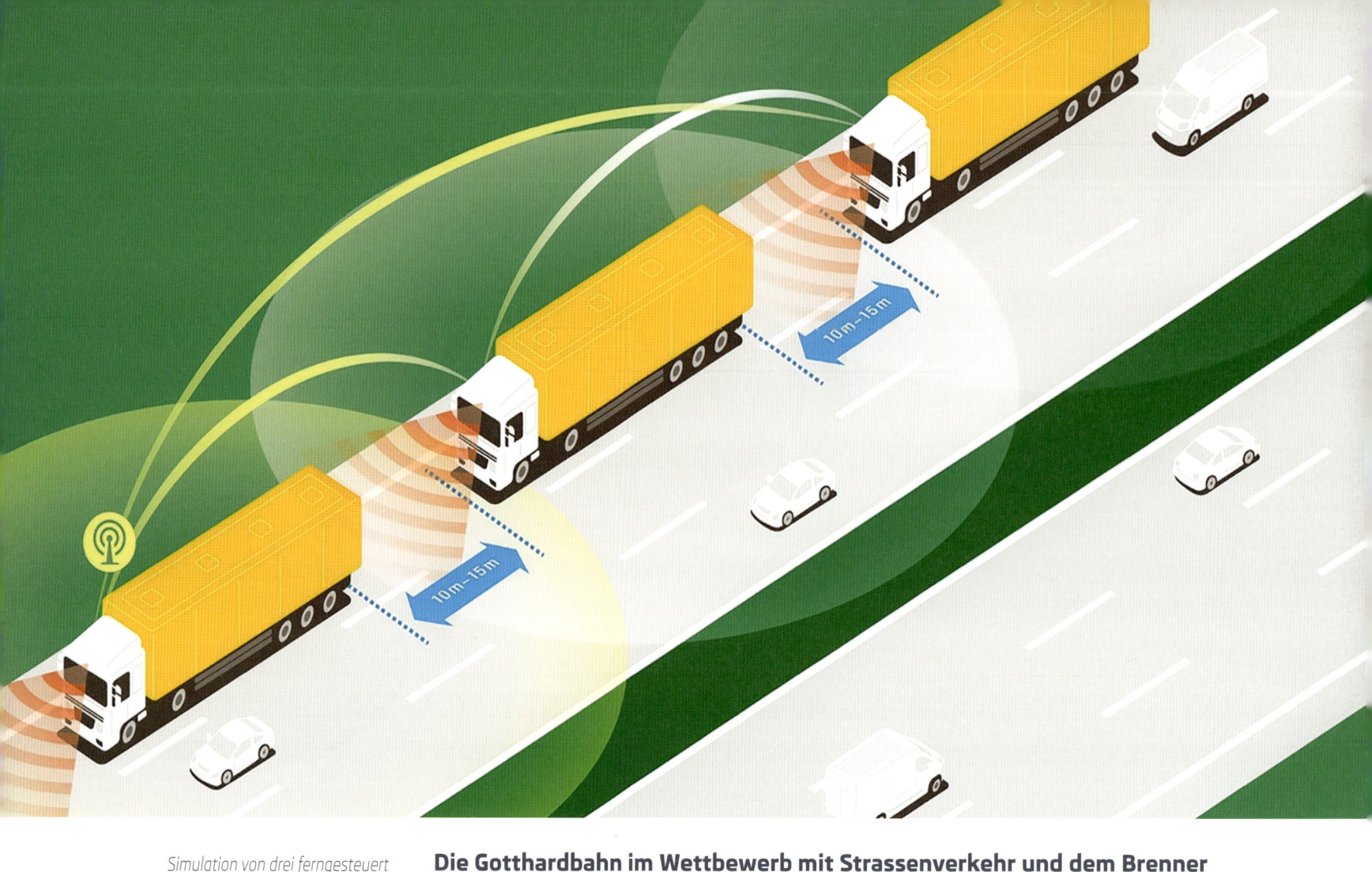

Simulation von drei ferngesteuert hintereinander im «Platooning» fahrenden LKW, wobei die hinteren beiden via Äther mit dem vorderen verbunden sind

Nächste Seite: Simulation einer Fahrzeugformation von «Cargo sous terrain»

Im März 2017 wurde die Gesellschaft unter Mitwirkung bedeutender Schweizer und ausländischer Aktionäre gegründet. Das erste Teilstück soll Anfang 2030 auf 67 km Härkingen/Niederbipp und Zürich verbinden. Geschätzte Kosten für diese Phase: 3.5 Milliarden Franken.

Die Gotthardbahn im Wettbewerb mit Strassenverkehr und dem Brenner

Der intermodale Verkehr wird weiter zunehmen, da die Kapazitäten des alpenquerenden Strassenverkehrs erschöpft sind und in der Schweiz keine neuen Strassen über die Alpen gebaut werden dürfen, wie 1994 in der Alpeninitative festgelegt. Auch in anderen Alpenländern wird versucht, den Transitverkehr besser zu regeln, was zu einer Zunahme des intermodalen Verkehrs führen wird.

Gefördert wird der kombinierte Verkehr auch durch die für 2030 geplante Inbetriebnahme des italienisch-österreichischen Basistunnels am Brenner von zirka 55 Kilometern Länge, der auf der anderen grossen Transitachse liegt, welche in Konkurrenz zum Gotthard steht und einen effizienten Korridor von Schweden via Berlin, München, Innsbruck, Verona bis Süditalien bildet.

Die Restkapazitäten der Autobahnen werden vor allem von teils elektrischen oder gar selbstfahrenden Personenfahrzeugen oder leichten Transportfahrzeugen belegt sein. Diese Verkehrswege werden auch dann noch überfüllt sein, wenn die Technologie deutlich effizientere Autozüge von 4-5 selbstgesteuerten LKW ermöglichen würde. Die Aussicht auf die volle Zusammenarbeit zwischen den verschiedenen Aspekten des interkontinentalen Containerverkehrs erlaubt positive Aussichten auf die zukünftige logistische Rolle der Eisenbahn.

Verkehrsmittel der neuen Generation und nachhaltige Mobilität

Weitere Herausforderungen sind revolutionäre Verkehrsmittel wie etwa die auf den Seiten 236-237 von Marcel Jufer von der EPFL vorgestellte Magnetschwebebahn in unterirdischen Tunneln. Eine solche Schwebebahn könnte eher als Ergänzung denn als Ersatz dienen und für Ballungsgebiete mit mehreren Millionen Einwohnern geeignet sein. Auch im Güterverkehr kommen innovative Lösungen auf, wie das in der Schweiz unter dem Namen «Cargo Sous Terrain» bekannte Projekt. Hierbei handelt es sich um eine automatisierte unterirdische Druckluftbahn, mit der, wenn auch bei niedriger Geschwindigkeit, Paletten und Eurocontainer transportiert werden können.

So ein Tunnelsystem zwischen städtischen Ballungsgebieten und Logistikzentren kann dort nützlich sein, wo die Kapazität des Verkehrsnetzes an der Oberfläche, besonders des Strassennetzes, bereits erschöpft ist.

Ausserdem könnte die bei selbstfahrenden Autos angewandte «platooning» Technologie auch im Bahnverkehr benutzt werden. Das würde ermöglichen, einige lokale Industrie- und Logistikanbindungen wiederherzustellen, um eine Dienstleistung auf kurzer oder mittlerer Distanz zu schaffen; eine Art Cargo TILO würde man es südlich der Alpen nennen.

Aber auch diese Entwicklungen setzen ein gut vernetztes Bahnsystem mit wichtigen Knotenpunkten und Hauptverkehrswegen voraus.

Der Gotthard wird folglich immer eine «Europabahn» bleiben und sich als solche den marktwirtschaftlichen, sozialen und ökologischen Herausforderungen stellen. Hier wird es notwendig sein, eine Vormachtstellung zu sichern, um ein auf kontinentaler, regionaler und auch lokaler Ebene solides und nachhaltiges Mobilitätssystem schaffen zu können.

Transport von kleinen Paketen via Drohnen
Dieses neue Verkehrsmittel, das in gewissen Bereichen bereits zum normalen Gebrauch gehört, wurde mit Erfolg in Lugano von der Post erprobt: 2017 wurden Drohnen zwischen den beiden Spitälern Civico und Italiano für den Transport von Laborproben eingesetzt. Nach mehr als 1'000 störungsfreien Flügen funktioniert das Transportsystem heute regelmässig. In Bern zwischen den Spitälern Tiefenau und Insel hat 2018 ein Versuch begonnen, der bald auch auf zwei Labors in Zürich ausgedehnt wird.

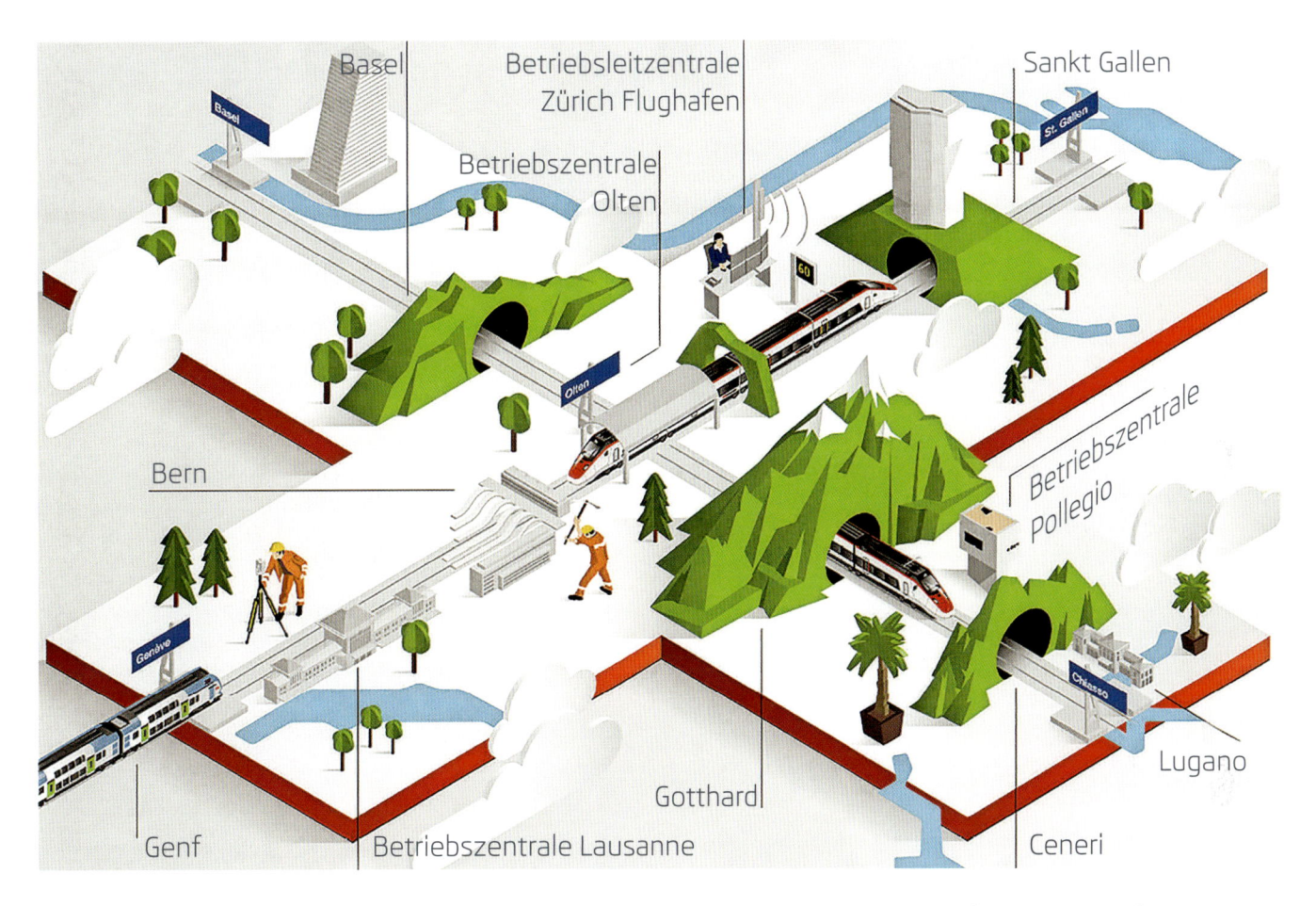

Das neue Schweizer Kreuz: Die beiden Achsen Ost-West und Nord-Süd stellen die Basis der zukünftigen Schweizer Bundesbahnen dar

Vorherige Seite: Eine Drohne verbindet das Stadtspital in Lugano mit dem Ospedale Italiano

Pläne für effizientere Verbindungen zwischen den Grossstädten

Im 21. Jahrhunderts haben Metropolen und Städte und ihre Bedürfnisse nach Mobilität und Lebensqualität eine immer grössere Bedeutung.

Auch das wirkt sich zu Gunsten der Bahnlinie via Gotthard-Basistunnel aus, aber natürlich nur dann, wenn diese Linie mit einem hohen Kapazitäts- und Geschwindigkeitsstandard konzipiert wird. Das ist aktuell noch nicht durchgehend der Fall, wird es aber in 15-20 Jahren sein müssen.

Eine wirklich wettbewerbsfähige Bahn und die Anbindung an grosse Flughäfen erweitern den Marktsektor der Bahn bedeutend, der sich auch bis 500 Kilometer ausdehnen kann.

Auf Schweizer Ebene sollte dies auf der horizontalen und vertikalen Achse des so genannten «Schweizer Kreuzes der Mobilität» möglich gemacht werden, und zwar:

- (Lyon) Genf bis zum Bodensee (München)
- (Frankfurt-Strassburg) Basel bis Chiasso (Mailand-Rom/Mailand-Genua).

Anhang

Die Autoren 256
und die wichtigsten Mitarbeiter

Dank 258

Bibliografie 260

Bildnachweis 264

Eröffnung mit Festbeleuchtung am Viadukt in Camorino,
Zufahrtsrampe zum Nordportal des Ceneri-Basistunnels

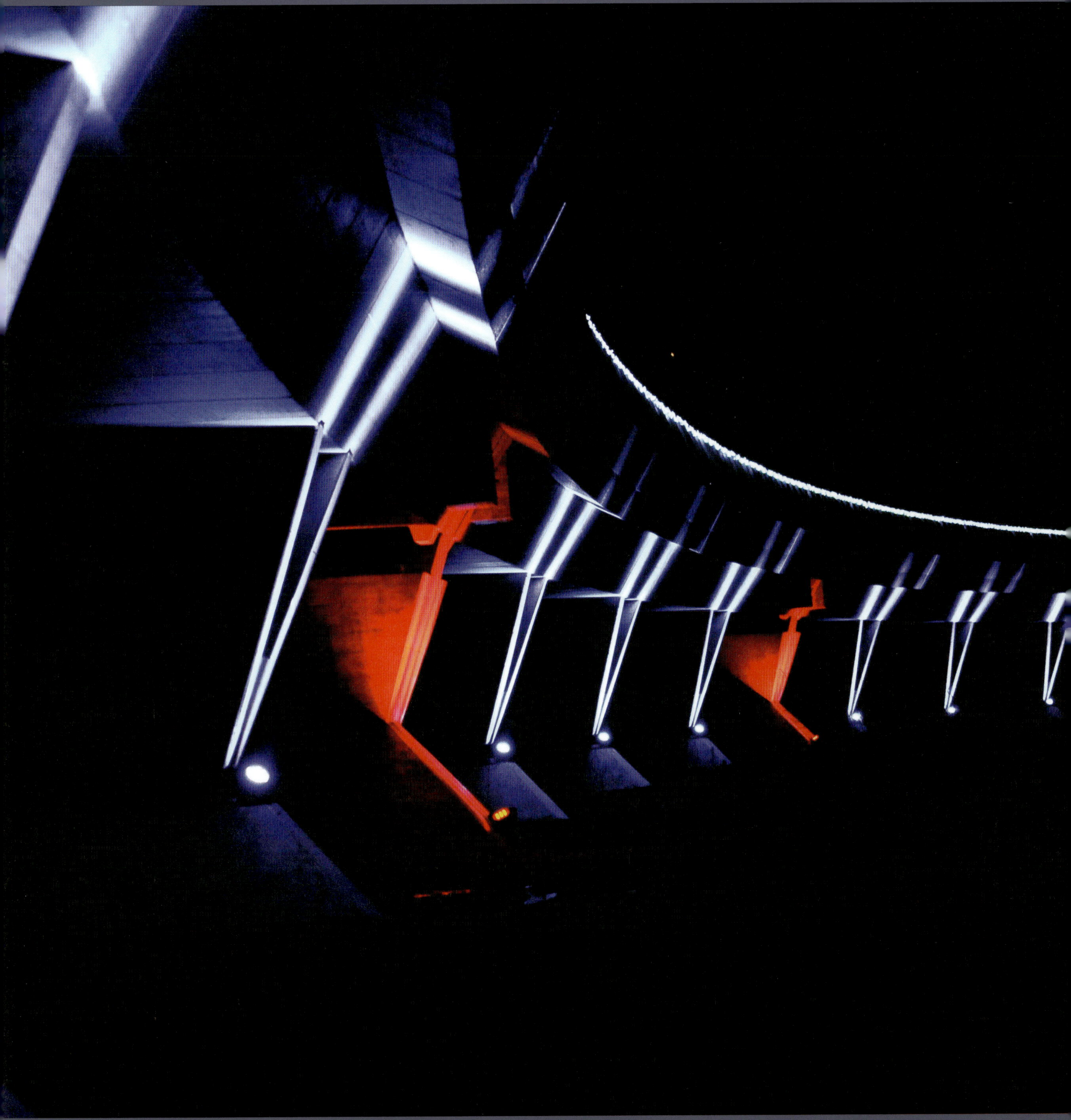

Die Autoren und die wichtigsten Mitarbeiter

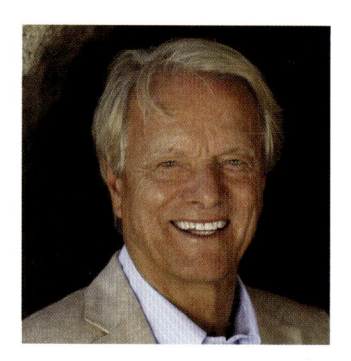

Adriano Cavadini, Lizenziat und Doktorat (1966) an der Universität Fribourg als Nationalökonom. Seit 1970 Mitarbeiter und von 1978 bis 1990 Direktor bei der Handelskammer des Kantons Tessin. Unternehmens- und Wirtschaftsberatung mit eigener Praxis ab 1990; Mitglied im Verwaltungsrat wichtiger Schweizer Firmen. Intensive Aktivität in der Politik: im Gemeinderat Pregassona (1971-1986), Tessiner Grossrat (1975-1988) und Nationalrat (1987-1999). Dozent für Betriebswirtschaftslehre an der SUPSI-Fachhochschule der Italienischen Schweiz (2001-2009), Autor diverser Bücher und Artikel im *Corriere del Ticino*.

Sergio Michels Nach dem Kunstgymnasium Brera in Mailand besuchte er dort die Kunstakademie und in Lugano die Ateliers von Pietro Salati, seinem Mentor, Carlo Cotti und Nag Arnoldi. Nach Erfahrungen als Verantwortlicher der Grafikabteilung bei CIBA SpA in Mailand eröffnete er 1964 seine Agentur Graphic Designer und erweiterte seine Kompetenzen im kreativen Bereich und in der Beratung. Dank seiner Vielseitigkeit und Intuition bei der Wahrnehmung der Bedürfnisse der Kunden konnte er ansehnliche Aufträge in der Industrie und im Dienstleistungssektor ausführen, auch auf internationaler Ebene.

Fabrizio Viscontini, 1965 in Faido geboren, machte den Abschluss in moderner und vergleichender Geschichte an der Universität Fribourg. Im Jahr 2000 präsentierte er an dieser Uni seine historische Doktorarbeit über die Tessiner Betriebswirtschaft: «Alla ricerca dello sviluppo ... La politica economica nel Ticino (1873-1953). Aspetti cantonali e regionali». Seit 2001 ist er Schulleiter der Oberstufe Giornico-Faido. In den letzten Jahren hat er, teils in Zusammenarbeit mit anderen Autoren, zahlreiche Veröffentlichungen im historischen Bereich verfasst.

Fabrizio Michels, geboren in Lugano, lebt und arbeitet in Comano. Nach dem Abschluss des wissenschaftlichen Gymnasiums Lugano studierte er Wirtschaft, zuerst an der Universität Zürich, dann an der Bocconi Mailand. Er war in einem Masterstudiengang in Marketing an der Haas School of Business Berkeley in den USA. Nach einer interessanten Erfahrung im Restaurantbereich als Geschäftsführer des Ristorante San Bernardo in Comano (15 Gault-Millau-Punkte) trat er in den Familienbetrieb ein, wobei er neue Impulse als Marktingleiter von Graphic Design gab.

Renzo Ghiggia, dipl. Bauingenieur ETH, war von 1978 bis anfangs der 1990er Jahre für die SBB im Tessin, als Projektleiter von wichtigen Erneuerungs- und Ausbauprojekten der Bahnanlagen aktiv.
Danach bis zu seiner Pensionierung 2005 leitete er die Filiale von AlpTransit San Gottardo in Bellinzona.

Für dieses Buch hat er zahlreiche technische Aspekte überprüft, ausserdem verfasste er die Kapitel über die Geomatik.

Remigio Ratti, Wirtschaftsfachmann und interdisziplinärer Forscher.
Seit 1982 Titularprofessor an der Universität Fribourg; er war auch Dozent an der Universität der italienischen Schweiz in Lugano (1995-2013) und für die Masterklassen an der EPF in Lausanne (2007-2012). Mitglied einer Expertengruppe von CERTeT (Centro di Economia Regionale e dei Trasporti) Universität Bocconi, Mailand. Ehemaliges Mitglied des Schweizer Parlaments (1995-1999). Unter seinen Publikationen: «L'asse ferrviario del San Gottardo – Economia e geopolitica dei transiti alpini» (Dadò, Locarno, 2016).

Beatrice Colombo-Genoni ist in Luzern in einer Tessiner Familie geboren. In Luzern und danach in Kilchberg bei Zürich erlebte sie mit ihren fünf Geschwistern eine glückliche Kindheit. Sie studierte an der Philosophischen Fakultät I der Universität Zürich. Sie war Deutschlehrerin an der Kaufmännischen Berufsschule und an der Volkshochschule in Bellinzona. Sie hat auch mit verschiedenen Grafiker Ateliers zusammengearbeitet.
Sie hat drei Söhne und ein Enkelkind. Sie lebt in Locarno und ist im sozialen Bereich tätig. Am liebsten wandert sie in den Bergen.

Birgit Eger Bertulessi ist in Baden (AG) geboren, verheiratet und lebt in der Schweiz und Norditalien. Nach Studium an der Universität Zürich (Anglistik/Italienisch), mit diversen Auslandaufenthalten, spezialisierte sie sich auf Deutsch als Zweitsprache und war lange an internationalen Schulen in Mailand und an der Universität Bergamo tätig. Mehrere Jahre arbeitete sie in der Schweiz im Bereich Weiterbildung auf Kaderstufe. Zurzeit Unterricht an der Schweizer Schule Bergamo. Sie verfügt über langjährige Erfahrung in Fachübersetzungen im Bereich Kultur, Reisen und Wandern in den Alpen.

Dank

Die drei Initiatoren des Buches sind den folgenden Personen für ihre grossen Bemühungen besonders zu Dank verpflichtet:

Cattaneo Roberta, Leiterin Personenverkehr und Regionalkoordinatorin Region Süd sowie ihre Mitarbeiterinnen **Tulipani Sandra** und **Wüthrich Beatrice**, Bellinzona
Farba Ferdinando, Journalist, Mendrisio
Genetelli Mariella, Marketingleiterin SBB Werkstätte, Bellinzona
Gisler-Jauch Rolf, Staatsarchivar des Kantons Uri, Altdorf
Marci Tosca und **Cereghetti Alberta**, Pressedienst AlpTransit Gotthard AG, Bellinzona
Raguth Margrith, für die letzte Durchsicht des Manuskripts, Roveredo
Wünsch Nietlispach Nadine, Senior-Projektleiterin Flottenentwicklung SBB, Bern

Die Initiatoren möchten auch allen anderen beteiligten Personen danken für ihre Hilfe beim Sammeln der Informationen, Daten und Fotografien, für die Überprüfung einiger Texte und für das Verfassen einiger fachlich komplexen Unterkapitel:

Arnold Myriam, Projekt Nordportal Gotthard Basistunnel
Aschwanden Ralph, Vorsteher des Amts für Kultur und Sport des Kantons Uri, Altdorf
Barbieri Antonio, Koordinator der Vereinigung «Associazione Alta Capacità Gottardo»
Bardelli Lorenzo, Leiter Verkauf und Marketing der Stadtwerke, Bellinzona
Baumgartner Kurt, Sammler, Mendrisio
Bernasconi Cristiano, Bernasconi e Forrer Ingegneria e Misurazioni SA, Lugano
Bernasconi Simone, Leiter des Kompetenzzentrums Bellinzona
Bobbià Edo, ehem. Direktor Baumeister Verband Ticino, Morbio Inferiore
Bortolin Giorgio, **Malacarne Marino** und **Uccellani Diego**, Fontana Print SA, Lugano
Bundi Annetta, Assistentin der UVEK-Vorsteherin, Bern
Conti Renzo, Sammler, Comano
Continati Ivan, Projektleiter PTL, Bellinzona
Cordes Martin, SBB Historic, Windisch
Crivelli Margherita, Marketingleiterin FART, Locarno
De Gottardi Riccardo, Direktor Abteilung Entwicklung und Mobilität des Kantons Tessin
Fazioli Anna, persönliche Mitarbeiterin des EDA-Vorstehers, Bern
Ferro Benjamin, Ferrovia Monte Generoso, Capolago
Ferroni Roberto, Direktor TPL, Verkehrsbetriebe der Stadt Lugano und Umgebung
Gervasoni Franco, Direktor SUPSI, Fachhochschule der italienischen Schweiz, Manno
Ghio Laura, Mitarbeiterin Hafenbehörde Genua
Gianinazzi Graziano, alt Betriebsinspektor SBB für das Tessin, Canobbio

Haug Giuseppe, Sammler, Capolago
Imelli Stefano, Gemeindepräsident von Bodio, und **Citino Maria Teresa**, Sekretärin
Kunz David, SBB Historic, Windisch
Licata Alice, Hupac Intermodal AG, Chiasso
Liechti Marcus, Sektionsleiter UVEK, Bern
Lucchinetti Massimo, Sammler, Airolo
Lupi Barbara, Verkehrsplanung und Technik, Kanton Tessin, Bellinzona
Mantegazza Mario, Verleger Ticino Welcome, Lugano
Marbach Guido, Kunstverkauf.ch, Zürich
Morandi Roberto und **Gazzola Renato**, Touring Club Svizzero, Rivera
Pagnamenta Flavia, Mitarbeiterin von Adriano Cavadini, Lugano
Pinana Felice, Staatsarchiv des Kantons Tessin, Bellinzona
Robbiani Damiano, Historisches Archiv Lugano
Rossi Denis, Direktor TILO AG (Treni Regionali Ticino Lombardia), Tochterunternehmen der SBB, und sein Mitarbeiter **Botta Daniele,** Bellinzona
Rossi Valentina, Sammlerin, Arzo
Società di navigazione Lago di Lugano
Soldati Stefano, Präsident Ferrovie Luganesi SA
Staub Giovanna, Unternehmerin, Balerna
Steinegger Franz, alt Nationalrat des Kantons Uri, Altdorf
Stutz Thomas, Fotograf, Olten
Tonndorf Irmtraut, Direktorin Kommunikation & Marketing Hupac Intermodal AG, Chiasso
Waltenspühl Ida Maria, Sekretärin von Prof. Dr. Joseph Jung, Zürich
Wildi Ballabio Elena, Assistentin von Bundesrat Ignazio Cassis, Bern
Zanganeh Giw, Direktor Alacaes SA, Lugano

Wir danken auch besonders den Plakat-Galerien, die uns eine reiche Auswahl an interessanten Plakaten zur Verfügung gestellt haben:
Galerie 1 2 3 | Clerc Jean Daniel | Genf
Galleria L'Image | Bellenda Alessandro | Alassio (I)
Poster Auktioner | Ton Guido | Zürich

Dank auch allen Geschäftsführern der im Buch erwähnten Unternehmen für die Informationen und die Prüfung der veröffentlichten Texte.

Bibliographie

AA VV, Il San Gottardo e l'Europa, genesi di una ferrovia alpina, 1882-1982, Atti del convegno di studi Bellinzona, 14-16 maggio 1882, Arti grafiche A. Salvioni & Co. S.A., Bellinzona, 1983

AA VV FFS: realizzazioni nel Ticino. In Rivista Tecnica della Svizzera Italiana numero 6-8 giugno-agosto, Grassi Pubblicità SA, Bellinzona, 1989

Agliati Carlo, Pasquale Lucchini, in Dizionario storico svizzero, edizione elettronica, 16.06.2009
   URL: http://www.hls-dhs-dss.ch/textes/i/I10273.php

Agliati Carlo, Una famiglia tra Europa e America, in I costruttori della Repubblica – Cinque padri della patria nel Ticino della prima metà dell'Ottocento, I quaderni dell'Associazione Carlo Cattaneo, numero 56, pagine 97-110, Castagnola, 2005

Agliati Mario, La sposina del '909 - Il cinquantesimo della Ferrovia elettrica Lugano-Tesserete, Lugano, 1959

AlpTransit San Gottardo SA, Volume 1) Inizia il futuro. La Galleria di base del San Gottardo – la galleria più lunga del mondo. Autore AlpTransit San Gottardo SA. Editore Stämpfli Verlag AG, Berna, 2013
   Volume 2) L'opera del secolo diventa realtà. La Galleria di base del San Gottardo – la galleria più lunga del mondo. Autore AlpTransit San Gottardo SA. Editore Stämfpli Verlag AG, Berna, 2011
   Volume 3) Via libera alla Galleria di base del San Gottardo. La Galleria di base del San Gottardo – la galleria più lunga del mondo. Autore AlpTransit San Gottardo SA. Editore Stämfpli Verlag AG, Berna, 2017

Aschwanden Ralph, Uri, Dizionario storico svizzero, edizione elettronica, 22.05.2017
   URL: http://www.hls-dhs-dss.ch/textes/i/I7384.php

Bellini Giorgio (con la collaborazione redazionale di Marco Marcacci), Le strade del Canton Ticino, Le vie di comunicazione dall'Ottocento al secondo dopoguerra, Fontana Edizioni, Pregassona – Lugano, 2016

Benz Gérard, Les Alpes et le Chemin de fer, Édition Antipode, Lausanne, 2007

Berger Hans-Ulrich, Güller Peter, Mauch Samuel, Oetterli Jörg, Verkehrspolitische Entwicklungspfade in der Schweiz, Rüegger Verlag, Zürich/Chur 2009

Braun, Adolph, ... e venne la Gotthardbahn, traduzione da Gotthard – Als die Bahn gebaut wurde, Giampiero Casagrande Editore, Lugano, 1997

Caizzi Bruno, Suez e San Gottardo, Istituto Editoriale Cisalpino, Milano, 1985

Caizzi Bruno, Ceschi Raffaello, 100 anni della Ferrovia del San Gottardo, Edizioni Casagrande, Bellinzona, 1982

Cattaneo Carlo, Scritti sulle trasversali alpine Introduzione e note a cura di F. Minazzi, Archivio del Moderno, Accademia di architettura, Mendrisio, 2001

Comune di Bodio, Bodio dal villaggio rurale al comune industriale, Bodio, 1997

Coscienza Svizzera, AlpTransit 2016: verso nuovi equilibri territoriali, CS Quaderno N° 27, Bellinzona, 2006

Corriere del Ticino, 2016 Gottardo AlpTransit, Supplemento speciale, Lugano, 30.5.2016

Courtiau Catherine, Louis Favre, Dizionario storico svizzero, edizione elettronica, 31.12.2017,
   URL: http://www.hls-dhs-dss.ch/textes/i/I30002.php

Dizionario storico della Svizzera (DSS), molti autori, tredici volumi, Armando Dadò, Locarno, 2002-2014

Elsasser Kilian T., La diretta via verso il sud - Storia della Ferrovia del Gottardo, AS Verlag & Buchkonzept AG, Zurigo, 2007

Elsasser Kilian T., La ligne du Gothard - Le long du chemin de fer sur le sentier Gottardo, Rossolis Sàrl, Bussigny, 2007

Elsasser Kilian T., Habegger Ueli, Kreis Georg, Eine Zukunft für die Historisce Verkehrslandschaft Gotthard, Schweizerische Akademie der Geistes- und Sozialwissenschaften, Bern, 2014

Futuro della Stazione merci di Chiasso https://sev-online.ch/it/aktuell/kontakt.sev/2017/Chiasso-Smistamento rilancio-2017082912-0/

Ghiringhelli Giorgio, Il Ponte del Diavolo nelle vecchie stampe, Edizioni Casagrande Bellinzona, 2007

Ghiringhelli Giorgio, Il Ticino nelle vecchie stampe, Edizioni Casagrande Bellinzona, 2003

Gili Antonio, Lugano capolinea, sviluppo storico delle linee di pubblico trasporto passeggeri, dalle funicolari, tranvie e ferrovie ai filobus e autolinee, pagine storiche luganesi, Città di Lugano – Archivio storico – Centro studi Carlo Cattaneo, Lugano, 1996

Gili Antonio, Carlo Cattaneo (1801-1869), un italiano svizzero, Città di Lugano, Giampiero Casagrande editore, Lugano, 2001

Graziano Gianinazzi, Linguaggio da capostazione. Cose vedute o sapute da un ferroviere a Chiasso, Bollettino storico della Svizzera italiana, Fascicolo 2/2007, pagine 269-310, Salvioni Edizioni, Bellinzona, 2007

Gschwend Hanspeter, Traversine e traversie, l'Officina il Ticino e la Ferrovia del Gottardo, FFS SA, Berna e Fontana Edizioni SA, Pregassona-Lugano, 2015

https://company.sbb.ch per informazioni sul potenziamento dell'impianto idroelettrico del Ritom

Heckner Ralf, Politica e diplomazia di un magistrato elvetico, in I costruttori della Repubblica – Cinque padri della patria nel Ticino della prima metà dell'Ottocento, I quaderni dell'Associazione Carlo Cattaneo, numero 56, pagine 111-121, Castagnola, 2005

Hug Christian, Avanti tutta! – Ecco come Hupac, da 50 anni, toglie i camion dalla strada, Hupac SA, Chiasso 2017

Hupac SA, Relazione della gestione 2016 e 2017, Chiasso, 2016 e 2017

Institut für Bauplanung und Baubetrieb ETH, Institut für Geotechnik ETH, Rothpletz, Lienhard + Cie AG, Historische Alpendurchstiche in der Schweiz – Gotthard Simplon Lötschberg, Gesellschaft für Ingenieurbaukunst, Zürich, 1996

Jung Joseph, Alfred Escher 1819-1882 – Der Aufbruch zur modernen Schweiz – Teil 1 – Leben und Wirken Verlag Neue Zürcher Zeitung, Zürich, 2006 – 2. Auflage (alle 4 Bücher)

Jung Joseph, Alfred Escher 1819-1882 – Der Aufbruch zur modernen Schweiz – Teil 2 – Nordostbahn und schweizerische Eisenbahnpolitik, Gotthardprojekt, Verlag Neue Zürcher Zeitung, Zürich, 2006

Jung Joseph, Alfred Escher 1819-1882 – Der Aufbruch zur modernen Schweiz – Teil 3 – Schweizerische Kreditanstalt, Eidgenössisches Polytechnikum, Aussenpolitik, Verlag Neue Zürcher Zeitung, Zürich, 2006

Jung Joseph, Alfred Escher 1819-1882 – Der Aufbruch zur modernen Schweiz –Anhang, Verlag Neue Zürcher Zeitung, Zürich, 2006

Jung Joseph, Alfred Escher – Il fondatore della Svizzera moderna, Armando Dadò, Locarno 2013

Jung Joseph, Alfred Escher 1819-1882 – Aufstieg, Macht, Tragik, Verlag Neue Zürcher Zeitung, Zürich, 2017 6. Auflage

Kobold Fritz, Vor hundert Jahren: Die Absteckung des Gotthard-Bahntunnels. In «Vermessung, Photogrammetrie, Kulturtechnik, 3/82», 1982

Lattuada Carlo, In autobus con le Ferrovie Nord – Storia del trasporto su gomma di Ferrovie Nord Milano, Ferrovie Nord, Milano, 2013

Libotte Armando, 1886-1986 – Funicolare Lugano-Stazione, 100 anni di vita luganese, Azienda comunale dei trasporti, Lugano, 1986

Luchessa Christian, Gioacchino Respini, in Dizionario storico svizzero, edizione elettronica, 12.03.2010, URL: http://www.hls-dhs-dss.ch/textes/i/I3535.php

Macconi Gino, Cartoline dal distretto, Edito dalla Società di Banca Svizzera, Chiasso, 1983

Mange Daniel, Bahn-Plan 2050 Mehr Tempo für die Schweiz, Ruegger Verlag, Zürich/Chur, 2012

Marcacci Marco, Viscontini Fabrizio, La Valle di Blenio e la sua Ferrovia, L'ingresso nella modernità, Salvioni arti grafiche Bellinzona, 2011

Martinetti Orazio, Fare il Ticino, Economia e società tra Otto e Novecento, Armando Dadò editore, Locarno, 2013

Messaggio del Consiglio di Stato nr. 5346 del 18 dicembre 2002 - Richiesta di un credito di 25.4 milioni di franchi per la realizzazione del collegamento ferroviario diretto Locarno-Lugano attraverso la galleria di base del Monte Ceneri nell'ambito del progetto "Sistema ferroviario regionale Ticino-Lombardia"

Nething Hans Peter, Il San Gottardo, Edizioni Trelingue, Porza-Lugano, 1980

Panzera Fabrizio, Romano Roberto, Il San Gottardo: dalla galleria di Favre all'AlpTransit, Atti del Convegno Internazionale di studi sulle trasversali alpine svoltosi a Locarno, il 17-19 ottobre 2007, Quaderni del "Bollettino Storico della Svizzera Italiana", n° 8, Salvioni arti grafiche SA, 2008

Peduzzi Raffaele – L'anemia dei minatori impegnati nel traforo del San Gottardo. Bollettino storico della Svizzera italiana, 1982 volume XCIV – fascicoli III/IV (1-15)

Peduzzi Raffaele – AlpTransit e la storia dell'anemia del San Gottardo del primo traforo, 2016. Lega Polmonare Ticinese - Centunesimo Rapporto e Rendiconto 2015 (pagg. 18-30)

Polli Alberto, Ghirlanda Angelo, C'era una volta ... la Lugano-Cadro-Dino, Fontana Edizioni, Pregassona, 2010

Potenziamento dell'impianto idroelettrico del Ritom
https://company.sbb.ch/it/azienda/progetti/mittelland-e-in-ticino/ritom/il-progetto.html

Ratti Remigio, L'asse ferroviario del San Gottardo: economia e geopolitica dei transiti alpini,
    Armando Dadò Editore, Locarno, 2016
Rossi Federica, Maggi Rico, Zurigo Lugano Milano – Studio sull'economia ticinese dopo AlpTransit,
    Istituto Ricerche Economiche (IRE), Università della Svizzera italiana, Armado Dadò editore, Locarno, 2016

Spitteler Carl (a cura di Mattia Mantovani), Il Gottardo, Armando Dadò editore, Locarno, 2017
Stadler Hans, Flüelen, Dizionario storico svizzero, edizione elettronica, 29.10.2009,
    URL: http://www.hls-dhs-dss.ch/textes/i/I696.php
Stadler Hans, Göschenen, Dizionario storico svizzero, edizione elettronica, 07.12.2005,
    URL: http://www.hls-dhs-dss.ch/textes/i/I697.php
Stadler Helmut, Gotthard, Der Pass und sein Mythos, Orell Füssli Verlag AG, Zürich, 2016
TILO SA, Galleria Monte Ceneri e bretella di Camorino – Una rivoluzione epocale nel traffico ferroviario ticinese,
    Bellinzona, 2016
TILO SA, Un treno che guarda al futuro – Treni Regionali Ticino Lombardia, Bellinzona, 2016
Trüb Walter, Eggermann Anton, Lanfranconi Karl J., Winter Paul, Kalt Robert, La ferrovia del San Gottardo,
    I cento anni della galleria, Libro ufficiale delle Ferrovie Federali Svizzere,
    Edizioni Trelingue SA, Porza-Lugano, 1982
Trüeb Markus, Lucerna, Trasporti e economia, Dizionario storico svizzero, edizione elettronica, 31.10.2016,
    URL: http://www.hls-dhs-dss.ch/textes/i/I624.php

Ufficio Ricerche Econonomiche, Il Ticino e i traffici internazionali di transito: ruolo storico, problemi attuali,
    prospettive d'inserimento economico, Quaderno N° 13, Ufficio Ricerche Economiche, Cantone Ticino, 1980

Vanoni Antonio, Il lago di Lugano - Der Luganersee 1848-1987, Storia della navigazione e delle ferrovie
    di collegamento del Lago di Lugano, Edizioni Edelweiss, Lugano-Pregassona, 1988
Viscontini Fabrizio, Alla ricerca dello sviluppo, La politica economica nel Ticino (1873-1953),
    Armando Dadò editore, Locarno, 2005
Viscontini Fabrizio, Giù le mani dall'Officina! 1976-1983, contro la minaccia di chiudere le Officine FFS di Biasca,
    Un esempio di impegno sindacale e politico per la salvaguardia dei posti di lavoro nelle regioni di montagna,
    Fondazione Pellegrini-Canevascini, Federazione svizzera dei Ferrovieri, segretariato ticinese, Bellinzona, 1992

Wägli Hans G., Schienennetz Schweiz, Réseau ferreé suisse – Ein technisch-historischer Atlas,
    Atlas technique et historique, AS Verlag, Zürich, 2010
Wikipedia Diverse informazioni sono state attinte da questa "Enciclopedia online" o ivi verificate, tra l'altro
    quelle riguardanti il "Gotthardgebäude" di Lucerna e le ferrovie, funicolari e tramvie
Wyrsch Franz, Wiget Josef, Arth, Dizionario storico svizzero, edizione elettronica, 22.05.2014,
    URL: http://www.hls-dhs-dss.ch/textes/i/I726.php
Wyss-Niederer Arthur, San Gottardo via Helvetica, Edizioni Ovaphil, Losanna, 1980

Bildnachweis

Fotos

Archive | Archivio comunale Bellinzona | 106 • Schweiz. Bundesarchiv Bern | 37s • Archivio storico Lugano | 31a, 35, 128 • Archivio storico Ticinese | 14d, 15b, 22a, 28b, 30, 135b • Staatsarchiv Uri | Titelseite ad, 27as, 27b, 41, 56b, 76s, 77, 78, 86d, 87a, 91, 110, 111b, 136a (EWA), 147a, 172, 174s • Archiv Schmied | 80, 93b, 94s Archiv Stutz | 142a • Alamy | 84d • Artistoria | 20ad • Arth-Verein | 112b • Archivio Prov. Milano | 34

Autoren | Joseph Jung | Alfred Escher 1819–1882: Der Aufbruch zur modernen Schweiz, 2. Auflage, Zürich 2006, Band 1 und 2, sowie ebenfalls von Joseph Jung | Alfred Escher 1819–1882: Aufstieg, Macht, Tragik, 6. Auflage, Zürich 2017 | 19b, 42, 43, 44, 45, 46a, 47, 48, 49ad, 54, 55, 57, 58a, 61b, 82, 89, 97, 98, 100, 101, 103, 111a, 113b, 114d, 115b, 116s, 117d

Bibliotheken | Bibliothek Genf | 86s • ETH-Bibliothek Zürich | 20as, 74b, 130b • Zentralbibliothek Zürich | 46 • Schweiz. Nationalbibliothek Bern | 13, 16a (KM), 18s, 19a (KM), 20b • Kirk | 71b • Wikimedia-Wikipedia | 25bs, 26s, 27ad, 40, 49s, 59a, 75d, 84s, 150a, 164

Eisenbahnen und Infrastrukturen | AlpTransit | 25as, 65, 68, 70, 79, 83, 85b, 87b, 94d, 132, 139, 140, 173, 175, 178, 181, 182s, 184, 185, 186, 189, 190, 191, 194, 197, 198, 199, 200, 201a (TiPress), 201b, 202d, 203, 204, 205, 206, 211, 239b, 255 • FLP, FART, SNL, TPL und andere Regionalbahnen | 107a, 151, 152, 153, 155, 156, 157 (Valvassina), 158s • SBB, Gotthardbahn, Officine FFS Bellinzona, SBB Historic, SBB-Stadler, TILO | Titelseite as, 11, 53, 92a, 95d, 97d, 134, 142b, 143, 144, 145, 146, 147b, 154, 159, 162, 166b, 167d, 171, 207, 208, 209, 218, 219, 220, 221, 224, 225a, 226, 227, 229, 243ac, 244, 245, 253 • FOB-RhBahn | 114s, 163 • Hupac | 212, 213, 214, 216, 217 • Pilatusbahn | 149 • RAlpin | 215 • Rete ferroviaria italiana | 228, 232, 233

Firmen | Basis 57 | 230a • Bernasconi e Forrer | 193 • Ferriere Cattaneo | 85a, 242 • Dätwyler | 36b, 240 • Ford-Media | 150b • Graniti Maurino | 137s Hotel Continental | 31bs • Kunstverkauf.ch | 81 • MichelsDesign | Deckblätter • Phoenix | 230b • Rex | 243b • Stadler | Titelseite b, 239a • Tenconi | 241

Museen | Museum für Kommunikation Bern | 15a, 24, 112a • Stadtmuseum Aarau | 73ad • Kunsthaus Aarau | 52 • Historisches Museum Luzern | 130a Verkehrsmuseum Luzern | 58b • PTT-Museum | 17

Öffentliche Einrichtungen | Autorità portuali Genova | 120, 121, 134 • Città di Bellinzona | 21a • Città di Lugano | 128, 225b • Comune & Patriziato di Airolo | 56a, 179 Comune di Bodio | 135 • Dipartimento territorio TI | 222, 223 • Ente Ospedaliero Ticinese | 252

Publikationen und Bücher | Azione | 212 • Il Caffè | 202s • CDT | 195 • Historisches Lexikon der Schweiz | 14c, 16b • Faido sconosciuta | 105a • GDP | 18d Guida Storica Commerciale Lugano | 28a • Illustrazione Italiana | 29 • Illustrierte Zeitung Leipzig | 63 • Primi in luce | 104b • Swisscom | 64

Sammlungen | Collezione Baumgartner | 118b • Collezione A. Brocca | 155bs • Collezione R. Conti | 39, 108b • Collezione G. Gianinazzi | 176 • Collezione G. Haug | 23, 92b, 93a, 104s, 105b, 107b, 108a, 109 • Collezione M. Lucchinetti | 25d, 59bd, 67, 71a • Elsasser Kilian | 113a, 174d • Eurovapor | 118

Verbände | Cargo sous terrain | 251 • Club San Gottardo | 117s • Jufer Hyperloop, Swissmetro EPLF | 236, 237 | 247 • Iperpaesaggi | 95s • Märklin Club Italia | 33

Verschiedener Herkunft | 14s, 22b, 51, 60b, 65, 72 , 231, 249 • Lehmann | 75s • J. A. Preuss | 99 • Platooning | 250 • V. Rossi | 137d

Plakate

Galerie 1, 2, 3, Genf | 125a, 127as, 133, 154• Galerie L'Image, Alassio (I) | 116d, 123, 125b, 139, 165, 167 • Poster Auktioner, Zürich | 124, 126, 127ad, b, 138, 141, 158d, Archivio Cusio Ossola | 156, 166a • Maschinenfabrik Oerlikon | 147a • Museum für Gestaltung, Zürich | 131, 165

Grafiken | Fotomontagen | Tabellen

AlpTransit | 187, 188, 192, 196 • Adriano Cavadini + Fabrizio Michels | 53t, 115t, 119t, 160t, 168t, 185t, 197t • MichelsDesign, Comano | 36, 73, 74, 178, 179, 183, 185, 228 Fotomontagen: 61a, 177 | Neufassungen: 182, 196, 197, 207, 223, 248, 253

Legende | a = oben | b = unten | c = Mitte | d = rechts | s = links | t = Tabelle

CHEMIN DE FER DU ST GOTHARD · ST GOTHARD RAILWAY · FE

BASEL

LUZERN

ZÜRICH

Kürzeste und schönste Route nach Italien.

Shortest and most picturesque Route.

Milano-Lu
luogo per il
e Bellinzona
alle stazion
Coi tren
Lucerna e c
rante, e coi
all' arrivo d